九年一贯制学生生涯规划

主编 贺永立 曾 奇 李利鸿

重庆大学出版社

图书在版编目（CIP）数据

九年一贯制学生生涯规划 / 贺永立, 曾奇, 李利鸿
主编. -- 重庆 : 重庆大学出版社, 2021.5
（学生生涯规划素养阅读丛书）
ISBN 978-7-5689-2667-6

Ⅰ.①九… Ⅱ.①贺… ②曾… ③李… Ⅲ.①初中生
—学习方法 Ⅳ.①G632.46

中国版本图书馆CIP数据核字（2021）第080838号

九年一贯制学生生涯规划

JIUNIAN YIGUANZHI XUESHENG SHENGYA GUIHUA

主 编 贺永立 曾 奇 李利鸿
策划编辑：唐启秀　　　特约编辑：赵璐辰
责任编辑：唐启秀　　　版式设计：唐启秀
责任校对：邹 忌　　　责任印制：张 策

*

重庆大学出版社出版发行
出版人：饶帮华
社址：重庆市沙坪坝区大学城西路21号
邮编：401331
电话：（023）88617190　88617185（中小学）
传真：（023）88617186　88617166
网址：http://www.cqup.com.cn
邮箱：fxk@cqup.com.cn（营销中心）
全国新华书店经销
重庆升光电力印务有限公司印刷

*

开本：720mm×1020mm　1/16　印张：16.25　字数：302千
2021年5月第1版　　2021年5月第1次印刷
ISBN 978-7-5689-2667-6　定价：48.00元

丛书编委会

主　任

万明春

编　委（按姓氏拼音排序）

陈天富　付　英　郝永宁　金　永　李　谦
刘希娅　梅家烨　毛明山　卿知人　沈　嘉
唐宏宇　王怒涛　王　群　杨　华　杨浪浪
曾　奇　曾万学　张和松　周敦鸾　周迎春

本书编委会

主　编

贺永立　曾　奇　李利鸿

执行主编

汪卯召　曾　洁

审　稿

曹曼云

副主编

杜仕兵　张善斐　刘　畅
李剑波　孙晓翻　谢春兰

编　者

钱立霞　李科春　陈婉婉
陈中坤　黄婧媛　罗鑫玮
杨锦莹　谭　亮　严　苑

重庆和而不同教育
新　家　长　报　　联合出品

总　序

十年之计莫如树木，终身之计莫如树人。培养什么人，怎样培养人，为谁培养人，历来是我们党和国家教育的根本任务。习近平总书记在全国教育大会上强调，要把立德树人融入思想道德教育、文化知识教育、社会实践教育各环节，落实好立德树人的根本任务。而学生生涯规划与管理正是为了践行立德树人、落实社会主义核心价值观，体现了党对学生德智体美劳全面发展而有鲜明个性的要求，从而更好地服务于社会主义建设者和接班人的培养。

一、生涯规划教育势在必行

十八届三中全会强调"推行初高中学业水平考试和综合素质评价"；同时，教育部决定自 2020 年起开展"强基计划"，"强基计划"要求选拔综合素质优秀的学生。由此可见，中考和高考改革，从只关注冷冰冰的分到关注活生生的人，从只关注考试的结果到关注学生的生涯过程。

2018 年 9 月，重庆市教委颁发《关于开展普通高中学生生涯规划教育的通知》，要求对中学生进行生涯发展观教育，引导他们在社会主义核心价值观指导下，建立个人与社会和谐发展的生涯发展观。要求对学生进行自我认识教育，指导学生正确认知自我、悦纳自我，准确定位自身角色，选择适合人生发展的方向。

所以，学生生涯规划是刚性需求，势在必行。

和而不同教育的学生生涯规划，分为小升初衔接培养、初升高衔接培养和高中升大学三个阶段。生涯规划是从小学开始的，社会环境会变，个人兴趣也可能会变，有必要这么早吗？回答是肯定的。当初的志向、曾经的努力、过往的足迹都会成为我们的血肉、我们的骨髓，陶冶我们的性情，提高我们的修养，使我们终身受益。美国、德国的名校，还有芬兰的学校，都是从小学开展学生生涯规划与管理。

在新高考、新中考的形势下，根据党和政府的方针政策为学生提供个性化的生涯规划方案，通过科学测评、课程建设和系统的社会实践活动，建构具有社会主义特色的生涯规划体系，逐步完善小学—初中—高中—后高中阶段的应用链，奠定人才长期追踪培养的基础。

二、生涯规划要和"学生发展核心素养"相结合

2016年9月，经教育部有关部门审议，发布了《中国学生发展核心素养》。"学生发展核心素养"主要是指学生应具备的、能够适应终身发展和社会发展需要的必备品格和关键能力。核心素养是关于学生知识、技能、情感、态度、价值观等各方面的综合表现。"中国学生发展核心素养"共分为文化基础、自主发展、社会参与三个方面，综合表现为人文底蕴、科学精神、学会学习、健康生活、责任担当、实践创新六大素养，涵盖学生综合素质和学科素养。

综合素质指人的适应能力、生存能力、社交能力、创新能力、实践能力以及在体育、文学、美术、音乐、舞蹈、语言等方面的特长。综合素质提升在生涯规划中至关重要。教育部颁发的《加强和改进普通中学生综合素质评价意见》要求：根据思想品德、学业水平、身心健康、艺术素养及社会实践五个方面来客观记录学生的各项活动，为学生的全面健康成长，为学生的中考、高考多元录取提供重要参考。

学科素养的培养同样离不开生涯规划。生涯规划是各个学科的指导学科，首先要与语文、数学、英语、物理、历史等各个学科相结合。生涯规划所提倡的教育理念、教学方法、教学形式可以为各个学科提供支撑。

在学科素养中，和而不同教育特别强调大语文教育观，强调语文表达与思维训练相结合。语言表达能力是现代公民的主要素养，包括书面语言表达和口语语言表达。书面语言表达重视发展学生的思维能力，鼓励学生自由地、有创意地写作。口语语言表达是人与人之间交流和沟通的基本手段，包括口语交际、演讲、辩论、朗诵、面试等，注重培养学生的自信心、随机应变能力和思维的敏捷性，使学生具有文明和谐地进行人际交流的能力。和而不同教育注重培养学生的逻辑思维能力、批判性思维能力和创新思维能力；涵养道德情操、开发智力潜能、促进身心健康、培养审美情趣；重视优秀文化传承，尊重和理解多元文化，关注当代生活。总之使语言表达与思维训练相结合，强调立德树人，也就是我们所希望达到的"以语言表达为基础，以创新思维为核心，以人格为目标"的健全的人文教育。

三、生涯规划应具有鲜明的个性

个性化生涯规划通过对学生进行个别化的综合了解、考核、测试、分析和诊断，根据社会未来发展的趋势和职业前景，学生的个性潜质特征、自我价值倾向，以及家长的目标要求，对教育对象量身定制规划目标、培养辅导方案和执行管理系统。

个性化生涯规划要求规划对象德智体美劳全面发展而有鲜明个性，让学生至少具有一项或两项特长；个性化生涯规划还要求规划对象身心更健康、阅历更丰富、具有更强的独立创新能力。

个性化生涯规划非常重视"身体素质"和"心理素质"和谐发展，让学生身体更强健、心理更健康。重视学生力量、速度、耐力、柔韧性和协调性等身体素质训练，全面均衡适量营养，保持充足的睡眠时间，增强学生的免疫力。同时，重视学生的智商、情商、逆商等心理素质训练。一个人事业的成功，必须具备高智商、高情商、高逆商三个因素。而逆商，即面对挫折、摆脱困境和超越困难的能力，往往起着决定性的作用。

个性化生涯规划注重让学生阅历更丰富。个人读过的书、走过的路和交往过的人对他的知识、能力、性格、心理、观念等方面都将产生深远的影响。个性化生涯规划将帮助学生通过"读万卷书、行万里路、阅人无数、名师指路、自己去悟"的系统阅历体验，以及通过知道—学到—悟到—做到—得到的知行合一全过程，逐步加深对事物、社会和对人生的理解和感悟，全面提高智商、情商和逆商。

个性化生涯规划着力培养学生的独立创新能力。独立是适应环境的基础，创新是改变环境的手段。个性化的生涯规划使学生的独立能力和创新能力更强。前者如研学旅行；后者如设计制作机器人、动漫制作、编程、陶艺制作等，学生将自己的创意、方案诉诸现实，在转化为作品的过程中，提高创意意识、知识迁移能力、技术操作水平，体验工匠精神。

总之，个性化生涯规划更注重个人兴趣、个人专长，以及真实的生活体验与感受，最终实现自我学习、自我教育、独立思考与自我创造，从而达到学习与思维的自由与超越。

四、生涯规划要和升学相结合

新高考、新中考以及"强基计划"均要求对考生的综合素质进行评价。综合素质评价包括德、智、体、美、劳（思想品德、学业水平、身心健康、艺术素养、社会实践）五大评价内容和要求，是跨学科的实践课程，注重引导学生在实践中学习、分析和解决问题。

综合素质评价在新中考和新高考中占总分的 20%~30%，而面试是综合素质考查的主要方式，因此，综合素质评价面试至关重要。综合素质评价面试主要围绕"综合素质纪实报告"和"自我陈述"展开，包括验证思想品德、学业水平、身心健康、艺术修养、社会实践（考察探究、社会服务、设计制作、职业体验）等方面的内容，注重考查学生的理想、抱负与社会责任感，学习与认识能力，思维能力与潜在的创新能力，组织协调能力以及对时事政治和社会热点的关注及了解等。

学生综合素质可以通过教育来发展，通过行为来体现，如行为记录、实践活动的过程积累和发展变化等，这是《综合素质纪实报告》的重要素材，而个人陈述部分则是《综合素质纪实报告》的缩写精华。

上述材料的准备、积累和撰写，应当与报考学校、报考专业的特点和要求相匹配。因此，我们不仅要了解时代变化趋势和社会发展对人才的需求，厘清个性特点与职业选择的关系，还要掌握所报考的学校、报考的专业对考生的要求、条件等相关信息。唯有如此，才能实现生涯规划与升学的结合。

如果我们根据自己的个性特点和社会需要制定生涯规划，并且踏踏实实地管理执行，那么若干年后，在综合素质测评面试时，展示给考官的将会是一个阳光健康的形象，一个有理想有抱负的形象，一个有较强思维能力的形象，一个德智体美劳全面发展而有鲜明个性的形象。

缘于上述设想，也基于现实的需要，我们邀请教育专家、一线教师，包括教育行业服务人员，以及优质的家庭教育资源等，共同策划了一套学生生涯规划素养阅读丛书，旨在为新时代中小学生的成长导航、助力。

万明春

2020 年 3 月

Contents

目录

九年一贯制
学生生涯规划

【生涯美文】
▼

第一章

生如夏花，热烈绽放

生命是宇宙中最伟大的奇迹。因为有了生命，这个世界变得丰富多彩且生机勃勃；因为有了生命，我们得以见识广大世界，体验人生百态，追求成功与幸福，何其有幸！生命的宝贵，还体现在它的有限与无常，我们也许难以延长生命的长度，却可以拓展生命的宽度与高度，让生命变得丰富多彩、有滋有味。生命之花只有一次绽放的机会，我们应珍之、重之，以认真、积极的态度，活出生命的精彩，活出生命的意义，为这仅有一次的生命献上最好的礼物。

第一节 认识生命，尊重生命

【生涯知识】

一、认识生命

什么是生命？现代生物学的定义是：生命是生物体所表现的自身繁殖、生长发育、新陈代谢、遗传变异以及对刺激产生反应等的复合现象。它的基本特征是蛋白质能通过新陈代谢作用不断地与周围环境进行物质交换。新陈代谢一停止，生命就随之停止。

简而言之，生命是生物体所具有的存在和活动的能力。一个活蹦乱跳的孩子，一棵挺拔伟岸的大树，一朵随风摇曳的鲜花，一只展翅高飞的小鸟……这些鲜活、多彩的生命，共同构成了这个缤纷绚丽的世界。

而人类赋予"生命"更丰富的含义。"生命"既包含生理层面的自然属性，也包含心理层面的社会属性和精神属性。生命的自然属性主要涉及健康、安全、寿命等问题，决定着人的生命长度；生命的社会属性是以社会为背景、以心理为基础、以文化为内核发展起来的生命系统，涵盖人的学习、交友、工作、婚姻等方面，决定着人的生命宽度；生命的精神属性是人对于"我之所以为我"的问题的深层思考和本质要求，主要涉及人在顺境、逆境中的得失体验和灵性激发，对生命意义和价值的不懈追求等，决定着人的生命高度。生命长度、生命宽度和生命高度统一在一起，才是人之生命最丰富、最本真的体现。

二、尊重生命

1. 珍爱自己的生命

生命对每个人来说都只有一次，不可重来、不可再生，是最宝贵的。然而，在现实生活中，个别学生漠视自己的生命，做出了自杀、自残等极端行为，让人震惊、痛心不已。

2019年9月，重庆某中学一名高中生因家长没收手机而跳楼自杀；2020年4月，江苏无锡一名12岁的女孩在开学第一天跳楼自杀……《中国儿童自杀报告》调查发现，我国青少年自杀率比较高。而且，相关部门调查也显示，我国青少年自杀率近年来呈上升趋势，且有低龄化倾向。

学生自杀事件时有发生，其深层原因源于对生命的不珍惜、不尊重。他们认为，与自己所面临的困境（例如学习压力、人际矛盾、亲子冲突）相比，生命显得微不足道，放弃生命反而能让自己摆脱痛苦，得到解脱。生命意识的淡漠，让很多在成长中遭遇困难、失意的学生轻易选择放弃宝贵的生命，走上了不归路。

因此，学生应从小积极探索生命的内涵，树立正确的生命观，认识到我们一切的行为、活动、感知、情绪等都建立在生命存在的基础上。生命给予我们体验人生百味的机会。有了生命，我们才能去跑、去跳、去学习、去工作、去欣赏世界的美丽、去享受现代科技的福泽、去收获爱与幸福、去追求成功与希望……如果没有了生命，我们就一无所有。

每个人来到这个世界都是生命的奇迹。要知道，在爸爸的精子和妈妈的卵子结合的过程中，有4亿个左右的精子进行了激烈竞争，最终只有一个精子与卵子成功结合，然后在妈妈肚子里经过十个月的孕育，最终诞生了我们。所以，每个人都是独一无二的生命的强者，也是父母倾注无限爱与心血的宝贝，无论什么时候，我们都无权漠视、轻视生命，更不能放弃自己的生命，我们要学会尊重生命、珍视生命，以积极乐观的态度对待生命。

2. 尊重他人的生命

2019年1月，湖南省涟源市一名12岁的初一学生因为与同学发生口角，被连捅数刀。2020年6月，山东省临沂市某县3名初中学生殴打1名同学，并拍摄视频在网上传播，影响恶劣。

近年来，类似的学生打架、斗殴、欺凌等事件屡屡发生，让人触目惊心。生命只有一次，它不仅属于自己，也属于别人。任何人都没有伤害他人、剥夺他人生命的权力。相反，我们要学会尊重、爱护他人的生命。

《生命的最后一分钟》讲述了一个真实的故事：大连市公共汽车公司巴士司机黄志全，在行车途中突然心脏病发作，在生命的最后一分钟，他想到的是满车的乘客，为了保障乘客的生命安全，他强忍病痛把车安全地停靠路旁，并把车门打开，让乘客安全下车。而他自己却趴在方向盘上停止了呼吸。这个故事体现了巴士司机对他人生命的尊重与负责。

2020 年 7 月 16 日，一张在洪水中救人的照片传遍了重庆万州区五桥街道香炉山社区居民的朋友圈。照片中的男子是五桥街道香炉山社区党总支书记傅山祥。当天中午，傅山祥与志愿者们疏散完受洪水围困的群众，到香炉山社区街面上巡查，突然发现街对面一栋居民楼的二楼楼梯口站着 3 名群众。此时，街上的洪水水深已达 1 米左右，由于街道坡度较大，水流湍急，情况十分危急。傅山祥不顾个人安危，找来一根数十米长的绳子，将绳子一端拴在行道树上，然后双手抓着救援绳，艰难地向街对面蹚去。由于水流又急又深，傅山祥几次险些被洪水冲倒，但他仍然坚定地在洪流中艰难前行。十多分钟后，傅山祥成功蹚到街对面，将被困的 3 名群众转移到安全地点。事后，傅山祥说："当时情况紧急，根本没时间考虑危不危险，一心想着要将被困的群众救出来。"傅山祥在危难时刻挺身救人的举动，深深感动了众人，被网友称为"洪流中最美的身影"。

当然，并不是只有豁出自己性命的壮举才是尊重他人生命的表现。我们只要在日常生活中常怀一颗敬畏生命的心，对他人多一分理解、多一分宽容、多一分关心，就是对他人生命最好的珍重。

三、正视死亡

生命的生物属性决定了生命的长度是有限的，无论一个人有多长寿，最终都要走向死亡。联合国人口统计机构对"死亡"的定义是：所谓死亡，即生命的一切征兆永久消失。根据人类长期的经验，心脏若停止跳动超过 5 分钟，就可以确定为死亡。

在传统教育中，人们对"死亡"二字总是讳莫如深，也不愿意让孩子接触死亡。可是，不理解死亡，我们就难以真正理解生命、敬畏生命、尊重生命。

生老病死是一种自然现象，我们要了解死亡的自然规律，不回避、不抗拒周围可能遇到的死亡事件。直面死亡，反而会降低我们对它的害怕和不安，让我们能更坦然、更积极地面对死亡，勇敢、平和地接纳死亡。我们也会充分认识到生命的脆弱与无常，更用心呵护生命的尊严，感受生命的神圣与美好，学会保护自己及他人的生命。

死亡还告诉我们：生命分秒递减，来日并不方长。因为正视死亡，我们才能感知时间的紧迫、生命的有限；因为正视死亡，我们才会积极思考生命的意义，希望有朝一日"死而无憾"；因为正视死亡，我们才会想要立即行动，努力追求梦想，让生命绽放最美光彩。当有朝一日，死亡真正来临，我们就可以静静地、安详地离去。正如印度诗人泰戈尔所言："生如夏花之绚烂，死如秋叶之静美。"

请扫描书上二维码
阅读欣赏
▼
《生命的姿势》

【生涯实践】

我的生命故事

1. 活动内容

我们从一个胚胎，经过妈妈的孕育顺利降生，并一步步成长为现在的健康少年。这期间如果父母照顾不周或经历不可预测的小意外，我们的生命可能就此消失。可见，我们在过去的时光里是多么勇敢，父母为我们付出了多少心血。

现在，请你采访父母，问一问父母在养育、陪伴、教导你的过程中有哪些印象深刻的故事。例如：

问一问妈妈，你出生之前在妈妈肚子里是怎样的情况，妈妈在养育你的过程中遇到过怎样棘手的问题？

问一问爸爸，在照顾你的过程中发生过哪些有趣的、让人难忘的故事，爸爸对你的未来有怎样的期待？

最后，请你认真回忆小时候那些让你记忆犹新的经历，可以是快乐的、温馨的，也可以是难过的、愤怒的、后悔的，并和父母或朋友分享那些对你的成长有重要意义或影响的生命故事。

2. 思考与感悟

（1）采访父母后，你是否有很多话想对爸爸妈妈说？请把你最想对父母说的话写在纸上，亲手交给他们。

_____

_____

（2）回忆了你的成长故事，你对生命有哪些新的体会？

_____

_____

第二节

安全教育，珍惜生命

【生涯名言】

生命不可能有两次，但许多人连一次也不善于度过。

——吕凯特

【生涯知识】

一、珍爱生命，安全先行

近年来，我国中小学生安全形势严峻，学生普遍存在安全意识薄弱、自护自救能力不足等问题。有专家指出，通过安全教育提高中小学生的自我保护能力，绝大多数意外伤害事故是可以避免的。因此，学校、家庭、社会应携手担负起安全教育、安全防御的责任，通过宣讲安全知识，制定安全行为规则，开展抗震、消防演练等方式，促使学生提高安全防范意识，掌握安全基础知识，养成良好的安全行为习惯，增强自我防范能力。

学生则要谨记老师、家长的安全教导，时刻把自己的生命安全摆在第一位，谨守安全底线，并熟练掌握安全自救技能。要知道，远水救不了近火，我们在遇到安全威胁时，除了积极寻求他人帮助外，更重要的是学会自我保护。

另外，溺水、校园暴力、网络陷阱、毒品诱惑等是学生成长中危险系数较高的安全隐患，对此绝不能心存侥幸，也无须过分惊慌，只要在平时生活中加强安全防范，就能有效规避或逃离危险，平平安安地度过每一天。唯有生命得到有效保障，我们才能心无旁骛地创造有价值、有意义的人生。

二、加强溺水防范

每一年，学校都会反复强调游泳安全，但每一年都会出现学生溺水事故。其中一个很重要的原因，是很多学生安全防范意识不足，又存在侥幸心理，觉得自己会游泳，就大胆下水，却不幸溺水。另外，一些常见的施救误区可能导致施救者救助失败，造成学生溺水身亡。

误区一：人在溺水时会扑腾、叫喊。

真相是：人在溺水时会紧张，肌肉变得僵硬，根本无法挣扎和呼救，溺亡都是悄无声息的。如果学生游泳时出现以下状况，很可能已经溺水：①很难发出声音；②脸朝向岸边；③嘴在水平面上下；④头可能向前倾；⑤身体垂直；⑥呈现爬梯子的动作。

误区二：溺水只会发生在野外。

真相是：只要有水的地方，就有可能发生溺水。脸盆、浴缸、水池等都是学生溺水的"隐形杀手"。

误区三：会游泳的人，就不会溺水。

真相是：在溺水者当中，也有一部分会游泳、水性好的人。学生在游泳前应充分活动关节，放松肌肉，并用少量冷水冲洗一下躯干和四肢，使身体尽快适应水温，避免出现头晕、心慌、抽筋等现象。同时，要求家长全程陪同。

教育部专门编写了中小学生预防溺水歌谣，希望通过歌谣的广泛传播，给学生多一份提醒、多一份平安：

游泳戏水夏日到，偷偷下水不得了。
擅自结伴不能保，大人陪护不能少。
没有救援不要去，陌生水域不可靠。
水性差的不救人，安全六不别忘掉。

三、远离校园暴力

校园暴力一般指校园欺凌，是在校园内外学生间一方（个体或群体）单次或多次蓄意或恶意通过肢体、语言及网络等手段实施欺负、侮辱，造成另一方（个体或群体）身体和心理伤害、财产损失或精神损害等的事件。

近年来，校园暴力事件时有发生，严重损害学生的身心健康。如果学生在学校长时间遭受暴力对待，生理上可能会受伤、致残甚至死亡，心理上可能会出现内向、自卑、抑郁、厌学、悲观等心理问题，甚至影响其一生。那么，学生应该如何防范和应对校园暴力？以下几点可供参考：

①和同学保持良好的关系，待人和善、宽容，和同学发生冲突时，要及时沟通解决。一个拥有良好人际关系的学生，不容易成为勒索、敲诈和殴打的对象。

②谨慎交友，多结交品行端正、和善友好的朋友。

③上下学尽可能结伴而行，不要走僻静、人少的地方，要走大路。

④放学后不要在路上贪玩，按时回家。

⑤遇到校园暴力时，要沉着冷静，敢于抗争，同时也要机智应对，优先保证自己的安全。例如，顺着对方的话去说，缓解气氛，分散对方注意力，为自己争取时间；抓住机会向路人呼救，采用异常动作引起周围人的注意等。

⑥遇到校园暴力时，要及时报告老师，不要一味忍气吞声，否则会助长对方的气焰，导致暴力事件一再发生。

四、谨防网络陷阱

随着互联网的普及与应用，中小学生利用网络进行学习、娱乐、游戏、交友等活动已成为常态。高效、便捷的网络世界能够带给学生丰富的知识与信息，却也暗藏着大量威胁学生安全的陷阱，例如个人信息泄露、网络诈骗、沉迷网络游戏、浏览色情与暴力网页等。我国发布了《全国青少年网络文明公约》：

> 要善于网上学习，不浏览不良信息。
> 要诚实友好交流，不侮辱欺诈他人。
> 要增强自护意识，不随意约会网友。
> 要维护网络安全，不破坏网络秩序。
> 要有益身心健康，不沉溺虚拟时空。

学生应参照上述公约，增强网络安全防范意识，文明上网。

1. 个人隐私安全

未经家长同意，不要在网上泄露姓名、照片、就读学校、家庭住址、电话号码等重要的个人信息。在网上填写个人信息时，非必要项目可不填写。

2. 网络交友安全

尽量使用固定的聊天室，必要时，请父母确认该聊天室是否适合学生使用。
不要轻易使用摄像头与陌生人视频，可能会因此泄露个人隐私。可以拔掉摄像头与电脑的连接线，或者将摄像头对准墙壁。

未经父母同意，不与任何网上认识的人见面。如果确定要与网友见面，必须征得父母同意，在父母陪同下与网友见面。

3. 网络浏览安全

不要在网上随便下载软件，应到大型、正规的官网下载。

不要运行不熟悉的可执行文件，尤其是一些看似有趣的小游戏。

不要浏览涉及色情、暴力等主题的网站，不要观看不健康、低俗的网络直播节目。

每次上网不超过 1 小时，每天上网不超过 3 小时，避免形成网瘾。

4. 谨防网络诈骗

如果在电子邮箱、QQ 等收到来历不明的中奖信息，应向父母询问或立即删除。

如果遇到朋友通过网络聊天等方式借钱，最好先和朋友打电话或见面确认，防止被骗。

不要轻易相信网络上发布的"兼职代购""代充手机话费""代充游戏点卡"等信息，应向父母询问，请父母帮忙判断信息的真假。

在网络购物时，不要轻易相信价格远低于市场价格的商品信息，对于要求支付订金或保证金才发货的情况，应向父母征求意见，谨防诈骗。

不要轻易相信网络主播各种引诱观众打赏的言辞，如果想要给自己喜欢的网络主播送礼物，应征求父母意见，适度表达自己对主播的喜爱，切忌充大款。

五、远离毒品危害

散文家和批评家托马斯·德·昆西以自己服用毒品成瘾前后的经历和感受为主要内容，写下了《瘾君子自白》一书，向世人展示了他的肉体和心灵在毒瘾的控制下所承受的炼狱般的痛苦与折磨。毒品是全人类共同的敌人。吸食毒品不仅会毁掉一个人的健康、生活甚至生命，还会祸及家庭、危害社会。

然而，由于好奇心重、自控能力较差、心理状态不稳定、缺乏辨别能力等因素，越来越多的学生成了"瘾君子"。中小学生应正确认识毒品的危害，自觉远离毒品。

①认真学习毒品知识，牢记毒品"四知道"：知道什么是毒品；知道吸毒极易成瘾，难以戒断；知道毒品的危害；知道吸毒违法，要受到法律制裁。

②树立正确的人生观，不追求享乐、寻求刺激。不听信毒品能治病、解脱烦

恼等蛊惑性言论。

③慎重交友，不结交有吸毒、贩毒行为的朋友。如果发现亲朋好友中有此类行为的人，既要劝阻，更要远离，并报告给公安机关。

④严格遵守中小学生日常行为准则，不吸烟，不饮酒，不去舞厅、酒吧、游戏厅等娱乐场所。

请扫描书上二维码
阅读欣赏
▼
《小学生发明地震报警器》

【生涯实践】

小记者调查活动：防震抗震早预备

地震是一种自然现象。强烈的震动可能会造成巨大的人员伤亡和严重的经济损失。为了有效躲避地震带来的危险，我们有必要了解一些地震常识，做好地震防御准备，争取将伤害程度降到最低。

1. 请你担任社区小记者，随机挑选你所在社区的部分家庭进行调查访问，了解他们的防震抗震准备情况。调查访问的参考问题如下：

（1）您家里是否制订过防震、抗震计划？

（2）你们全家人是否进行过家庭防震演练?

（3）您认为地震发生时应该如何保护自己的身体免受伤害?

（4）家里是否准备了"家庭防震包"？里面放了哪些东西?

2. 请你把采访结果进行整理、分析与总结，完成一份简单的总结报告。

_____

_____

_____

_____

3. 请你把地震防震、抗震小知识做成海报或告示，张贴在小区宣传栏。

4. 2008年汶川大地震之后，我国对地震的预测和防震措施进行了许多有益探索，请你查阅相关资料，并把调查结果介绍给父母或同学。

第三节　保护环境，呵护生命

【生涯名言】

我们既要绿水青山，也要金山银山。宁要绿水青山，不要金山银山，而且绿水青山就是金山银山。

——习近平

【生涯知识】

一、人与自然休戚相关

儿童绘本《如果地球被我们吃掉了》这样描述人与自然的关系：

如果我们吞掉了南北极的最后一块冰，

如果我们捕完了海洋里的最后一条鱼，

如果我们喝干了最后一条小河里的最后一滴干净的水，

如果我们摘掉了最后一个果子，

如果我们砍掉了最后一棵树，

如果我们用最后一只动物的皮毛做成大衣，

如果我们卖掉了最后几口新鲜的空气，

最后只剩下钱，可是钱又不能吃。

只剩下金子，可是金子又不能用来呼吸。

除非这一天，在地球的某一个角落的某一个洞里，还藏着一个小孩……

最后一个小孩，怀里抱着数不清的小鸟，口袋里装满了生命的种子。

自然环境是人类赖以生存的家园。大自然为我们提供了极其丰富的资源，如空气、阳光、水、煤炭、石油等，也为我们创造了神奇美丽的生命景象：叮叮咚咚的清泉溪流、生机勃勃的热带雨林、顽强生长的沙漠绿植、鲜活生动的飞禽走兽等，让我们得以融入它的勃勃生机，不断滋润着我们的人生。

然而，人类为了自己的发展与享乐，对大自然索求无度，原始森林和珍稀植物被砍伐、野生动物被猎杀、江河海洋被污染，水土流失、湿地退化、空气污染、干旱缺水、全球气候变暖等生态问题日益突出。

人类曾经疯狂地以"大自然的主宰者"自居，殊不知，人类对大自然的每一次胜利，都会换来大自然的无情报复。人类在获取资源、谋划发展的同时，严重破坏了生态环境平衡，而最终受伤害的是人类自己。我们会因为水污染而缺乏可饮用的淡水，直至无水可喝；我们会因为大气污染而患上各种慢性疾病，甚至失去生命；我们会因为乱砍滥伐而使肥沃土地变成荒漠。

自然界的各种生命体与人类共同构成了和谐、平衡的生态系统，任何一个物种的损害与消失，都可能造成生态系统失衡，引发难以估计的灾难性后果。因此，保护环境是每个人的职责，保护环境就是珍惜生命。我们要学会尊重生命，敬畏自然，与自然界的各种生命体和谐相处，共同守护地球家园。

二、每一个生命都值得尊重

2020 年 4 月，山东某大学一名大四学生虐杀流浪猫的消息传到网上，引发网友大规模声讨。令人寒心的是，这样虐待动物的事件时有发生。生命本是平等的，动物、植物都是和我们人类一样的宝贵生命，同样拥有被尊重、被呵护的权利。施虐者对动物无端虐待，甚至残忍杀害的行为，是漠视生命、缺乏基本良善与道德感的外化表现，他们不会发自内心地尊重生命，这种扭曲的心理是极其危险的。

当然，虐待动物的现象毕竟是少数。社会上还是有不少人在用行动传递着"众生平等"的信念。2002 年 1 月，在澳大利亚举行的网球公开赛上，法国选手雷德拉和桑托罗正与另一对选手布特和克莱门展开激烈争夺。突然，球场上空飞来一只小鸟，不偏不倚正好被雷德拉一记大力回球击中。这时，准备接球的布特看到小鸟落地，马上扔掉球拍，奔向小鸟坠落的地方，眼见小鸟命已归西，他双膝跪下，手画十字，送上最后的祷告。其他选手也参加了这场即兴葬礼，直到裁判用手帕把小鸟包起送到场外。这种发自内心的珍惜、怜悯生命的举动深深震撼了场内外的观众。这群祈祷者正是唤醒人们良知、呼吁人们敬畏自然与生命的正能量。

2019 年，中国国家电网巴西控股公司建设的巴西美丽山二期特高压直流输电线路项目，提前获得环保运行许可证，并被评为巴西最权威的可持续发展奖项——社会环保管理最佳实践奖。在修建"二期"起点的欣古换流站时，中国国家电网巴西控股公司外聘的动物保护人员哈法尔发现树上的鸟窝里有一个鸟蛋，便和其他环保人员围出一个 20 多平方米的警戒区域，直到两周后孵出的小鸟飞走才解除警戒。哈法尔表示："小鸟虽不是珍稀动物，但每一个生命都值得尊重，都应得到尊重。"

"二期"施工期间，工作团队与 1 700 多种动植物"打交道"，充分考虑保护动植物的需求，尽量减少对自然环境的影响，他们认为"每一个生命都值得尊重"的环保态度赢得了巴西政府官员和民众的高度赞誉，也向世界展示了中国生态文明建设的理念与决心。

党的十八大以来，以习近平同志为核心的党中央大力建设生态文明，强调要像保护眼睛一样保护生态环境，像对待自己生命一样对待自然万物。人与自然是相互依存的整体，人类可以为了自身发展有计划、有节制地利用自然、改造自然。但人类归根到底是自然界的一部分，不能凌驾于自然之上。

"生态兴则文明兴，生态衰则文明衰。"这是从古至今人类在发展进程中总结出来的深刻认知。保护自然环境就是保护人类自己，建设生态文明是造福人类、实现子孙后代可持续发展的必然举措。

三、保护环境，从我做起

每年 4 月 22 日的"世界地球日"，是一个专门为世界环境保护设立的节日，旨在提高人们的环保意识，动员人们参与到环境保护的实际行动中来。保护环境，是每一个地球公民应尽的义务。中小学生应该从日常小事做起，增强环保意识，培养环保能力，争当环保小卫士。

1. 培养良好的生活习惯

学生应从小养成良好的卫生与生活习惯，例如不浪费纸张、不浪费粮食、不随地吐痰、出门随手关电关水、不随地扔垃圾、不使用一次性塑料购物袋、不用或少用一次性纸制品或木制品、不采摘花草、不践踏草坪、不打鸟捉青蛙等，增强学生的环保意识，提高学生的环保自觉性和主动性。

2. 掌握基本的环保知识

学生可以通过阅读书籍、查找网络资料、生活实践等方式，了解基本的环保知识，例如：

1 粒纽扣电池能污染 60 万立方米的水，相当于一个人一生的用水量。1 节 5 号电池会使 1 平方米的土地永久失去种植价值。干电池、纽扣电池、充电电池含有汞、铅、镉、酸碱等物质，如果随手将废电池丢弃在自然界，当外层金属被腐蚀后，这些物质会慢慢泄漏出来，随雨水渗入地下水、流入江河湖海形成污染。

在垃圾中，约50%是生物性有机物，30%~40%具有可回收再利用价值。因此，不要随意丢弃垃圾，应对生活垃圾进行科学分类。

淘米水不要直接倒掉，可用来浇花、洗脸或洗碗。喝不了的面条汤、水饺汤也有一定的去油污作用，可用来洗刷碗筷，可减少洗洁精对水质的污染以及在人体内的积蓄。

食物应先冷却降温再放入冰箱，冰箱内不要塞满食物，储藏量以八分满为宜；由于每开一次冰箱门，压缩机需多运转十分钟才能恢复低温状态，应尽量减少冰箱门开关次数及时间；冰箱内的温度应适中，不宜设成强冷。

在认真学习环保知识的同时，我们鼓励学生在日常生活中坚持应用相关知识，让环保理念化作实践，真正服务于保护环境与自然。

3. 积极参加环保实践活动

随着限塑令、垃圾分类等政策落地，越来越多的人参与到环保行动中，学生也应成为环保大军的主力，定期参加各类环保实践活动。

请扫描书上二维码
阅读欣赏
▼
《种子的力量》
（节选）

例如，参加学校组织的植树种花、画环保创意画、写环保征文、制作环保黑板报、环保知识竞赛等活动；加入社会环保公益组织，定期参加志愿者服务；定期参加社区组织的"变废为宝"小手工制作、环保减塑宣传、环保问卷调查、环保帆布袋义卖等活动。

【生涯实践】

给垃圾找对家

联合国环境规划署首席专家拉斯基曾说："垃圾是放错了地方的资源，是地球上唯一一种不断增长、永不枯竭的资源。"通过科学分类，很多垃圾可以回收循环利用。下面这张表可以让我们直观地看到，垃圾分类与回收能够为我们有效地节约资源、更好地保护环境。

回收量	节约当量
1 吨废玻璃	可生产 2 000 个 500 克装的酒瓶
1 个玻璃瓶	节省的能量可使灯泡发亮 4 小时
1 吨废钢铁	可生成 0.9 吨好钢，可节约 1.6 吨铁矿石
1 吨易拉罐	可生成 1 吨很好的铝块，可少采 20 吨铝矿
1 吨废塑料	可节省 6 吨石油
1 吨废纸	可节省 300 千克木材，少砍 12~17 棵大树
1 吨旧衣服	可生产 0.99 吨无纺布或分色棉纱，可节约 1.1 吨纺织原料或 0.8 吨棉花

1. 给垃圾找到家

亲爱的同学，你知道垃圾应该怎样分类吗？请把下列垃圾投入合适的圆圈内。

废弃衣服、骨头、玻璃瓶、菜叶菜根、废电池、矿泉水瓶、废日光灯管、剩菜剩饭、废水银温度计、报纸、过期药品、砖瓦陶瓷、渣土、易拉罐。

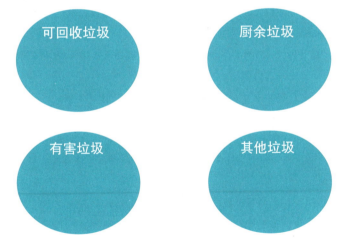

可回收垃圾　　厨余垃圾

有害垃圾　　其他垃圾

2. 撰写垃圾分类倡议书

请你根据自己所学的环保知识，以及你对敬畏自然、保护环境、珍爱生命的理解，写一份"垃圾分类、变废为宝"环保倡议书，号召全校同学或所在社区民众积极行动起来，正确实施垃圾分类与投放，实现垃圾变废为宝，循环利用。

倡议书

_____

_____

_____

_____

_____

_____

倡议人：

年　月　日

【垃圾分类小贴士】

1. 可回收垃圾

主要包括废纸、塑料、玻璃、金属和布料五大类。

（1）废纸：主要包括报纸、期刊、图书、各种包装纸等。但是，纸巾和厕纸由于水溶性太强不可回收。

（2）塑料：各种塑料袋、塑料泡沫、塑料包装（快递包装纸是其他垃圾/干垃圾）、一次性塑料餐盒餐具、硬塑料、塑料牙刷、塑料杯子、矿泉水瓶等。

（3）玻璃：主要包括各种玻璃瓶、碎玻璃片、暖瓶等（镜子是其他垃圾/干垃圾）。

（4）金属：主要包括易拉罐、罐头盒等。

（5）布料：主要包括废弃衣服、桌布、洗脸巾、书包、鞋等。

2. 厨余垃圾

包括剩菜剩饭、骨头、菜根菜叶、果皮等食品类废物。残枝落叶也属于厨余垃圾，包括家里开败的鲜花等。经生物技术就地处理堆肥，每吨可生产 0.6~0.7 吨有机肥料。

3. 有害垃圾

含有对人体健康有害的重金属、有毒的物质或者对环境造成现实危害或者潜在危害的废弃物。包括电池、荧光灯管、灯泡、水银温度计、油漆桶、部分家电、过期药品及其容器、过期化妆品等。这些垃圾一般单独回收或填埋处理。

4. 其他垃圾

除上述几类垃圾之外的砖瓦陶瓷、渣土、卫生间废纸、纸巾、大棒骨等难以回收的废弃物及尘土、食品袋（盒），采取卫生填埋，可有效减少对地下水、地表水、土壤及空气的污染。

第四节　创造价值，丰富生命

【生涯名言】

人最宝贵的是生命。生命每个人只有一次。人的一生应当这样度过：回忆往事，他不会因为虚度年华而悔恨，也不会因为卑鄙庸俗而羞愧；临终之际，他能够说："我的整个生命和全部精力，都献给了世界上最壮丽的事业——为解放全人类而斗争。"

——《钢铁是怎样炼成的》

【生涯知识】

一、创造有价值的生命

在成长过程中，你是否思考过这样的问题：

> 我的存在有什么意义？
>
> 我可以给身边的人带来怎样的快乐？
>
> 我的存在能够给社会带来什么影响？
>
> 我希望我的人生在世上留下怎样的痕迹？

我们总说要尊重生命、珍惜生命，事实上，积极创造生命价值，才是我们献给生命最好的礼物。

2006 年 10 月 22 日，少年作家子尤因病逝世，年仅 16 岁。子尤从小在语言上展现出了惊人天赋，他 4 岁听故事，5 岁说相声，8 岁广泛涉猎小说、现代诗、古体诗、散文等文体的写作，15 岁发表《谁的青春有我狂》。13 岁时，他被诊断出患有纵隔恶性肿瘤，在面对死亡威胁时，他始终保持生命的热情与乐观，用自己昂扬的青春向死神宣战。他说："这 15 年 3 个月 26 天我过得极为丰富而充实，所有的苦都见识了，肉体之苦、精神之苦、人情之苦与非人情之苦，所有的乐也都经历了，我是全世界最幸福的人……"

在子尤短暂却丰富的生命里，他用文字带给无数人感动与快乐，他觉得这一生值了！所以，即使饱受病痛折磨，他依然觉得自己是"全世界最幸福的人"。

如果我们想要获得人生的幸福与快乐，就必须找到生命的意义，积极创造生命的价值，珍惜人生的每一天，让自己的每天都过得充实、精彩。这样的生命，无论得失，皆有收获，无论长短，皆是趣味。

相反，如果我们整日无所事事，哪怕是一直玩最喜欢的游戏、吃最喜欢的美食，时间长了，生活也会变得没意思。

教育家尼尔创办了现代教育史上最著名的学校——夏山学校。他在著作《夏山学校》中提到这样一个故事：一个名叫温妮·弗莱德的学生很讨厌读书，只想玩耍、游戏。校长告诉她，如果你不想上课，就不必去了。她听了这话，高兴地蹦了起来。从那以后，她每天逍遥自在地玩耍。

但一段时间以后，她觉得生活挺无聊的。她主动找到校长说："教我些东西吧，我无聊死了。"

校长说："好，你要学点什么呢？"

她说："我不知道。"

校长说："我也不知道。"说完，校长就走开了。

几个月之后，她经过一番思索，又来找校长，说："我想参加大学入学考试，您教我吧。"从那以后，温妮全身心投入学习。

这个故事告诉我们一个道理：光是无意义的游戏、玩乐，是不能让人真正满足的。它在带给我们短暂快乐之后，会让我们的日子变得越来越无聊，时间变得越来越漫长，难以打发，内心也越来越空虚、迷茫、不安，生活就像一潭死水，毫无生气。长此以往，我们的一生也就毁了。当我们垂垂老矣，回顾往昔时，会发现我们这一生似乎没干成一件对自己或他人有益的事，留下的只是满满的遗憾和悔恨。这样的一生，就白过了。

二、生命价值往往诞生于逆境

在人生道路上，我们有时候会感到一马平川、一路顺畅，但更多时候可能会遭遇坎坷不平、艰难险阻。在这种情况下，我们常常会忍不住怀疑生命的意义和价值：我活着到底有什么意思。在现实生活中，一些学生因为考试失利、与老师发生争执就轻易放弃自己的生命，他们的生命如此不堪一击，就这样毫无价值地消失了。生命只有一次，我们如何舍得让生命消逝得如此无声无息、毫无意义呢？

事实上，生命的价值往往诞生于逆境中。高士其是我国著名的科学家、科普作家，他在外国留学时，有一次做实验，一个培养脑炎过滤性病毒的玻璃瓶子破裂，他不幸被病毒感染，从此留下了终生不治的残疾。他忍受着病毒的折磨，学完了芝加哥大学细菌学的全部博士课程。回国以后，他拖着半瘫的身子坚持工作。后来病情恶化，他说话和行动都十分困难，但仍以惊人的毅力先后完成了100多万字的作品。有人问他苦不苦，他笑着说："不苦！因为我每天都在斗争，斗争是有无穷乐趣的。"

北京师范大学教授肖川说过："每个生命无论成功失败，幸福或不幸，都很宝贵；每个人都负有使自己生活越过越好的特殊责任。"挫折和苦难是人生的重要组成部分，生命的价值往往就体现在勇敢挑战困难、战胜困难的过程中。只要我们珍惜自己、看重自己、永不放弃自己，苦难会让我们变得更坚强、更独立、更优秀，我们的生命也会在千百次锤炼锻造中创出无与伦比的生命价值。

三、如何实现自己的生命价值

医生靠治病救人实现自己的生命价值；演员靠塑造成功的角色实现自己的生命价值；律师靠赢得官司实现自己的生命价值……尽管每个人实现生命价值的方式不尽相同，但生命价值的实现通常体现在以下几个方面：

1. 追逐人生理想

心中有梦想，人生更精彩。我们的人生理想与生命价值紧密相关，理想实现的过程总是伴随价值的体现与深化。

周恩来在东关模范小学读书时，有一天，魏校长为学生上课，讲到精彩处时，魏校长突然问道："诸生为何读书啊？"当时，有人回答："为名利而读书。"还有人回答："为做官而读书。"而周恩来却响亮地回答："为中华之崛起而读书！"魏校长赞叹道："有志者，当效周生啊！"

一个远大的志向激励着周恩来为之奋斗终生，他为了民族独立、国家振兴而鞠躬尽瘁，成为深受群众爱戴的总理，他的生命价值也在理想的实现中得到不断的淬炼与升华。作为祖国未来的接班人，我们应该从小认真规划自己的未来，明确自己的人生目标，并为之不懈奋斗，努力将梦想变为现实，不断提升生命的意义和价值。

2. 乐于关爱与奉献

"生命的多少用时间计算，生命的价值用贡献计算。"生命的价值并不仅仅体现在丰功伟绩上，更多时候折射于平凡人生的默默付出与奉献。在现实生活中，有很多人平凡得像一滴晨露、一株小草，他们在日常生活和工作中默默地帮助他人、温暖他人、激励他人，用无声的付出印证着生命存在的价值。例如，寒冷冬天的清晨默默清扫垃圾的环卫工人、在灯下认真备课的教师、在田地里辛勤耕作的农民，等等。

中小学生虽然年龄小，但也可以从点滴小事做起，学会关爱他人，为身边的人、为社会贡献自己的一份力量。例如，在家帮助父母做家务、节约用水用电、热心帮助同学、给老人让座等。

请扫描书上二维码
阅读欣赏
▼
《有的人》

【生涯实践】

生命清单

1.阅读与思考

五官科病房里同时住进来两位病人，都是鼻子不舒服。在等待化验结果期间，甲说，如果是癌，立即去旅行，并首先去拉萨。乙也同样如此表示。结果出来了。甲得的是鼻癌，乙得的是鼻息肉。

甲列了一张告别人生的计划表：去一趟拉萨和敦煌；从攀枝花坐船一直到长江口；到海南的三亚以椰子树为背景拍一张照片；成为北京大学的一名学生；出一本书……他共写了27条。

当年，甲辞掉了工作，去了拉萨和敦煌。第二年，又以惊人的毅力和韧性通过了成人考试，成为北京大学中文系的学生。这期间，他登上过天安门，去过内蒙古大草原，还在一户牧民家里住了一个星期，而这位牧民朋友正在帮助他实现出一本书的夙愿。

有一天，乙在报上看到甲写的一篇散文，打电话去问甲的病。甲说，我真的无法想象，要不是这场病，我的生命该是多么糟糕。是它提醒了我，去做自己想做的事，去实现自己想实现的梦想。现在我才体味到什么是真正的生命和人生。你生活得也挺好吧！

乙没有回答。因为乙在医院说去拉萨和敦煌的事，早已因他患的不是癌症而被抛到脑后去了。

你从这个故事中受到怎样的启发？

_____

_____

_____

_____

2.列出你的生命清单

设想一下，假如你的生命只剩下一年，你打算做什么？列出你生命中最想做的事情，形成一份属于你的"生命清单"。

我的生命清单

（1）_____

（2）_____

（3）_____

……

3.思考

（1）你打算如何实现自己的"生命清单"？

_____

（2）在你的人生中，有哪些事情是你做得不够好的？如果人生可以再来一次，你打算如何重做那些事？

_____

第二章

生涯教育，从小起步

　　"一个人若是看不到未来，就掌握不了现在；一个人若是掌握不了现在，就看不到未来。"这是生涯规划的本质和精髓所在。因此，学生越早开始接受生涯教育，学会规划生涯，其人生道路会越走越宽、越走越顺。

　　根据我国义务教育的基本国情，有必要构建九年一贯制生涯教育体系，将生涯教育下沉至小学阶段，从小培养学生用长远的、发展的眼光来规划未来，保证中小学生涯教育的连续性、完整性和系统性，有力推动小学、初中教育的有机衔接，促使学生的生涯发展水平呈螺旋式上升，为学生高中阶段的升学与职业规划作好准备，更为学生的整个人生发展奠基。

第一节　认识生涯，扮演好生涯角色

"吾生也有涯，而知也无涯。以有涯随无涯，殆已！"

——《庄子》

【生涯知识】

一、什么是生涯

"生涯"一词对我们来说并不陌生。例如，我们在描述一位领导人的从政经历时，常说"在他的政治生涯中……"，谈论一个人的从业经历时，会说"说到他的职业生涯……"。在我们一般的认知里，"生涯"一词往往与职业、事业相关联。那么，究竟什么是"生涯"？

我国古代对"生涯"的理解是："生"为"活着"，"涯"为"边际"，"生涯"连起来是"一生"的意思。"生涯"大多数时候与"生活""生计""志业"联系在一起。例如，唐朝刘长卿的"杜门成白首，湖上寄生涯"，杜甫的"谁能更拘束，烂醉是生涯"，都把"生涯"看作柴米油盐的生活方式。

而孔子对自己生涯的总结是"吾十有五而志于学，三十而立，四十而不惑，五十而知天命，六十而耳顺，七十而从心所欲，不逾矩。"范仲淹则说："先天下之忧而忧，后天下之乐而乐。"意在说明生涯不仅有生活琐事，还有鸿鹄大志，强调追求生涯的发展、生命的价值。

西方学者因其所处年代、研究角度等方面的不同，对"生涯"的定义存在一定差异。例如，沙特尔（Shartle，1952）认为：生涯指个体在工作生活中所经历的职业或职位的总称。

霍尔（Hall，1976）认为：生涯是人终其一生，伴随工作或职业的有关经验与活动。

韦伯斯特（Webster，1986）认为：生涯指个人一生职业、社会与人际关系的总称，即个人终身发展的历程。

目前，大多数学者都接受世界著名心理学家舒伯（Super，1976）对于"生涯"的定义：生涯是生活中各种事件的演进方向与历程，它统合了人的一生中各种职业和生活的角色，由此表露出个人独特的自我发展形态。

二、生涯的特质

1. 方向性

黑塞（Hesse）在《流浪者之歌》一书中提道："大多数人就像是落叶一样，在空中随风飘游、翻飞、荡漾，最后落到地上。一小部分人像是天上的星星，在一定的途径上走，任何风都吹不倒他们，在他们的内心中有自己的引导者和方向。"

生涯发展是有方向性的，至于沿着哪个方向、选择哪个途径走，则需要我们做自己人生的向导，不断探索、设定和调整发展方向，明确前行的目标。

2. 终身性

生命的有限，反映出生涯的基本元素是时间，它纵贯人的一生，也决定了生涯的发展不是个人某个阶段特有的，而是跨越一生、连续不断的，连接着人的过去、现在和未来。

3. 综合性

事业角色是个人生涯发展的主轴，但不是全部。职业生涯发展并不等于生涯发展。除了与职业相关的角色外，个人在生涯发展中还将扮演其他各种角色，如子女、学生、父母、公民等。因此，生涯是个人在其一生中所扮演的所有角色的总和。

4. 独特性

世界上没有两片完全相同的叶子，也没有两个完全相同的人。每个人的生涯发展都是独一无二的。即使人们在生涯的某个阶段扮演着相同的角色，如学生，从事着相同的职业，如会计，但人们在每一个角色或岗位上的表现方式、情绪状态、机遇困境等都不尽相同。

5. 主动性

"生涯"（career）一词原有冒险、奋进、向上的含义，凸显了个人在生涯发展中的主观能动性，强调人是生涯的主动塑造者。

个人在不同的生涯阶段会有不同的角色任务和发展目标，这些任务与目标受到个人的遗传条件、主观行为、所处环境等因素制约。但个人作为生涯的主导者，可以主动去思考、计划和行动，积极改变环境、创造条件，促使各个阶段的生涯目标顺利实现，而个人也会不断得到成长。可以说，个人想要什么样的生涯结果，最终取决于他采取怎样的自主行动。

三、舒伯的生涯理论

1. 生涯发展五阶段

唐纳德·E.舒伯（Donald E. Super）是全球最具影响力的生涯发展研究者。舒伯将一个人的生涯发展阶段划分为成长、探索、建立、维持和衰退五个阶段，这五个阶段可以和人一生的发展周期相匹配（表2.1）。

表2.1　生涯发展五阶段列表

生涯阶段	特点	任务
成长阶段（出生—14岁）	开始辨认周围的事物，并逐渐意识到自己的兴趣所在，以及和职业相关的一些最基本的技能。	发展自我形象，形成对工作世界的正确态度，了解工作的意义。
探索阶段（15—24岁）	开始通过尝试一些自己感兴趣的职业活动，对自我能力及角色、职业进行探索。职业倾向趋于某些特定的领域。	职业兴趣具体化，初步确定职业选择，并尝试将它作为长期职业。
建立阶段（25—44岁）	开始尝试选择适合自己的职业领域，大部分人处于最具创造力的时期。	找到从事所期望的工作的机会，学习与他人建立关系，维持职业和生活的安定。
维持阶段（45—64岁）	个人通过不断努力来获得职业生涯的发展与成就，并逐渐在自己的领域中占有一席之地。	维持既有成就与地位，接受自身条件的限制，找出工作中遇到的新难题，发展新的技能。
衰退阶段（65岁以上）	由于生理和心理机能日益衰退，个人职业角色的分量逐渐减弱，开始考虑退休并享受自己的晚年生活。	发展非职业角色，做先前想做而未做的事，淡泊名利，与世无争。

在后来的研究中，舒伯又提出人的生涯发展中，各个阶段都要面对成长、探索、建立、维持和衰退的问题，形成"成长—探索—建立—维持—衰退"的循环。

例如，一名初一新生，必须经过"成长"和"探索"，尽快适应"初中生"的新角色及新的学习环境，逐渐"建立"比较固定的适应模式，"维持"良好的学习、生活状态，随后又开始面对另一个新的阶段——准备升学成为高中生。原有已经适应的初中生活习惯会逐渐"衰退"，继而开始高中生的新任务，进入新一轮从"成长"到"衰退"的过程。

2. 生涯彩虹图——扮演好生涯的各种角色

除了原有的发展阶段理论外，舒伯又加入了角色理论，他将人一生的生涯历程比喻成一道绚丽的彩虹，不同的颜色象征人在一生中扮演的不同角色。人的一生要经历不同的发展阶段，承担不同的生涯角色，职业、家庭和社会角色交互影响（图 2.1）。

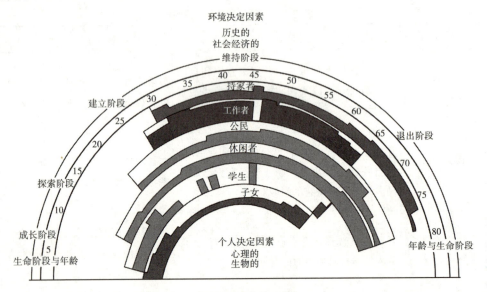

图 2.1　生涯彩虹图

生涯彩虹图的横向层面代表的是横跨一生的生活广度，外层显示人生主要的发展阶段和大致年龄。

生涯彩虹图的纵向层面代表的是纵贯上下的生活空间，由一组职位和角色所组成。舒伯认为人在一生中扮演着九种主要角色，依序是子女、学生、休闲者、公民、工作者、夫妻、家长、父母和退休者（彩虹图未将"退休者"列入其中，夫妻、家长、父母等角色则并入了"持家者"）。

想要扮演好每个人生阶段的角色，我们必须对自己的人生进行合理规划，明确人生不同阶段的具体目标任务，并根据个人特质选择适合自己的路径和方法，合理利用身边的有益资源，积极完成各阶段任务，扮演好相应的人生角色，并保持所扮演的不同角色之间的平衡，才能更好地实现个人价值，收获生活的和谐与幸福。

请扫描书上二维码
阅读欣赏

▼

《人生的七个时期》

【生涯实践】

我的生涯彩虹图

请你参考舒伯的生涯彩虹图，画出属于自己的生涯彩虹图。

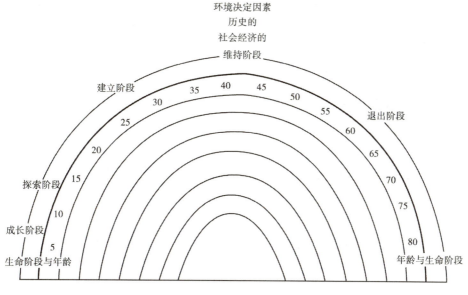

"我的生涯彩虹图"样图

1. 准备一张白纸，参照舒伯的生涯彩虹图，画出若干个同心的半圆。

2. 然后在彩虹图最外围弧线上写上各阶段年龄，在每两个弧形之间的间隔中写上不同的生涯角色名称。

3. 根据自己的现实或预想的未来情况，判断你会把主要的时间精力放在哪个阶段或哪些角色上，把该年龄段对应的角色弧形涂上某种颜色（颜色自选）。着色面积的大小代表投入精力的多少。

4. 画完所有年龄、所有角色的彩虹后，分析一下自己在某些角色上投入的时间精力是否符合自己的期望。

5. 分享与思考

请和同学交换欣赏对方的生涯彩虹图，并思考以下问题：

（1）他人的生涯彩虹图与你的有什么不同？对你有什么启发？

_____

_____

（2）目前，你正处在生涯彩虹图的哪一个阶段？正在扮演哪些角色？这些角色有什么要求？

_____

_____

（3）目前你扮演的角色，它们各自占据了你多少精力？你认为应该怎样平衡这些角色，才能使自己的生活更加和谐、健康？

_____

_____

（4）在生涯彩虹图中，你最重视的角色是什么？原因是什么？

_____

_____

（5）在生涯彩虹图中，你最喜欢的角色是什么？原因是什么？

_____

_____

（6）在生涯彩虹图中，你最不喜欢的角色是什么？原因是什么？

_____

_____

【生涯名言】

人活着要有生活的目标：一辈子的目标，一段时间的目标，一个阶段的目标，一年的目标，一个月的目标，一个星期的目标，一天一小时一分钟的目标。

——列夫·托尔斯泰

【生涯知识】

一、生涯教育定义

1971年1月，时任美国联邦教育总署署长马兰德在得克萨斯州休斯敦全美中学校长联席会议上发表了一篇有关生涯教育的演讲，正式提出了"生涯教育"一词。目前，关于"生涯教育"尚未有比较统一的定义。其时对"生涯教育"下的定义是：生涯教育是一种综合性的教育计划，其重点放在人的全部生涯，即从幼儿园到成年，按照生涯认知、生涯探索、生涯定向、生涯准备、生涯熟练等步骤，逐一实施，使学生获得谋生技能，并建立个人的生活形态。

英国把"生涯教育"定义为：在中学阶段为成人生活作好准备的课程的重要组成部分，13—17岁是需要做出一些重要决定的阶段，他们必须了解自己，知道自己的优势与劣势，做出选择与决定并接受这些决定带来的后果。

上海市教育委员会对"中小学生涯教育"的定义是：运用系统方法，指导学生增强对自我和人生发展的认识与理解，促进学生在成长过程中学会选择、主动适应变化和开展生涯规划的发展性教育活动。

综合来看，生涯教育应是一种综合性的教育计划，是针对所有人的、贯穿其一生的教育，是一种帮助个人正确认识自我、了解社会并主动规划人生的教育。

二、国外生涯教育现状

生涯教育概念提出后，在世界范围内得到了广泛实践，并日益展现其强大功能，对青少年自我认知、潜能开发、个性发展、升学就业等人生发展产生了重大且积极的影响。

1. 美国生涯教育现状

美国是生涯教育开展较早、体系比较成熟的国家。1989 年，美国国家职业信息协调委员会（NOICC）首次发布了《国家职业发展指导方针》，要求职业发展指导从 6 岁开始，要求学生学会"自我认识"，包括认识自己的兴趣、专长、特点、能力等；要进行"教育与职业关系的探索"，例如，了解教师是做什么的，需要什么样的职业技能等；学习"职业生涯规划"，学会生涯决策与计划，并尽早接触社会与职业。据了解，美国前 1 000 位的富翁，排名越靠前的，开始做义工、带薪小时工或者自我创业的年龄越小。通过职业发展指导，帮助学生达到了解自己、发展自己、完善自己的教育目的。

20 世纪 90 年代，美国教育部赋予了生涯教育新的内涵。1998 年 10 月，美国生涯技术教育协会投票通过使用"生涯技术教育（CTE）"。2005 年 3 月，美国参议院全票通过《卡尔·帕金斯生涯技术教育 2005 年修正案》，其中一个重要主题是用"生涯技术教育"取代使用了近一个世纪的"职业技术教育"。这一术语的使用体现了美国"学校到生涯（School to Career）"的新理念。它使职业技术教育从专门针对部分不准备升学的学生变为面向所有学生，同时为就业和接受高中后教育作准备。这一改革旨在培养人们从事职业活动的能力，以及保持自我学习等可持续发展的能力，而不是把人禁锢在某一种特殊的、终生不变的职业。

为此，美国教育部引入职业群课程，作为生涯技术教育课程。所谓"职业群（career clusters）"就是把一些普通的职业按照其宽泛的共同特征进行分组，将数种性质相近的职业归纳成一组或一群，目的是培养学生的职业意识、进行职业导向和职业探索。目前，职业群课程形成了 16 个职业群和 81 个职业途径构成的完整体系，几乎能把所有存在的职业囊括进去。

职业群课程模式以满足人们的终身职业发展为目标，使学生的职业选择尽可能与其兴趣和个性特点相一致，以促进个体职业生涯的可持续发展。因此，从儿童入学之日起，学校将配备相应的顾问和教师为每个学生制订职业计划，并指导学生实施其计划。而且，每年学生、父母和职业指导教师都要重新参与职业计划，确保学生的目标、兴趣和职业课程的选择一致。职业群课程计划面向所有的在校学生和成人，以支持 1—12 年级教育的无缝衔接，并重点关注中等及高中后教育，帮助学生顺利从学校过渡到社会。

此外，美国政府组织建立有关职业信息的权威数据库，学生、家长和生涯教师都可以到官方网站上获取关于某一行业、某一职业的数据与信息，例如职业的工作性质、工作内容、薪资待遇、发展前景等，从而为个人的生涯规划提供重要依据。

2. 英国生涯教育现状

为了适应新时代对人才培养的要求，英国政府在 20 世纪 90 年代开始考虑对所有中等教育阶段的学生实施生涯教育。英国教育与就业部规定从 1998 年开始，所有公立中学的 9—11 年级必须开展生涯教育；另一方面，鼓励公立学校在学生 14 岁之前或尽可能在 11 岁时开始实施适当的生涯教育，并在后义务教育阶段进一步开展生涯教育。

英国中学的生涯教育的实施方式主要是在学校开设生涯教育课程，如与生涯相关的学术课程、生涯探索指导课程、生涯发展指导课程和特殊生涯指导课程等。此外，学校还开展各类生涯教育实践活动，如安排学生到工作岗位实践、开展模拟游戏、实施志愿工作活动计划及邀请在岗人员到学校讲课等。学校还定期举办家长培训，让家长在家庭生活中锻炼子女的动手能力、独立能力，帮助子女形成正确的职业观。

2010 年，英国出台了《7—19 岁生涯教育框架》，将生涯教育年限延伸到小学阶段，实现了生涯教育从初等教育到继续教育的全覆盖。

2018 年，英国生涯发展学会颁布了新的《生涯、就业及创业能力教育框架》，以 16—19 岁学生为主要对象，从生涯、就业及创业教育中自我发展，关于生涯和工作世界的学习，生涯管理与就业技能的发展这三个学习领域提出了 17 个学习目标，并针对不同关键阶段的学生设置了不同的学习目标，学习目标的难度从低年级到高年级递增，人才培养目标呈现清晰化、多层次、阶梯性等特点。

2018 年，英国盖茨比基金会出台《好的生涯指导手册》，其中提到关注特殊教育和残疾学生的需求。这体现了英国生涯教育越来越关注学生个体，追求平等与公平，不仅重视正常学生的生涯发展，也高度关注特殊群体的生涯需求和潜能开发。

3. 日本生涯教育现状

日本生涯教育具有层次清晰、分阶段展开的特点。2002 年，隶属文部科学省的国立教育政策研究所中小学生指导研究中心发布了《培养劳动观和职业观的学习计划框架》，将生涯教育从小学到初中、高中，针对不同年龄特点分层进行。日本生涯教育的形式旨在确保阶段的连贯系统，在教育目标、教育内容及教学过程实施上分阶段、分层次，内容随学生的身心发展水平和特点不断变化（表 2.2）。

表 2.2　日本生涯教育各阶段开展情况表

项目	小学	初中	高中
目标	初步的工作体验，激发好奇心。	形成工作观、劳动观，确定初步职业取向。	形成职业观、劳动观，为成为真正的社会人作准备。
内容	参加社会实践活动，形成良好的生活习惯与积极的生活态度。	体验工作，增强人际交往能力，形成稳定的人际关系网。	职业过渡，参与工作，储备经验。
形式	简单的家庭询问、街头采访、参观企业。	职场体验。	见习、实习。

日本生涯教育的能力框架从最初的"四领域十二能力"演变为"四领域八能力"，直至强调对"基础通识能力"的培养。2011 年，日本中央教育审议会在第二次修订职业生涯教育定义时，提出了"基础通用能力"，主要包括人际关系形成与社会关系形成能力、自我理解与自我管理能力、课题对应能力和职业生涯规划能力，希望更好地培养学生作为社会人的必备能力。

三、国内生涯教育现状

虽然相比台湾和香港地区来说，我国大陆地区的生涯教育起步较晚，生涯教育体系尚不完善，但从政策制定和教育实践情况来看，我国生涯教育工作一直保持着持续推进的良好势头，特别是近几年，随着新高考改革的落地，生涯教育更成为中小学教育的热门话题。

1. 生涯教育的政策支持

20 世纪 90 年代以来，我国生涯教育得到了国家政策方面的大力支持，一系列纲领性文件陆续出台。

1992 年，原国家教委基础教育司颁发了《普通中学职业指导教育实验纲要（草案）》，指出职业指导教育是普通中学教育的一个组成部分。

2002 年，教育部颁发《中小学心理健康教育指导纲要》（2012 年进行了修订），其中明确将生涯教育作为心理健康教育中的内容之一，要让学生在充分了解自己的兴趣、能力、性格、特长和社会需要的基础上，确立自己的职业志向，培养职业道德意识，进行升学就业的选择和准备，培养担当意识和社会责任感。

2010 年 5 月，国务院审议并通过《国家中长期教育改革和发展规划纲要（2010—

2020年）》，强调"关注学生不同特点和个性差异，发展每一个学生的优势潜能"，提出"建立学生发展指导制度，加强学生的理想、心理、学业等多方面的指导"，由此引发了全国各地中小学校对生涯教育的广泛关注。

2016年9月，《中国学生发展核心素养》正式发布，这为学生成长发展立起了"标杆"。学生发展核心素养，主要指学生应具备的、能够适应终身发展和社会发展需要的必备品格和关键能力。学生发展核心素养以培养"全面发展的人"为核心，分为文化基础、自主发展、社会参与三个方面，综合表现为人文底蕴、科学精神、学会学习、健康生活、责任担当、实践创新等六大素养，具体细化为国家认同等18个基本要点。学生发展核心素养是一套经过系统设计的育人目标框架，其落实需要从整体上推动各教育环节的变革，最终形成以学生发展为核心的完整育人体系。比如，今后学生发展核心素养将成为课程设计的依据和出发点，引领和促进教师的专业发展，帮助学生明确未来发展方向，作为检验和评价教育质量的重要依据，核心素养将明确学生完成不同学段、不同年级、不同学科学习内容后应该达到的程度要求。

2014年9月，《国务院关于深化考试招生制度改革的实施意见》正式出台，拉开了新一轮高考改革的序幕。新高考改革打破了"一考定终身"和"唯分数论"的传统评价模式，强调尊重学生的个性，并把综合素质评价作为高校招生的重要依据之一。新高考改革在促使教育回归育人本质的同时，也使很多学生陷入迷茫：如何正确认识自己，如何选择适合自己的学科，如何发展综合素质……为了帮助学生解答这些困惑，更好地适应新高考的要求，生涯教育成了中小学的刚需和抓手。

此外，《教育部关于普通高中学业水平考试的实施意见》也明确提出"要加强学生生涯发展指导"。随后，各省市、地区也陆续出台生涯教育相关政策文件，对生涯教育工作提出具体的指导意见。

例如，2018年，上海市教育委员会发布《关于加强中小学生涯教育的指导意见》，要求构建大中小幼有机衔接、内涵丰富、科学适切的生涯教育内容体系，增强中小学生生涯规划的意识与能力，培养自尊自信、积极向上的个性品质，促进学生的健康成长与终身发展。

2018年9月，重庆市教育委员会印发《关于开展普通高中学生生涯规划教育的通知》，要求开足生涯课程，并将生涯课程算入学分。同时，要求学校积极开展生涯活动，组织职业体验，大力推进家校共育，多途径开展生涯教育。

2. 生涯教育的实践推进

1977年，恢复高考制度后，一些地区和学校开始关注学生的就业指导。北京、上海、广州等地在生涯研究与实践中取得了一定的进展，为我国生涯教育的开展打下一定的基础。例如，1987 年，上海市教育科学研究院普通教育研究所的"初中毕业生升学与择业指导研究"被评为第三届上海市普教科研成果一等奖，普教所通过办班、推广心理测验等方式将研究成果辐射到上海及全国很多地区，为初中毕业生升学与就业指导提供了一套比较科学、系统的工具和方法。

2010 年，随着国家教育改革政策的陆续出台，生涯教育，特别是高中生涯教育呈现跨越式发展，浙江、上海、北京、四川、广东等很多省市都大力开展高中生涯教育实践，取得了阶段性成果。例如，2018 年上海市推出《关于加强中小学生涯教育的指导意见》，在全国率先推行中小学生涯教育的全覆盖，并引进学校、社会共同参与，形成校内外育人合力，提出要建设市区校三级联动，学校家庭社会三位一体，资源配置多元、管理机制完备、评价激励有力的生涯教育保障体系。

同时，国内一些高中学校已经探索出具有本校特色的生涯教育推进模式。例如，浙江省丽水中学建立"全息生涯规划教育模式"，为学生提供无限多样内容、无限多种途径、无限多个机会和无限多种可能的生涯规划知识学习、生涯规划内容体验、生涯规划能力提升和生涯规划发展把握的教育模式。

相比高中生涯教育的强劲发展势头，小学、初中生涯教育却显得后劲不足。我国小学生涯教育尚处于探索期，目前，仅北京、上海、重庆、江苏等地区在小学阶段实施生涯教育。其他大部分地区普遍存在思想上不重视、课程体系不全面、生涯教育途径不够丰富、专业生涯教师队伍尚未建成、教育资金投入不足等问题。

请扫描书上二维码
阅读欣赏
▼
《生涯成长故事
之以有涯成就
无涯》（节选）

我国初中生涯教育也刚刚起步。2016 年，教育部印发《关于进一步推进高中阶段学校考试招生制度改革的指导意见》，要求完善学生综合素质评价，为高考选拔提供依据。考试制度的现实要求迫使生涯教育由高中向初中下移，浙江、上海、河南等部分省市制定了初中生涯教育的相关政策指导文件。然而，初中生涯教育也存在与小学生涯教育相似的窘境，还未形成一个相对完整的生涯教育体系。

【生涯实践】

榜样力量：实现梦想的人

你是否听过某人梦想成真的故事？这个人可以是你的家人、朋友，或者你身边的一个普通人，也可以是公众人物、历史名人等。请把他／她的故事写下来，并谈谈你的感受。

1. 请参考以下问题来讲述他／她实现梦想的故事：

● 他／她是谁？如姓名、国籍、性格、兴趣、优势等。

● 他／她的梦想是什么？

● 他／她实现梦想的过程是怎样的？如实现梦想的方法、经历的挫折与困难，以及应对方式等。

● 他／她实现梦想后，人生有了怎样的变化？

2. 思考

（1）根据他／她的故事，谈一谈你对"梦想"二字的理解。

（2）他／她的梦想故事，给你怎样的启发？

【生涯名言】

> 人生各个阶段具有基本的次序，人生中的关键问题都将依次闪亮登场，早期阶段的失败会影响后面阶段的发展。
>
> ——爱利克·埃里克森

【生涯知识】

一、生涯规划概述

1. 什么是生涯规划

生涯规划是对自己未来的生活进行有目的、有计划、有系统的准备与安排。生涯规划可以概括为三句话：

①我是谁？——正确认识自己的体质、性格、学业、兴趣、优势、思维等，了解自己的潜质和短板，作为生涯规划的依据。

②我要到哪里去？——根据自己的个性特点，根据心仪学校和社会发展的要求，量身订制适合自己的生涯规划。选择一个目标，目标不妨定得高远些，优秀学生要定一个跳一跳才可以摸得到的目标。

③怎样到那里去？——按照规划的目标，通过短期目标、长期目标的循序渐进，一步步实现自己的梦想。

学生通过科学规划未来，有计划、有条理地树立理想、安排学业，才能有效规避短板，让自己的优势发挥到极致，拥有更加辉煌的人生。

2. 生涯规划宜早不宜晚

在新高考改革背景下，高中生涯教育普遍受到高中生及其家长的重视。很多学生可能要说："等我上了高中再做生涯规划也不迟。"但是，事实上对生涯的探索与规划，越早开始越好。

生涯发展是一个厚积薄发、行稳致远的过程。如果我们从小开始积极了解各种职业特点及所需技能，学会正确认识自己，尽早开发个人兴趣与潜能，进入高中时，我们已经形成了比较完整的职业观念，在兴趣特长方面也打牢了基础。此时，我们就能够快速、准确地做出学科、专业、职业等重要选择，充满信心地迎接高考乃至未来的职业挑战，实现自己的人生理想。这比进入高中后再来了解职业、发掘潜能、探索目标，少了一份仓促与焦虑，多了一份从容与自信。

生涯规划大师舒伯将0—14岁界定为生涯发展的"成长"阶段，说明人一出生，就在熟悉和适应生存环境，探索生存所需的知识和经验。英国、日本等发达国家，生涯教育都是从小学，甚至幼儿园开始的。

从小形成生涯规划意识的学生，往往能走出"一步领先，步步领先"的成长节奏。他从小就了解自己具备哪些品性和优势，知道自己为什么而读书，知道自己想成为什么样的人，并在心里埋下梦想的种子。一旦梦想扎根，就会激发学生源源不断的成长动力，催促他不断向前，奋斗不息。可以说，越早开始规划未来，学生就越早受益。

二、构建九年一贯制生涯教育体系

2012年9月，《国务院关于深入推进义务教育均衡发展的意见》规定："鼓励各地探索建立区域内小学和初中对口招生制度，让小学毕业生直接升入对口初中。支持初中与高中分设办学，推进九年一贯制学校建设。"2013年11月《中共中央关于全面深化改革若干重大问题的决定》规定："义务教育免试就近入学，试行学区制和九年一贯对口招生。"在国家政策的支持下，各省市在不断扩张九年一贯制学校。从全国的情况来看，2011—2018年，全国九年一贯制学校从13304所增加到16696所，占初中学校的比重从24.58%扩大到32.12%，以平均每年1%的速度稳步增加，它已经成为基础教育阶段学校的重要组成部分。

九年一贯制是指该校的小学和初中施行一体化的教育，学生小学毕业后可直升本校初中。九年一贯学校相对稳定的学校生活，有利于发挥学校教育的长期影响作用，基本奠定一个人的发展基石。在此基础上，按照小学、初中不同学段的年龄特点和成长规律，形成结构合理、层次渐进、各有侧重的九年一贯制生涯教育体系，有利于把生涯教育提前到小学阶段，促进小学生的生涯认知与初中的生涯探索有机衔接，起到个人生涯发展的筑基作用，为高中阶段学生的生涯规划与职业选择作好准备。

北京市樱花园实验学校从2013年开始以职业认知和体验为切入点，通过课程化的建设，结合学校九年一贯制的特点，在中小学部开始了生涯教育的探索与实践，学校采取学部块状管理，积极构建一到九年级生涯教育目标体系，细化生涯教育内容，将生涯认知与职业体验贯通小学和中学学段。

成都高新新科学校根据生命不同发展阶段的特点，开启了生涯课程，构建了"夯实'五力'、开设'六'类、遵循'五步'、形成'三种'"的"5653"生涯课程开发模式，旨在扭转背离生命成长本质的教育价值和行为偏向，唤醒助力生命成长的行动自觉。夯实"五力"包括夯实学生的品格力、提升学生的生涯力、蓄积学生的学习力、张扬学生的艺术力、培育学生的创造力。开设"六类"包括开设品格课程、艺术课程、体验课程、实践课程、社团课程、主题课程。遵循"五步"课程管理，包括课程设计、课程选择、课程实施、课程评估、课程发展。形成"三种"生涯教育的校本课程，包括生涯校本教材、生涯教育读本、生涯体验手册。

三、九年一贯制生涯教育体系的优势

1. 有利于中小学生涯教育的有机衔接

九年一贯制生涯教育体系能够根据学生各学龄段的成长规律和特点，在小学、初中各阶段形成层次渐进、各有侧重的生涯教育目标，通过前一阶段生涯教育目标的实现，支持和推动学生下一阶段的生涯发展，促进中小学生涯教育的有机衔接，保证义务教育阶段生涯教育的连贯性、完整性、系统性，促使学生生涯发展水平呈螺旋式上升趋势，有效避免学生生涯发展的断层或冲突。

2. 有利于优化生涯教育课程，开发优质校本教材

九年一贯制生涯教育体系能够促使生涯教育与义务教育新课程标准相契合，将生涯规划理念与技巧有效融入各学科教学，对学生起到潜移默化的渗透、浸润作用。同时，把九年义务教育作为一个教育整体来设计、编写生涯教育校本教材和辅导教材，从九年的时间跨度上去构思生涯教育课程结构，明确与各个学龄段前后紧密衔接的教育目标，落实符合学生特点的课程内容，提高生涯教育教材的科学性、合理性与连贯性，有效避免课程实施的不连续性和不完整性。

3. 有利于生涯教育教师的专业成长

在九年一贯制生涯教育体系中，小学、初中的生涯教育教师能够形成一个教学共同体，互相交流、学习，促进中小学教师的优势互补，提升教师专业化水平，促进小学与初中生涯教育教学模式、教学目标、教学内容等方面的自然过渡与转换，提高中小学生涯教育成效。

4. 有利于学生的兴趣与潜能开发

九年一贯制生涯教育体系可充分利用其周期长、具有连贯性的特点，持续培养学生的兴趣爱好，全面发展学生的优势潜能，让学生的兴趣与能力倾向有机会转化为专业特长，成为学生明确人生目标的重要依据，以及学生生涯发展的有效竞争力。

5. 有利于培养学生良好的生涯规划习惯

从青少年生长发育规律来看，小学和初中是学生习惯养成和巩固的关键期。九年一贯制生涯教育体系通过连续性、系统化教育，帮助学生把自我认识、自我管理、自主选择、自主发展等生涯基本技能以习惯的形式逐步固化下来，成为学生终身受益的良好习惯。

请扫描书上二维码
阅读欣赏
▼

《埃隆·马斯克
在加州理工学院
毕业典礼上的
致辞》

【生涯实践】

我的理想

从小，我们对自己的未来充满了向往，心里有许许多多的理想：想当厨师、老师、园丁、科学家、舞蹈家……

1. 聊聊你的理想

（1）在成长历程中，你曾经有过哪些理想？

_____

（2）为什么会有这些理想？

_____

（3）你现在还有这些理想吗？为什么坚持或放弃？

_____

2. 思考理想的基本条件

理想的基本条件	事例
做自己喜欢做的事情	
做自己擅长的事情	
做有价值的事情	
……	

第四节　发展生涯，中小学生涯教育特点

【生涯名言】

人生应该如蜡烛一样，从顶燃到底，一直都是光明的。

——萧楚女

【生涯知识】

一、生涯启蒙：小学生涯教育特点

1. 小学生身心发展特点

小学阶段，学生处于生长发育稳步发展时期，身体日趋强健，精力充沛，充满活力和生命力。认知思维方面，小学生的思维发展是从以具体形象思维为主要形式逐步过渡到以抽象逻辑思维为主要形式，但这种抽象逻辑思维在很大程度上仍然是直接与感性经验相联系的，仍然具有很大成分的具体形象性。

小学生的好奇心重，求知欲旺盛，天性纯真，可塑性强，对很多事物都感到新鲜有趣，因此，新颖奇异、生动形象的对象比较容易引起他们的注意，对社会生活的兴趣也逐步扩大和加深。

2. 小学生涯教育特点

著名的职业指导专家金斯伯格（Ginzberg）将职业生涯分为三个阶段：幻想期、尝试期和现实期。其中，幻想期指 11 岁以前的儿童时期，儿童对所接触到的职业充满好奇，幻想着自己长大后从事什么职业，并极力效仿。但对职业只是单纯的兴趣爱好，没有考虑自身的条件和机遇，完全是幻想。由此可见，小学阶段学生已经对职业和社会产生了浓厚兴趣，这是生涯发展的启蒙阶段，是人生规划的预备期。

根据小学生的身心发展特点，小学生涯教育侧重于学生的生涯启蒙，通过开展各类观察、模仿、游戏、体验活动，帮助学生了解自己，初步认识各行各业的工作，扩展生活经验，提升生涯认知。同时，引导学生培养多方面兴趣，从中发现其真正的兴趣和特长所在。

3. 小学生涯教育目标

①初步具备自我概念与意识，初步了解自己，包括自己的长处与短板、兴趣与特长、性格与情绪等，懂得自己的能力、兴趣、价值等个人特质是将来教育及职业选择的基础。

②初步了解常见的职业，形成职业是神圣而平等的观念，尊重各行业的劳动者，了解他们为社会所作的贡献。

③明白现在学习的各种知识和能力可以运用到未来的工作与发展中，激发学生内在的学习动力。

④学会互助与合作，提高人际交往能力。

⑤意识到合理规划及合理利用时间的重要性，初步树立生涯规划的意识，掌握制订学习和生活计划的基本方法，培养自己做决定和解决问题的自信与能力。

⑥进一步拓展对家庭、社区、社会的认识，培养感恩之心、社会责任感和主人翁意识。

4. 小学生涯教育的实施

小学生涯教育可以采用以下方式开展：

①开展丰富的职业体验活动，提升学生的生涯与职业认知。例如，让学生阅读各种伟人传记类书籍，制作职业、梦想等专题黑板报，参观访问名校和名企，扮演不同工作角色等。

②开展生涯辅导活动，增进学生对自我的了解，培养学生自我管理能力。例如，让学生写"我的志向""我的兴趣"等主题作文；指导学生写日记，将平时令自己高兴、觉得自豪的事情记录下来；指导学生对自己每天的学习和生活做决定，包括什么时间应该做什么、早餐吃什么、上学穿什么衣服等。

③开展社区体验活动，拓展学生对社区、社会的了解，丰富学生的社会经验。例如，让学生访问父母或亲戚，了解他们所从事的职业及他们的休闲活动；指导学生开展社区生涯调查；邀请社区的名人介绍他们生涯发展的心路历程等。

二、生涯探索：初中生涯教育特点

1. 初中生身心发展特点

国际卫生组织将10—19岁定义为青春期。一般来说，女生10—12岁、男生

12—14岁开始进入青春期。也就是说，初中生正处于青春初期。这一阶段的学生处于迅速成长发育阶段，心理也产生了重大变化，主要表现为独立意识觉醒，要求得到父母、老师等成年人的尊重，要求扩大自己的独立性，渴望用自己的眼睛看世界，用自己的标准衡量是非曲直，而且学生的认知发展逐步走向理性与成熟。

另外，学生的交际范围扩大，人际交往的需求不断增强。学生的兴趣也明显扩大并不断分化，逐渐对某些事物形成相对稳定的偏好，开始具有一定的深刻性和自觉性，兴趣逐渐趋向稳定和专一。

2. 初中生涯教育特点

教育学家加德纳曾说："在童年这一时期（8—14岁），儿童想掌握自身文化和特定职业或业余爱好的规律；想准确地运用语言而不是仅仅通过比喻；想画出像摄影照片一样清晰的美术作品，而不满足于幻想和抽象的绘画。"也就是说，在小学高年级和初中阶段，学生已经有了强烈的职业探索意愿，也有开发个人兴趣和能力的愿望，此时，学生处于生涯发展的探索期。

根据初中生的身心发展特点，结合中考改革的综合素质评价要求，初中生涯教育侧重于学生的生涯探索与计划，通过各种生涯体验、职业探索活动，让学生将幻想的事物落实到实际生活环境中，进一步认识自我特性、了解职业世界，提升生涯规划意识，初步厘清生涯发展方向。由于初三面临普通高中、中职学校及就业的分流，还需要帮助学生拟定升学计划和职业目标。

3. 初中生涯教育目标

①探索自己的个性、兴趣、能力、价值观等，培养积极乐观的心态和良好品德。

②接触不同的职业领域，了解不同职业的工作环境、工作流程及其对社会的贡献和重要性，了解不同职业所需的知识与技能，发掘较适合自己的职业。

③了解不同内容形式的教育会影响以后的职业选择，并了解从事不同职业的人生活方式的差异，注意自己喜欢的生活方式与想从事的职业的生活方式是否一致。

④制订适合自己的学习和生活目标，学会平衡自己的各种角色。

⑤初步学习生涯规划和生涯决策的基本内容与技巧，提升生涯探索与规划能力，更好地适应社会、迎接未来。

4. 初中生涯教育的实施

初中生涯教育可以通过以下途径展开：

①开设生涯发展课程，开展生涯辅导活动，帮助学生了解生涯发展理念，提高探索职业志向的自觉态度。包括认识生涯发展的基本意义与功能；认知并评估

个人生涯发展需具备的特质、技能、价值观、教育经验、心理需求、经济需求等。

②开展各类生涯体验活动，帮助学生进行生涯探索，建立良好的职业道德观念。包括收集、分析、归纳当前社会就业情况；认识从事职业所需的一般智能和特殊技能；认识工作世界的未来发展趋势等。

③开展生涯规划指导，促使学生科学规划未来，掌握基本的求职技能。包括学习如何进行生涯决策与制定生涯规划；学习如何制定个人的学习计划；学习如何撰写自我介绍和履历表；学习求职的面试技巧等。

④开展升学指导，帮助学生做好考试、面试等准备。包括参观访问高一级学校，并收集相关资料；探讨如何选择合适的高一级学校；探讨升学考试与面试策略等。

以下是北京市樱花园实验学校为中学部学生提供的一系列生涯教育实施途径，仅供参考：

（1）开设生涯教育课，开展生动、活泼的体验式活动，将职业认知与体验贯通小学与中学学段，让学生走进真实的职业情境，直接化身职业角色，加深职业认知，找准职业兴趣与方向。

（2）成立各类生涯教育社团，如中学部成立"学校传媒社团"，定期开展活动，比如走进北京朝阳教育传媒实践基地，参观演播厅、导播厅、配音机房、高清编辑机房、网络编辑机房等，参与电视节目录制，现场体验拍摄、配音、后期编辑等工作内容。

（3）结合学生的年龄特点，组织多样化的生涯体验教育活动，比如中学部每年都组织学生进行参观考察活动，如走进伊利牛奶工厂，参观牛奶从原奶到生产杀菌再到灌装的详细流程。

（4）定期邀请成功校友到学校给学弟、学妹分享成长故事和成功经验，激励学生自主成长。

（5）定期开展生涯教育主题班会的展示、评比活动，中学部的学习重点在于时间管理、理想教育等方面。

请扫描书上二维码
阅读欣赏

▼

《思言小学——传承中华优秀传统文化的生涯启蒙教育探究》
（节选）

【生涯实践】

"我是谁"：认识自己的 20 问

了解自己，从自我提问开始。20 问，帮助你深入探索和了解自我。

1.问自己 20 次"我是谁"

请你一边自我提问，一边把脑海中浮现的答案写出来。例如：我是××（姓名），我是××学校的学生，我今年×岁，我喜欢跳舞等。每次提问和回答的时间是20秒，想到什么就回答什么，但不要重复。如果写不出来，可以跳过，继续往下写。

认识自己的20问

1. _____   2. _____
3. _____   4. _____
5. _____   6. _____
7. _____   8. _____
9. _____   10. _____
11. _____   12. _____
13. _____   14. _____
15. _____   16. _____
17. _____   18. _____
19. _____   20. _____

2. 分析自己的答案

（1）答案的数量。如果你能写出17、18个以上的答案，说明你对自己的认识比较全面、丰富。如果只能写出13、14个或更少的答案，表示你可能过分压抑自己，或者很少关注自身的情况。

（2）回答内容的表现方式。有三种情况：①客观评价，如"我是女孩子""我是小学生"等；②主观评价，如"我不受欢迎""我是个胆小鬼"等；③中性评价，即不能作出判断的情况。

如果客观评价和主观评价的回答都有，可以认为自我认识是平衡的；如果倾向于其中一个方面，则自我认识不能取得平衡。在对自己主观的评价中，如果既说到自己好的方面，也说到自己不好的方面，这表明对自我的评价较全面；如果只侧重某一个方面，可认为是自视甚高，或较为自卑。

（3）回答的内容是否涉及自己的未来。哪怕只有一个答案涉及未来（如：我是未来的工程师），说明自己有目标、有理想。如果没有，则说明自己对未来考虑不多。

第三章

灵魂拷问：我是谁

古希腊德尔菲的阿波罗神庙的门楣上，镌刻着一句象征人类最高智慧的神谕——认识你自己。

认识你自己，是自我意识的觉醒，是生涯规划与发展的起点。当我们开始思考"我是谁"，包括"我喜欢做什么，我擅长做什么，我适合做什么，我最看重什么……"时，生涯探索之旅正式开启，我们想要了解真实的自己、充满无限可能的自己，更想要为自己勾勒最美丽的人生蓝图，追求美好的前程、有意义的人生。从自我觉醒开始，我们想要做最好的自己。

第一节 发现兴趣，我喜欢做什么

【生涯名言】

> 只有爱你所做的，你才能成就伟大的事情。如果你没找到自己所爱的，继续找，别停下来。就像所有与你内心有关的事情，当你找到时你会知道的。
>
> ——史蒂夫·乔布斯

【生涯知识】

一、探知"兴趣"

1. 兴趣是什么

有这样一个故事：三个人正在一起盖房子，有人问他们："你们在干什么？"第一个人回答："我在挣钱。"第二个人回答："我在盖房子。"第三个人回答："我在建造一座人间最美的建筑。"后来，第三个人成了著名的建筑师。

对待"盖房子"这同一件事情，三个人的态度大不一样。第一个人纯粹把盖房子当作挣钱的营生，房子盖成什么样他并不在意。第二个人把盖房子当作他的任务，他可能会付出一些努力去克服盖房过程中遇到的困难，直到完成工作任务，但不会花更多心思在这件事上。第三个人对盖房子这件事是兴致勃勃、满怀期待的，他可能会想很多主意去把房子盖得更坚固、更美观、更宜居，他完全沉浸在盖好房子这件事里，乐此不疲地想把房子盖成世界上最美的建筑。第三个人这种带有积极情绪色彩的意识趋向，我们称之为"兴趣"。

兴趣是指个人力求接近、探索某种事物和从事某种活动的态度和倾向，亦称"爱好"，是个性倾向性的一种表现形式。我们在日常学习和生活中，可能会有这样的体验：对于某件事情总是念念不忘、心驰神往，在做这件事时，总会倾注极大热情，即使辛苦疲惫、困难重重也不放弃，甚至达到废寝忘食的地步。这往往就是我们的"兴趣"所在，这也是"兴趣"本身所蕴含的强大力量，它会成为我们求知的起点、思维的动力，成为我们主动学习、奋发进取的有力支持。

2. 兴趣是学业和事业成功的源泉

（1）兴趣让我们快乐学习

对于中小学生来说，学习活动最容易从兴趣出发，也最容易被兴趣左右。如果我们对所学知识产生浓厚兴趣，便不会再抱怨学习枯燥乏味，反而能处处发现学习的乐趣，体验知识的美妙与益处。在兴趣的驱使下，我们会对学习迸发出惊人的热情，产生稳定而持久的注意力，我们的思维、记忆等能力也常常处于活跃状态，极大地激发学习动力，提高学习效率。

（2）兴趣是职业选择的原动力

李开复上大学时最初填报的是政治学专业。上了几门课后，他发现自己对这个专业毫无兴趣。他告诉自己，人生只有一次，不应浪费在没有兴趣、没有成就感的领域。于是，他做出了人生中最重要的一个决定，转系到他非常感兴趣的计算机科学专业。多年后，他说："若不是那天的决定，我今天就不会在计算机领域取得如此之大的成就，而很可能只是在美国某个小镇做一个既不成功又不快乐的律师。"

李开复的故事告诉我们，如果我们未来的职业选择能够与兴趣相吻合，那将是人生的幸事，它会增强职业的适应性和稳定性，激发我们的无限潜能，让我们更容易在职业发展中获得成功。

3. 兴趣发展的三阶段

一般来说，兴趣的发展会经历有趣、乐趣、志趣三个阶段。

第一阶段：有趣。这是兴趣发展的低级阶段。

①特点：易变、不稳定。

②表现：对任何事物都有新奇感，但容易变化，对事物的新奇感一旦消失，兴趣也会立马转移。

第二阶段：乐趣。它是在有趣定向发展的基础上形成的。

①特点：趋向稳定与专一。

②表现：对某一事物或活动有着特殊的兴趣，产生了参与意识，在行动上积极培养这种兴趣，开始显现这方面的特长。

第三阶段：志趣。

①特点：非常稳定。

②表现：兴趣与个人理想、社会需要结合起来，据此来考虑和确定自己的志向，便会由乐趣发展为志趣，它是成功的重要保证。

二、兴趣的形成与发展

我们对事物一时的新鲜感并不是真正的兴趣，只有对事物有一定的认识，并渴望进一步探索和了解时，兴趣才开始形成。例如，如果对计算机一无所知，那根本谈不上有没有兴趣，只有学习了一点计算机知识或操作了计算机后，才会察觉计算机的趣味所在。可见，兴趣不是凭空出现的，而是建立在一定知识的基础上。

另外，兴趣不是一成不变的，当我们对事物进行深入学习和研究，通过努力收获一点进步，取得一点成功时，我们会获得愉快体验和成就感，对该事物的兴趣也会愈发浓厚，并更加积极、努力地谋求更大的成功。而兴趣也在不断努力与收获中进一步增强，由此形成兴趣的良性循环，让一时的有趣，逐步发展成为稳定的兴趣，甚至可能成为影响一生的志趣（图 3.1）。

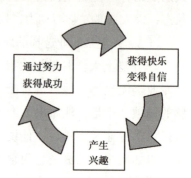

图 3.1　兴趣发展的良性循环图

三、兴趣与职业的关系

研究表明：如果一个人对所从事的职业有兴趣，能发挥他全部才能的 80% 以上，并且工作时有创造性、主动性，不易疲劳，效率高。相反，如果一个人对所从事的工作不感兴趣，他的才能只能发挥 20% 左右，而且工作态度消极，效率低，容易疲惫懈怠。

霍兰德提出了著名的职业兴趣理论，他认为人的兴趣与职业密切相关，个体的职业兴趣可以影响其对职业的满意程度，当个体所从事的职业和他的职业兴趣类型匹配时，个体的潜在能力可以得到最彻底的发挥，工作业绩也更加显著。他将人的职业兴趣分为现实型 (Realistic，R 型)、研究型 (Investigative，I 型)、艺术型 (Artistic，A 型)、社会型 (Social，S 型)、企业型 (Entreprising，E 型)、常规型 (Conventional，C 型) 六种类型。

学生可以通过"霍兰德职业兴趣测评"，了解自己的兴趣类型和特点，积极思考如何选择与兴趣相匹配的职业方向（表 3.1）。

表 3.1 兴趣类型与典型职业分析表

兴趣类型	特点	典型职业
现实型（R）	用手、工具、机器制造或修理东西。愿意从事实物性工作或体力活动，喜欢户外活动或操作机器，而不喜欢在办公室工作	园艺师、汽车修理工、工程师、军官、兽医、足球教练员
研究型（I）	喜欢探索和理解事物，学习研究那些需要分析、思考的抽象问题，喜欢阅读和讨论有关科学性的论题，喜欢独立工作，对未知问题的挑战充满兴趣	实验室工作人员、生物学家、化学家、心理学家、大学教授
艺术型（A）	喜欢文学、音乐、艺术和表演等具有创造性、变化性的工作，重视作品的原创性和创意	作家、音乐家、摄影师、漫画家、导演
社会型（S）	喜欢与人合作，热情关心他人的幸福，愿意帮助别人成长或解决困难，为他人提供服务	教师、社会工作者、心理咨询师、护士
企业型（E）	喜爱冒险、竞争，通常精力充沛、有冲劲。喜欢通过领导、劝说他人或推销自己的观念、产品而达到个人或组织的目标，希望成就一番事业	律师、营销商、市场部经理、电视制片人、保险代理
常规型（C）	喜欢固定的、有秩序的工作或活动，希望确切地知道工作的要求和标准，对文字、数据和事物进行细致有序的系统处理以达到特定的标准	文字编辑、会计师、出纳员、速记员、税务员、计算机操作员

以下是某学生的"霍兰德职业兴趣测评"示例图（图 3.2），表明该学生的职业兴趣方向为社会型、企业型和艺术型。

霍兰德六边形

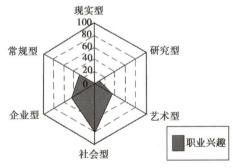

图 3.2 "霍兰德职业兴趣测评"示例图

四、如何培养兴趣

兴趣不是天生的，是在后天环境和教育影响下产生和发展起来的。中小学生应通过广泛尝试、积极探索和坚持学习，找到自己真正感兴趣的事情，并将兴趣和天赋、职业结合起来，发展成为受益一生的志趣。

1. 保持旺盛的好奇心

中小学生正处于对什么都好奇，对什么都想一探究竟的年龄，脑海里装满了"十万个为什么"，例如，电脑游戏是怎么设计出来的？为什么河水都是向东流？等等。学生应积极寻找问题的答案，或是解决问题的方法，从中体会求知的乐趣，继而打开兴趣之门。

2. 广泛参加社会实践活动

社会实践活动是培养和发展兴趣的必由之路。学生应积极参加学校、社区或社会上组织的各类实践活动，在更广阔的天地中去发现兴趣、巩固兴趣。

具体而言，小学生年龄小，受到材料的新异性、直观感受的趣味性的影响比较深，可以选择参观博物馆、观看音乐剧演出、参加游戏类活动、阅读书籍等直观、生动的活动形式，培养小学生广泛的兴趣爱好。

而初中生的学习兴趣有了更明确的选择性与分化性，更能从比较抽象与深层的思维活动中获得乐趣。因此，初中生可以在广泛参与满足好奇心的探索活动的基础上，有意识地选择一些主题性、针对性强的实践活动，例如参加领导力夏令营、观摩汽车生产线、调查社区垃圾分类处理情况等，进一步找准自己的兴趣点，逐步形成相对稳定的兴趣爱好。

3. 发现自己的潜能兴趣

如果我们想要把一项兴趣发展成为稳定、长久的志趣，光是喜欢还不够，还得有潜质、学得快。例如，有的学生对语文感兴趣，很喜欢学习语文知识，但他未必能够成为一名作家。喜欢的未必是擅长的，只是喜欢，不足以让我们的未来获得成功。

学者余闲认为，我们要发现和发展自己的潜能兴趣，让兴趣与天赋同行，坚持在自己感兴趣且擅长的领域发展，才能获得持久的成就感和满足感。例如，作曲家莫扎特，3岁学音乐，5岁做诗剧，35岁时已经创作无数作品，而且都是精彩至极的佳作。他一生都在学习和创作自己最喜欢、最擅长的音乐，并最终成为音乐领域的翘楚，享誉世界。

4. 用耐心和毅力来培养兴趣

当学生找到自己真正的兴趣之后，要深入学习和训练，循序渐进地将兴趣发展为自己的特长与优势。而且，在培养兴趣的过程中，我们可能会遇到各种困难和挫折，这就需要我们加倍付出耐心和毅力，越难越要鼓足干劲，一个问题一个问题地解决，一层级一层级地往前追，就像吃甘蔗一样，从头吃到尾，滋味会越来越甜，收获也会越来越丰硕。

请扫描书上二维码
阅读欣赏
▼
生涯成长故事
之其乐绘画
（节选）

【生涯实践】

兴趣探索

1. 我喜欢的日常活动

序号	我喜欢的日常活动	喜欢的理由
1		
2		
3		
4		
……		

2. 我喜欢的学科

喜欢的学科	喜欢的理由	不喜欢的学科	不喜欢的理由
……			

针对不喜欢的学科制定学习对策：

（1）

（2）

（3）

……

3. 连接我的兴趣与职业

序号	我的兴趣	相关职业
1		
2		
3		
4		
……		

4. 作文：未来职场的一天

若干年后，当你从事自己非常感兴趣的职业时，你的表现如何？你的内心感受是怎样的？你的职业对你的生活产生了怎样的影响？……请你充分想象"未来职场的一天"，以小作文的形式描述你一整天的工作与生活。

具体要求：全文结构完整、语言流畅优美，体裁不限，字数不超过 1000 字。

第二节 发掘潜能，我擅长 做什么

夫尺有所短，寸有所长；物有所不足，智有所不明；数有所不逮，神有所不通。

——屈原

【生涯知识】

一、别让兔子学游泳，别让老鹰学跑步

有这样一个故事：兔子是历届小动物运动会的短跑冠军，可是不会游泳。一次，兔子被狼追到河边，差点被捉住。动物管理局为了小动物的全面发展，将兔子送进游泳培训班，同班的还有小狗、小乌龟和小松鼠等。小狗、小乌龟很快就学会了游泳，而小兔子和小松鼠花了很长时间都没学会，很苦恼。评论家青蛙大发感慨："兔子擅长的是奔跑，为什么只是针对弱点训练而不发挥特长呢？"

这个故事生动地说明了一个道理：每个人都有独属于自己的天赋，应把主要精力用在开发天赋潜能上，而不是一味地弥补短板。如果我们能够了解自己的天赋，并有意识地坚持学习与提升，让天赋潜能真正发展成自己的优势特长，这将会成为我们未来职业成功的核心竞争力。

在现实生活中，受应试教育、唯分数论等传统教育观的影响，老师、家长习惯于把语文、数学、英语等主流学科的成绩好坏作为衡量学生优秀与否的唯一标准，拼命让学生补课、考高分。不太擅长这些学科学习的学生在成长过程中屡屡受挫，也得不到老师、家长的认可，逐渐出现沮丧、自卑、自暴自弃等不良情绪，自身真正的才能也渐渐被湮没，最终成为一个平庸的人，这是非常可惜、可悲的。

事实上，在不同领域，人对事物的敏感性、感受力和洞察力是有所不同的。我们在成长中是否有过这样的体验：在学习某项知识或技能时总比别人学得快、学得轻松，也比较容易取得进步和成绩，这往往就是我们的潜能所在。如果我们

留心观察身边的人，也会发现他们各有优势，例如，有的人逻辑思维能力较强，擅长推理演绎，能够轻松应对深奥的数学难题；有的人运动神经发达，篮球、足球、乒乓球等都能轻松驾驭；有的人口才了得，常常雄辩滔滔、妙语如珠；有的人擅长与人打交道，人缘非常好……

著名的"海上冰山"理论形象地说明了人类潜能的巨大：人的能力如同一座浮在海面上的冰山，浮出水面的冰山部分就像人类已知的能力，只是很小的一部分，而隐藏在水面下的冰山则是人类未知的潜能，隐藏的部分往往是显露部分的 5 倍、10 倍、20 倍、30 倍……一个人最大的成功，莫过于最大限度地发挥潜能。

发掘自身潜能，发展自身优势，我们就更容易取得进步，收获成功，享受由此带来的成就感和喜悦感。正如我国分子生物学家赵国屏所说："别让兔子学游泳，别让老鹰学跑步，要让孩子在擅长的领域发展，他才能体会到乐趣和成功感，更容易取得成绩。"

在这个知识爆炸、科技飞速发展的时代，很少有人能像达·芬奇一样成为样样精通的通才。相反，有特长、有潜质的个性化人才备受社会青睐。《国家中长期教育改革和发展规划纲要（2010—2020 年）》也明确提出："关注学生不同特点和个性差异，发展每一个学生的优势潜能。"

我们应该通过科学的生涯规划，正确认识自己的优势潜能，并有目标、有计划地在自己喜欢且擅长的领域谋求长足发展，不断拓展自己的潜力，未来就有机会成为该领域的"翘楚"，真正实现"天生我材必有用"。

二、了解自己的多元智能

鲁西南有一个乡村，因为出了许多大学生，被称为大学村。原因是什么呢？二十世纪七十年代末，该村来了一位大学教授，在村小教书。农村历来尊师重教，学生非常重视教授对自己的评价。这位教授就因势利导，努力发现学生的长处，以培养他们的自信心。一位学生回家告诉家长："老师说，我观察事物仔细，长大了会成为科学家。"一位学生说："老师说，我手巧，做事细心，可以当老师。"……于是，学生学习努力了，家长也对自己的孩子刮目相看。于是，这个小小的乡村果真出了一批又一批特长突出的优秀大学生。

小故事里的那位教授正是通过因材施教，鼓励学生正视和发展自己的长处，帮助很多学生成了才。教育心理学教授霍华德·加德纳也有类似观点，他说："学校教育的宗旨，应该是开发多种智能并帮助学生发现适合其智能特点的职业和业余爱好。"

加德纳经过研究提出了著名的"多元智能理论"，他认为人类的智能是多元化而非单一的，人类至少有 8 种不同的智能，每个人都拥有不同的智能优势组合，用心培养优势智能，就可以在相关领域获得惊人的成就（图 3.3 和表 3.2）。

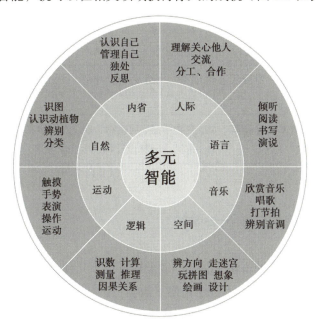

图 3.3　多元智能解释圆形图

表 3.2　多元智能与职业关系表

智能	代表人物	代表性职业
语言表达智能	巴金、莫言、钱锺书	编辑、图书馆员、播音员、翻译、作家、新闻记者、律师、秘书、语文老师等
数理逻辑智能	牛顿、爱因斯坦、杨振宁	数学家、审计师、会计师、科学家、统计学家、经济学家、计算机分析师等
空间运用智能	毕加索、达·芬奇、贝聿铭	工程师、建筑师、城市设计师、摄影师、绘图员、飞机驾驶员、雕刻家、航海家等
音乐旋律智能	巴赫、郎朗、莫扎特	音乐家、钢琴调音师、作曲家、音乐老师、歌手、指挥家、音乐评论家等

续表

智能	代表人物	代表性职业
身体运动智能	杨丽萍、邓肯、乔丹	舞蹈演员、体育老师、职业运动员、模特、技工、按摩师、替身演员等
人际交往智能	甘地、罗斯福、周恩来	社会学家、心理学家、政治家、公关人员、推销员、导游、社会工作者、行政人员等
自我认知智能	伯特兰·罗素、苏格拉底、卡尔·荣格	心理学家、心理治疗师、哲学家、演员、导演、神学家、诗人等
自然观察智能	达尔文、徐霞客、孟德尔	生物学家、动植物学家、天文学家、园艺师、考古学家、兽医、园林设计师、生态学家等

三、如何探寻自己的优势潜能

探寻个人优势潜能的方法有很多，主要包括以下几种：

一是学会自我分析，因为自己是最了解自己的，在自我观察和反思中识别那些自己学得快的技能，以及做起来得心应手的领域。

例如，梳理生活中的"成就故事"就是一种很好的自我反思的方法。"成就故事"是指学习、工作、生活、课外活动等带来的快乐、自豪等正向情绪的事件。每一个"成就故事"都应包含以下四个要点：

①我在事件中想达到的目标；

②我在事件中面临的困难、障碍或限制；

③我完成事件的具体步骤；

④我在这次事件中收获了什么，取得了哪些成果。

每隔一段时间，我们可以把自己的"成就故事"拿出来分析，看看在各个事件中自己都用了哪些技能，是否有重复出现的技能，其中重复次数较多的技能就是自己擅长的技能。

二是借助他人的评价，如父母、老师、同学、朋友等，他们作为我们周围比较亲近的人，可以从旁观者的角度发现我们身上的闪光点。

三是进行能力测试，例如，借助"多元智能测评"，了解自己的优势智能组合；通过绘画测试，检验自己的艺术能力；通过体育课的表现和成绩，检验自己的运动能力等。

以下是某学生的多元智能测评结果示例图（图 3.4），从图中可以看出，该学生的优势智能包括音乐旋律智能、身体运动智能、人际交往智能。

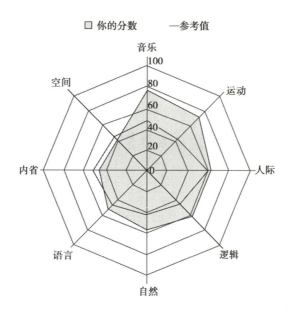

图 3.4　多元智能测评结果示例图

四、如何开发自己的优势潜能

根据"天赋递减法则"，生下来具有 100 分可能性的孩子，如果一出生就受到恰当的教育，将来就可能具有 100 分的潜能。如果放弃教育，到 5 岁就会减少到 80 分，到 10 岁就会减少到 60 分，到 15 岁就会减少到 40 分。因此，孩子的潜能开发越早越好。如何开发孩子的优势潜能呢？以下建议仅供参考。

1. 制定优势潜能发展规划

一旦学生通过自评、他评、科学测评等多种评价方式，明确了自己的优势潜能，就应该在老师、家长的指导下，制定适合自己的优势潜能发展规划，明确优势潜能发展目标及具体的实施计划，通过长期、有计划、系统的学习与训练，让自己的潜能得到充分开发，让自己的特长得到长足发展。

如果学生在制定规划时，能够将个人的兴趣、优势与未来职业发展结合起来，效果更佳。这样能使我们充分意识到，现在的努力是为了今后从事自己喜欢、擅长的工作，从而进一步激发自身的学习动力，提高学习效率。

2. 实践是潜能开发最有效的途径

脑科学研究发现，人的大脑由 1000 亿个神经元组成，每个神经元之间通过一个连接点来传递信息，这个连接点就是突触。突触越多，神经元之间的道路越畅通，信息传递越顺利，表明一个人的脑子转得快，思维敏捷。几乎可以说，一个人的智能，取决于大脑神经元之间突触的多少。

中小学生的大脑可塑性极强，学生可以通过大量实践活动来锻炼自己，给予大脑充分的刺激。根据"用进废退"的自然法则，经常使用的神经元日渐发达，接受更多刺激的突触得以保留，并且形成大量新的突触，促使我们大脑的优势智能区域不断完善与发展。

3. 意志力是潜能开发的重要保障

潜能开发是一个漫长的探索自我能力的过程，在这个过程中，意志力发挥着重要的支撑作用。没有一定的毅力，潜能开发过程可能会因为我们畏难、懈怠等情况而难以为继，"潜能"只能永远处于"潜在状态"，无法真正成为我们的能力。

例如，如果不坚持进行水下长时间闭气和灵活改变各种体位等训练，花样游泳运动员的潜能就得不到充分发挥，她们的憋气时间和水下动作速度就达不到要求，也就无法完成优美、流畅的花样游泳动作组合。

请扫描书上二维码
阅读欣赏
▼

皮尔·卡丹：
给生活一个漂亮
的转身（节选）

【生涯实践】

我的成就故事

记录和分析自己的"成就故事"是探索自身优势潜能的一种重要方法。"成就故事"来源于我们的日常学习、工作、生活、校外活动、兴趣爱好、家庭职责等方方面面。请你试着写出若干个"成就故事"（越多越好），从中剖析自己的优势能力。

首先，请为每一个"成就故事"取一个名字。

然后，根据前文提到的"成就故事"的叙述要点，尽可能多地写出故事的细节。

其次，请你重读自己的"成就故事"，列出给你带来成就的主要技能。

最后，找出是否有重复出现的技能，把重复出现的技能圈出来，其中重复次数最多的技能就是你擅长的技能。

成就故事标题	成就故事细节	所使用的技能
（示例） 学习烹饪	第一次做饭是为包括我在内的 5 个人准备晚餐。每个人都说这顿饭很好吃。整个晚餐都由我负责，包括购买蔬菜和肉、加工和烹饪、上菜，以及随后的收拾整理	食材搭配的想象力和创造力； 购物的选择能力和砍价能力； 制作晚餐的烹饪技能； 布置餐桌的艺术能力； 收拾餐桌的持家能力和劳动能力
（示例） 担任 KFC 活动引导员	为孩子们组织娱乐活动，储存和保养设备。策划游戏和比赛，组织才艺表演，举办艺术和手工展览，维持秩序	活动策划能力； 细心、负责的工作能力； 组织艺术展览的想象力和创造力； 维持活动秩序的组织协调能力

第三节 揭秘个性，我适合做什么

【生涯名言】

天命之谓性，率性之谓道，修道之谓教。
——《中庸》

【生涯知识】

一、了解自己的个性

在现实生活中，我们会发现有的人温柔娴静，有的人脾气火暴，有的人做事井井有条，有的人随性洒脱。这些表现都与人的个性有关。

个性，心理学上又称为人格，是我们在适应社会的过程中特有的表现、情感和行为，个性包括气质与性格。

气质是指一个人心理活动的动力特点，它是与生俱来的，难以改变。俗话说"江山易改，本性难移"，这里的"本性"说的就是气质。

性格，英文单词是 nature，原意是自然属性、本性。从心理学角度来说，性格是人对现实的稳定态度和习惯化行为方式的综合，表现为个体独特的心理特征。它主要表现在面对问题时"做什么"与"怎么做"两个方面，"做什么"反映了我们对现实的态度，表明我们追求什么、拒绝什么；"怎么做"反映我们的行为方式，表明我们如何去追求、如何去拒绝。

二、了解自己的气质

1. 气质分类与特点

丹麦漫画家皮德斯特鲁普有一幅有名的漫画作品《一顶帽子》（图 3.5），帽子被别人坐扁了，第一个人大发雷霆，第二个人若无其事，第三个人伤心不已，第四个人却捧腹大笑。四个人，四种不同的反应，源于四种不同的气质。

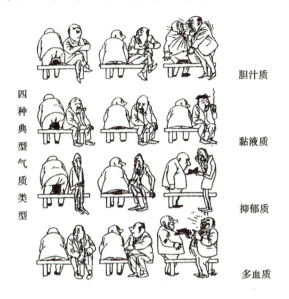

图 3.5　一顶帽子

古希腊医生希波克拉底认为，人体有四种体液：血液、黏液、黄胆汁、黑胆汁。他根据这四种体液在人体所占的比例，把气质分为多血质、黏液质、胆汁质和抑郁质四种（表 3.3）。

表 3.3　气质类型特点表

气质类型	特点
胆汁质	直率热情，脾气急躁，容易冲动，精力旺盛，能以很高的热情埋头事业，反应迅速，心境变化剧烈
多血质	活泼好动，反应迅速，善于交际，注意力易转移，情绪易改变；办事重兴趣，富于幻想，不愿做耐心、细致和琐碎的工作
黏液质	安静稳定，有耐久力，沉默寡言，情绪不易外露，善于忍耐，反应迟钝，注意力不易转移，易墨守成规
抑郁质	沉静含蓄，感情专一，喜欢独处，情绪体验深刻，感受能力强，但比较敏感，易受挫折，孤僻寡欲，反应缓慢

2. 根据自己的气质类型选择学习策略

气质对于我们的学习效率、学习成绩有着重要影响，我们要善于发挥自己的气质优势，选择适合自己的学习策略。

①胆汁质的学生在学习时要戒骄戒躁，学会制订学习计划，坚持有目标、有计划地认真完成学习任务，并养成检查作业的习惯，有效弥补粗心大意的不足。

②多血质的学生学得快，但也忘得快。在学习时，学生应养成坚持复习的习惯，保持一定的复习频率，巩固知识的记忆。同时，制订学习目标，规定学习时限，提高学习注意力。

③黏液质的学生在学习时往往反应较慢，脑子不会转弯。因此，要坚持独立思考，加强思维训练，提高思维的灵活性与发散性。

④抑郁质的学生孤僻拘谨，反应慢，不利于学习。因此，要多参加课堂讨论或集体活动，尝试和同学多交流，多发表个人观点，不断训练思维，增强自信。

3. 根据自己的气质类型选择职业（表 3.4）

表 3.4　气质类型及其职业表

气质类型	适合的职业
胆汁质	倾向于选择冒险性和风险性较高的职业，如导游、推销员、主持人、记者、外事接待人员、消防员等
多血质	适合从事反应迅速而敏感的工作，如外交人员、管理人员、驾驶员、律师、运动员、军人、警察等
黏液质	在工作上具有执着追求、坚持不懈的韧性，适合从事医生、研究人员、法官、播音员、秘书、档案管理员等职业
抑郁质	适合从事细致周密、理论与技术研究方面的工作，如检验员、化验员、机要秘书、雕刻家等

三、了解自己的性格

1. 性格决定命运

我们每个人都会有一种让自己觉得最习惯、最自然、最舒服的态度反应和行为方式，由此产生了人与人之间的性格差异。积极发挥自身性格的优势，弥补性格的不足，能够使我们更好地适应环境，获得更好的职业发展前景。

杰克·霍吉在《习惯的力量》一书中提道："思想决定行为，行为决定习惯，习惯决定性格，性格决定命运。"性格对我们的生涯发展影响很大。良好的性格，如宽容、诚实、自信、谦逊、坚韧等，会使我们在成长过程中如鱼得水，如有神助；不良的性格，如嫉妒、狭隘、自私、懒惰等，则让我们的成功之路荆棘满布，曲折难行。

1992 年某个周四的下午，比尔·盖茨来到纽约的一所小学看望那里的师生，临走前，他表示自己会在某个周四的下午再次来到学校看望大家，到时候如果发现谁的课桌收拾得最整洁、最有条理，谁就会获得他免费送出的一部个人电脑。此后，每逢周四下午，同学们都会不约而同地把自己的课桌收拾整齐，期待着盖茨的到来，而其他时间他们则不愿意动手收拾。但有一个学生，他觉得盖茨也许会在除了周四下午以外的其他某个时间到来，于是，他决定每天都要收拾一次课桌。但每次收拾之后不久，课桌又乱了。他想，如果这时候盖茨恰巧来了，自己之前的努力不就白费了？于是，他决定让自己的课桌每时每刻都保持干净整洁。遗憾的是，盖茨此后再也没有来过。但这位同学却因此养成了做事有条理性和坚持性的习惯，这让他受益一生。

2. 性格分类与职业选择

（1）MBTI 性格类型理论

"Myers-Briggs 职业性格测试"是目前世界公认的应用范围最广，信度、效度最高的性格类型测试工具。MBTI 将人的性格分为 4 个维度，每个维度有两种不同表现方式，个人会倾向于其中一种，组合成 16 种性格类型。

① MBTI 第一维度：外向—内向。

外向型（E）的人易被外部世界吸引，以行动为导向；内向型（I）的人则性格内敛，爱独处，喜欢思考。

例如，课堂上，有的学生表现活跃，喜欢表达（E）；有的学生沉默思考，不爱表现（I）。

② MBTI 第二维度：感觉—直觉。

感觉型（S）的人通常着眼于现实，注重细节；直觉型（N）的人着眼于未来，喜欢探寻规律与可能性。

例如，面对美食，有的人两眼放光，一脸"真好吃，还想吃"的模样（S）；有的人则暗暗思考：它的原材料是什么，制作流程是怎样的，产地可能是哪里（N）？

③ MBTI 第三维度：理智—情感。

理智型（T）的人通过逻辑分析得出合理的结果和决定；情感型（F）的人感性、

情绪化，更多考虑个人价值观以及决定对他人的影响。

例如，他因为起床晚了，然后又错过了班车，所以上班迟到了。（T）

他心想：我这样做会不会让她不开心，会不会伤害到她？（F）

④MBTI第四维度：判断—知觉。

判断型（J）的人决断，喜欢掌控，井然有序；知觉型（P）的人抱着开放的态度，个性灵活，喜欢即兴。

例如，有的人做事情总喜欢按时完成，绝不能打乱他的计划。（J）

有的人不喜欢被安排得太死板，事情不到最后一刻可能都不会知道结果。（P）

（2）MBTI性格类型与相关职业

性格与职业的匹配度反映的是我们是否适合这项工作。我们应尽量根据自己的性格，选择适合个人性格特点的职业。能力不足可以通过学习来提高，但如果性格不适合某项工作，对它进行改造并非一件易事。

学生可以通过MBTI性格类型测试，了解自己的MBTI性格类型，并分析自己的性格特点，思考与自己性格相匹配的职业方向（表3.5）。

表3.5　MBTI性格类型与相关职业对照表

类型	特点	相关的职业
ISTJ 视察者	做事有主次、有条理，有始有终，让人信赖；能够科学地决定应做的事，并坚持完成	管理者、执法者、会计，或其他能利用经验和对细节的关注完成任务的职业
ISFJ 保护者	沉静友善，有责任感；忠诚，替人着想；重视细节，关心他人感受	教育、健康管理，或其他能够运用自己的经验帮助他人的职业
INTJ 策划者	有创意，有冲劲，能很快掌握事情发展的规律；信守承诺，做事有始有终	计算机、法律，或其他能运用智力和技术去完成任务的职业
INFJ 咨询师	具有探索精神和洞察力；能够履行自己坚持的价值观念	咨询服务、艺术，或其他能帮助他人在情感、智力或精神上发展的职业
ISTP 工艺者	能冷静观察，善于解决问题，行动力强；善于分析，能够以理性原则处事	技术人员、农民、执法者、军人，或其他能够动手操作的职业
ISFP 创作者	喜欢有自己的空间，做事能把握时间，忠于自己所重视的人	商人、健康护理师、执法者，或其他注重友善、专注细节的职业

续表

类型	特点	相关的职业
INFP 治疗师	理想主义者；善于了解、协助他人；适应力强	写作、艺术，或其他能够运用创造力、与价值观有关的职业
INTP 思考者	喜欢理论和抽象的事情，有怀疑精神，喜欢批评，善于分析	科学技术领域，或其他基于专业技术、客观分析问题的职业
ESTP 实干家	喜欢以行动解决问题；主动与人交往；能通过实践达到最佳学习效果	市场营销、执法者、应用技术员，或其他能利用行动来关注细节的职业
ESFP 表演者	喜欢与别人共事；易适应新环境；最佳学习方式是与他人在一起学习	教练、导游，或其他能够利用外向的天性和热情去帮助他人的职业
ENFP 启发者	富于想象力；乐于欣赏和支持他人；喜欢即兴而为，富有弹性	咨询服务、艺术，或其他能够利用创造和交流去帮助他人成长的职业
ENTP 发明家	思维敏捷，能随机应变，富有挑战性；善于洞察他人，能灵活处理新事物	科学、技术、管理、艺术，或其他有机会不断直面新挑战的职业
ESTJ 督导者	讲实际，做事高效；会按照清晰的逻辑标准做事，以强硬态度执行计划	管理者、执法者，或其他能够运用事实的逻辑和组织完成任务的职业
ESFJ 提供者	有爱心、尽责，有合作精神；渴望他人赞赏自己和欣赏自己所做的贡献	教育、社会工作者，或其他能够运用个人关怀为他人提供服务的职业
ENFJ 教师	关注他人的情绪需要和动机；善于与他人打交道，有启发他人的才能	教学、艺术，或其他能帮助他人在情感、智力和精神上成长的职业
ENTJ 指挥官	乐于担任领导者；喜欢长远计划；能有力地提出自己的主张	管理者、领导者，或其他能够运用实际分析、战略计划完成任务的职业

3. 如何塑造自己的性格

中小学生的性格具有较强的可塑性，应不断了解和完善自己的性格，更好地促进未来的职业发展和幸福人生。

（1）向榜样学习

榜样在中小学生的性格形成中具有无穷的力量。学生应找到自己的榜样，可以是知名的历史人物，如伟大领袖、科学家、战斗英雄等，也可以是老师、家长或同龄的小伙伴。学生应以榜样的言行来评价自己与他人，并借此逐渐形成自己的处世态度和行为习惯，这些都是性格形成的重要基础。

（2）在实践中塑造性格

学生应积极参加各类社会实践活动，因为我们的性格大部分是在各种实践活动中形成和完善的。例如，科技创新活动可以培养学生一丝不苟、踏实严谨、实事求是的性格；社会劳动可以培养学生勤劳朴实、吃苦耐劳的性格；军训活动可以培养学生坚强勇敢、百折不挠的性格。

（3）在习惯培养中形成性格

性格是一种习惯化的行为方式。所以，学生培养好习惯、改变坏习惯的过程就是形成良好性格、改善不良性格的过程。例如，回家后是先做作业还是先娱乐，学习用具是收拾整齐还是乱扔乱放，周末是合理安排还是放任虚度，这些日常生活的小事情日后会逐渐转化为我们的性格和处世态度，跟随我们一生，影响我们一生的发展。

（4）善用气质塑造性格

气质会影响性格的形成与完善。例如，同样是形成自制力这种性格，黏液质与抑郁质的人比胆汁质与多血质的人更容易一些。因此，学生应正确认识自己的气质类型和特点，勇于接纳自己在气质方面的不足，学会利用自己的气质优势和特点来塑造良好的性格。

请扫描书上二维码
阅读欣赏
▼
傅园慧个性彰显
（节选）

【生涯实践】

我的"乔哈里视窗"

"乔哈里视窗"理论认为：每个人心中都有 4 个窗口，通过某个窗口，人们会把自己的某种"自我"展现给别人。

第一个窗口是开放区，展示的是真实的自我，是自己知道、别人也知道的信息，例如你的家庭情况、姓名、部分经历和爱好等。

第二个窗口是盲目区，展示的是盲目的自我，是自己不知道、别人却可能知道的盲点。例如性格上的弱点或者坏的习惯，你的某些处事方式，别人对你的一些感受等。

第三个窗口是隐藏区，展示的是神秘的自我，是自己知道、别人却可能不知道的秘密。例如你的某些经历、希望、心愿、阴谋、秘密，以及好恶等。

第四个窗口是未知区，展示出的是未知的自我，是自己和别人都不知道的信息。例如自己身上隐藏的疾病。

请你试着用"乔哈里视窗"来分析自己的性格特点。

我的"乔哈里视窗"

—	自己知道	自己不知道
别人知道	真实的自我	盲目的自我
别人不知道	神秘的自我	未知的自我

1.对你的"乔哈里视窗"进行分析，说一说你的主要性格特点是什么？

_____

2.你的哪些性格需要发扬？哪些性格需要改进？具体的改进措施是什么？

_____

3.根据对自己性格的分析，试着给自己选一个比较合适的职业。

_____

【生涯名言】 _____

> 为天地立心，为生民立命，为往圣继绝学，
> 为万世开太平。
>
> ——张载

【生涯知识】

一、探索自己的价值观

首先让我们一起做个小游戏：价值拍卖。

假如你有 100 万元的资产，代表你一生的时间和精力，你会用来买什么？每一项拍卖品底价都是 10 万元，每次加价至少为 10 万元的整倍数。你和你的朋友们轮流做主持拍卖，其他人竞拍。活动期间，竞拍者轮流出价，如果叫价 3 次没人加价，出价最高者得到拍卖品。

拍卖品如下：

1. 收到名牌大学的录取通知书

2. 能和志同道合的同事一起愉快地工作

3. 工作内容不单调，充满变化和挑战

4. 通过工作能够造福社会、帮助他人

5. 收入高，拥有足够财力去获得自己想要的东西

6. 受到他人的推崇与尊敬

7. 拥有一次最完美的恋爱

8. 活到一百岁不生病

9. 拥有自己的图书馆

10. 拥有幸福美满的家庭

11. 成为世界上最聪明的人

12. 成为世界上最快乐的人

13. 有很多知心朋友

14. 能选择自己喜欢的生活方式，过自己想过的生活

15. 拥有一种能让大家不再说谎的药

拍卖会结束后，请你思考以下问题：你买到的是什么？为什么要买它？你是否后悔自己的选择？如果重来一次，你会怎么选？

当你思考上述问题时，实际上就是在分析、判断自己最想要什么、最看重什么，这些问题所对应的答案，指向的就是价值观。

每个人心里都有一杆秤，称量着周围事物的是非、善恶和重要性，这杆秤就是我们的价值观。价值观是指人用于区分好坏、辨别是非及其重要性的心理倾向体系。在生活中面临同一个选择题时，不同的人会产生不同的答案，例如，对于生活方式，有的人选择舒适安稳的生活，有的人选择刺激多变的生活；对于路边跌倒的老人，有的人选择事不关己，高高挂起，有的人热心帮扶，不求回报。归根结底，这是价值观差异所致。

二、探索自己的职业价值观

1. 什么是职业价值观

狭义的价值观，就是职业价值观，是指一个人对职业的认识和态度以及他对职业目标的追求和向往。俗话说"人各有志"，这个"志"表现在职业选择上就是职业价值观，它是一种具有明确的目的性、自觉性和坚定性的职业选择的态度和行为，它在人的职业选择和职业发展中起到决定性作用。

职业价值观反映出我们的职业态度和职业期待，既影响我们的职业选择方向，也决定着我们的职业生涯能走多远，更决定着我们就业后是否能快乐、高效地工作。瑞士制表界大师菲利普·杜佛曾说："对我而言，做表必须这样，机芯、表盘、表壳甚至每一个螺丝和凹槽都必须是我用一双手亲自打磨的，每一个细节都要完美，哪怕它隐藏在肉眼根本看不到的角落。机器是做不出来这种感觉的。"他从15岁到60岁，一共做了165块手表。菲利普·杜佛对制表手艺的极致追求，体现了他"认真做好每一块表"的职业价值观。正是在这种价值观的驱使下，他制作的每一块表都是精品，他的高超技艺和精益求精的工匠精神为他赢得了"制表大师"的美誉。

2.职业价值观与职业选择

不同的职业价值观适合于不同的职业。例如，有的人追求有创意、有丰富变化的工作，那么建筑师、设计师、广告创意人员等职业比较适合他；有的人乐于帮助他人，那么社会工作者、心理咨询师等社会服务类工作比较适合他。

职业专家通过大量调查，从人们的理想、信念和世界观角度把职业分为六大类，并列举出与之相适宜的职业（表3.6）。

表3.6　职业价值观与职业类型对应表

职业价值观	特点	相应职业类型
自由型	不愿受人指使和干涉，想充分施展本领	室内设计师、摄影师、作家、演员、诗人、作曲家、编剧、雕刻家等
支配型	想成为领导者，控制感强，无视他人的想法，侧重于自己目标的实现	饭店经理、律师、政治家、法官等
自我满足型	优越感强，渴望拥有社会地位和荣誉，希望受人尊敬	记账员、会计、银行出纳、法庭速记员、税务员、办公室职员、统计员等
自我实现型	尽力挖掘自己的潜能，认为不断超越自己是有意义的生活	气象学者、生物学者、天文学家、药剂师、动物学者、地质学家等
志愿型	富有同情心，把他人的痛苦视为自己的痛苦，把默默帮助他人视为快乐	社会学者、福利机构工作者、社会工作者、社会科学教师、护士等
技术型	性格沉稳，做事井井有条，认为立足社会的根本在一技之长	木匠、工程师、飞机机械师、自动化技师、电工、机械工、司机等

三、澄清并重视自己的价值观

学生从小在学校、家庭、社会的多方影响下，逐渐形成价值观，但这种价值观常有局限性。在《忠于你生命中最有意义的事情》文中，福州市中选小学曾秀芳老师曾做过一个"小学生职业价值观调查"，发现家长从小给孩子灌输的价值观是收入高、福利好、单位级别高、工作环境舒适、工作压力小、有出国机会等。中学生的价值观也与此相近。

价值观本身没有好坏，但这种单一的、功利的甚至是不现实的价值观，容易扼杀学生价值观多样化的发展，造成唯利是图、贪图享乐等不良社会风气，更不利于学生实现人生价值，追求人生幸福。

学校、家庭和社会应转变观念，尊重学生的价值观。而学生更应正确认识自我，澄清并重视自己的价值观，选择自己真正重视的、适合自己的生涯目标，不在其他无关紧要的事情上浪费时间。

如何澄清自己的价值观呢？重点是反思内心认为最重要的事物是否是自己"真实"的价值观。以下三个维度可以帮助学生反思并澄清价值观，仅供参考。

1. 维度一：选择

①它是你自由选择的，没有来自任何人或任何方面的压力吗？

②它是从众多的价值观中挑选出来的吗？

③它是在你思考了所作选择的结果后被挑选出来的吗？

2. 维度二：珍视

①你是否珍爱你的价值观，或者为你的选择感到自豪？

②你愿意公开向其他人承认你的价值观吗？

3. 维度三：行动

①你的行动是否与你选择的价值观一致？

②你是否始终如一地按照你的价值观来行动？

中国科学院院长白春礼曾寄语青少年："在这个价值多元的时代，愿你们能静静地聆听自然的声音与内心的回响，有足够的坚持，与世俗的洪流保持理性的距离。"学生要从小开始学会积极思考、澄清自己的价值观，不要过分依赖父母和老师，更不要盲目听从"金钱至上、享乐至上"等世俗价值观的"教唆"，应有意识地去寻找自己成长过程中，乃至一生发展中最想要的、最重视的东西，为之进行合理规划，让自己的人生发展方向与价值取向相契合，并始终按照价值观来付诸行动，这样有助于学生保持积极乐观的生活态度和树立正确的人生方向。

当然，价值观的澄清并不能做到一劳永逸，价值观可能会随着我们成长环境的变化而发生改变。因此，学生应对自己的职业价值观进行不断思考和探索，不断澄清、修正自己的价值观。

四、培养自己正确的价值观

中小学生正处于价值观形成的关键期，应通过学习与实践，培养积极向上的价值观。价值观一旦形成，就具备相对的稳定性和持久性，深刻影响学生的生涯发展。

1. 学习和遵循社会主义核心价值观

人不能离开社会而独立存在，个人只有在为社会、为他人做贡献的过程中才能更好地实现自己的人生价值。我国社会主义核心价值观是青少年追求人生理想的价值标尺，中小学生应认真学习、正确理解并牢牢记住其内容和意义，以社会主义核心价值观为行事标准来引领自己的成长，形成正确的、合乎社会发展需要的价值观，把立志报效祖国、服务人民作为自己的人生追求。

2. 在生活小事和社会实践中培养价值观

学生的价值观培养不能单靠单调、枯燥的教学灌输，更重要的是让学生在日常生活的言谈举止中、在社会实践的劳动服务中，形成和端正自己的价值取向。例如，学生与人相处时做到守时、守信，形成信守承诺、童叟无欺的价值观；学生主动承担家务，热心帮助邻里，形成懂得感恩、乐于助人的价值观；学生认真遵守家规、班规、校规、交通规则及社会公德，形成遵纪守法、正直端方的价值观；学生参加志愿者服务、环境保护等实践活动，形成热爱祖国、热爱环境、乐于奉献的价值观。

3. 让家庭成为学生价值观塑造的第一课堂

孩子的价值观念最初是从父母那里观察学习而来的。因此，为了塑造孩子正确的价值观，父母要以身作则，坚持积极、正向的价值观，成为孩子价值观塑造的榜样。同时，抓住日常生活中的一切机会对孩子进行正反面教育，并为孩子营造民主平等、温馨和谐、积极进取的家庭氛围，对孩子产生潜移默化的熏陶和影响，帮助孩子形成正确的价值观、人生观。

请扫描书上二维码
阅读欣赏

▼

中国女排精神

【生涯实践】

我理想中的生活方式

我们在工作之余，最重要的事情就是过自己想过的生活。我们的生活方式和职业的性质、实践、收入、社会地位等方面息息相关。

1. 请你仔细判断下列各项生活形态或方式，根据其对你的重要程度打"√"。

生活形态	非常重要	一般	不重要
和父母同住家中			
住在郊区			
住在休闲活动中心附近			
住在文化中心附近			
住在工作地点附近			
工作就是最好的生活方式			
可以经常花钱购物			
可以经常出去旅游			
拥有多处房产			
拥有许多钱或股票			
拥有许多名牌汽车和服饰			
常有时间独处			
常有时间陪伴家人			
常有时间休闲娱乐			
经常和朋友聚餐			
常有夜间的娱乐活动			
常有进修学习的机会			
经常参加社会公益活动			

2. 思考

（1）你向往的生活方式对你的价值观形成有怎样的启发？

_____

（2）什么样的职业可以让你拥有自己想要的生活方式？

_____

_____

第四章

守望家庭，链接社会

中小学生的生涯启蒙和生涯探索，既要向内发力，也要向外借力。家庭是孩子成长的摇篮，应通过家风建设、文化传承，为孩子成长提供最肥沃的土壤。而家长作为陪伴孩子时间最长的人，是孩子当之无愧且责无旁贷的生涯领路人。

同时，中小学生应尽早认识职业，长期关注新时代下瞬息万变的职业发展趋势，了解企业、社会需要什么样的人才，为职业选择与能力储备提供重要依据。中小学生还应关注国家政策动态，了解国家需要什么样的人才，并根据国家教育改革政策，调整自己的学习节奏，选择适合自己的学习策略。只有紧随国家教育改革的脚步来谋发展，学生今后才能更好地适应社会，真正实现"天生我材必有用"。

第一节 幸福家庭，家庭是孩子成长最肥沃的土壤

【生涯名言】

幸福家庭是培育孩子成人的温床，家庭生活的乐趣是抵抗坏风气毒害的最好良剂。

——卢梭

【生涯知识】

一、家庭是孩子成长的土壤

网络新闻报道过一次对全国 68 个高考状元的采访，采访结果发现他们的家庭教育方式有着惊人的相似之处，例如：

（1）状元们的背后并没有一群举着鞭子的虎妈狼爸，父母"宽松、信任、像朋友一样"。

（2）状元们的成长深受父母言传身教的影响，安徽状元董吉洋说："偶尔我也会厌学，不想看书，爸妈注意到了，也不说什么，就把电视关掉，坐下来看书，看到他们在看书，我也就不好意思不看书了。"

（3）几乎所有状元的父母都要求孩子"自己的事情自己做"，从小培养孩子的独立性。一名清华学霸说："是爸妈的尊重与放手让我学会了遇事不逃，主动思考。"

（4）比起分数，父母们更在意的是孩子对学习的态度，重视孩子的安全、健康、快乐、幸福感等。

68 位高考状元的成长路径各不相同，但有一个共同的特点：拥有一个和谐、民主、积极进取、适合其成长的家庭。

著名"家庭治疗大师"萨提亚认为，一个人和他的原生家庭有着千丝万缕的联系，而这种联系有可能影响他的一生。原生家庭是指自己出生、成长的家庭。一个孩子的成长与其所处的家庭环境密不可分，他的性格、智慧、行为习惯、思想品德、气质修养等，都深刻烙下了家庭的印记。例如，一个民主、宽容的家庭，

往往能够培养出心灵美好、充满热情和创造力的孩子；一个在充满冷漠、暴力的家庭长大的孩子，其内心很可能受到难以磨灭的伤害，形成扭曲、阴暗的人格，严重的甚至会阻碍其一生的发展。

轰动全国的药家鑫事件，其背后的根源正是家庭教育的失当。药家鑫从小在父母的严格要求下成长，练不好琴会遭到父母的殴打，学习不好会被父亲关到地下室，家庭中充斥着暴力、压抑、不安的氛围，药家鑫感受不到爱与包容，因而造成他孤僻、冷漠的性格，以及对生命的漠视，最终酿成了惨剧。

每一个孩子就像一株小树苗，需要家庭肥沃的土壤来夯实根基、补充养料，在家庭阳光、雨露的滋养下长成枝繁叶茂的参天大树。如果家庭土壤的养料不足，甚至是土地贫瘠、害虫成灾，小树苗可能会营养不良，长成歪脖子树，甚至中途不幸夭折。这是任何一位家长都不愿意看到的。每个家庭的教育理念、教育方式、环境氛围等可能大不相同，但几乎所有的家长在期盼孩子健康成长、顺利成才方面的心愿都是一致的。

因此，家长应为孩子创造良好的家庭环境，加强家庭文化建设，营造良好的家庭文化氛围，让孩子在家庭中感受到爱与包容，获得尊重与支持，享受优秀文化的滋养，让家庭真正成为孩子的避风港和文化场。

二、家庭文化，润泽孩子的一生

2016 年，习近平总书记在第一届全国文明家庭表彰大会上提出"让文明家庭成为梦想启航的地方"，并在不同场合多次强调要"注重家庭、注重家教、注重家风"。优秀的家庭文化、优良的家风，带给孩子的是潜移默化的隐性教育，能够产生"入芝兰之室久而自芳"的效果。

家长应积极开展家庭文化建设，丰富家庭的文化内涵，在家庭中营造温馨和谐、民主自由、积极向上的文化氛围，对孩子形成长期的润物细无声般的浸润、感染和熏陶，筑牢孩子的人生基石，促进孩子终身发展。

1. 营造温馨和谐的家庭文化氛围

曾经有一位父亲向著名的脑神经科学家梅迪纳教授请教："我怎样才能帮儿子考上哈佛大学？"梅迪纳教授回答："从现在开始，你回家好好爱你的老婆。"这个答案让很多人摸不着头脑。梅迪纳教授解释说："在美国，对学业成就的最佳预测指标，就是家庭情绪的稳定性。家庭情绪的稳定性，大部分可从妻子的情绪预测。"得到丈夫爱情、亲情滋润的妻子，她的心是柔软、平和的，能够向身边人释放最大的善意，营造出一个温馨、愉悦的家庭氛围。

可见，温馨和谐的家庭首先体现在亲密的夫妻关系上。很多研究都表明，夫妻关系和谐融洽，丈夫才有可能更好地帮助妻子扮演好母亲的角色，妻子也才有可能更好地帮助丈夫扮演好父亲的角色。妻子尊重丈夫，丈夫爱护妻子，家庭则会更加温暖，孩子也能从家庭中获得满满的安全感与幸福感。而孩子最初萌生的关爱他人的意识和能力，常常是从父母爱情中习得的。

2. 营造民主自由的家庭文化氛围

国外有一个家庭养育了 12 个孩子，每一个孩子都上了大学并学有所成。这对父母在分享他们的家庭教育经验时说道："我们让孩子自己做决定，除去全家一致通过的规则之外，我们很少不给孩子选择的余地，这让孩子们感到自己是生活的主人。""我们允许孩子犯错，我们的孩子不怕尝试新的东西，他们知道自己不会因为犯错而受到惩罚。"这对父母为孩子创造独立、自主的家庭环境，让孩子们能够按照自己的个性自由成长。

我们很多家长仍然受传统的"父母权威不容侵犯"观念的影响，对孩子习惯采用命令式教育，强制孩子执行他们认为对的要求，这样容易激起孩子的逆反心理，或者造成孩子唯唯诺诺、缺乏主见、胆小怕事的性格。家长应该努力转变教育观念，变命令式教育为民主型商量，尽量做到"三多"和"三少"：

①多商量，少命令。家长应站在和孩子平等的角度，就某些自己认为不恰当的行为与孩子充分沟通和讨论，这样的方式更容易让家长和孩子之间达成共识，让孩子感到被尊重、被认可，心甘情愿地改正错误。

②多引导，少训斥。家长面对孩子的不良品行和习惯，不要动辄训斥或体罚，而要用平和又不失严肃的态度与孩子谈话，说清楚不良品行和习惯的危害性，提出改正错误的一些可行性建议，并坚定地要求孩子改正，必要时可以制订一些惩罚措施，让孩子知道有错必改。

③多了解，少窥探。当孩子渐渐长大，特别是进入青春期后，往往会有一些属于自己的小秘密。家长尽量不要私下窥探孩子的隐私，例如偷听孩子打电话、偷看孩子短信等，而要在平时生活中像朋友一样常和孩子聊天，将心比心地和孩子分享快乐与忧愁，让孩子感受到家长对自己的尊重和信任，这样孩子自然而然会把家长当作知心朋友，愿意和家长分享心事。

3. 营造积极向上的家庭文化氛围

家长可以通过创建学习型家庭来营造积极向上的文化氛围，把学习变成全家人共同参与、长期坚持的一种生活方式，在家庭中树立终身学习的理念，让孩子和家长一起培养主动学习的能力和态度，将学习行为贯彻终生。

首先，确定家庭成员共同学习的时间。家长和孩子商量一个固定的学习时间，每天坚持执行。例如每天晚饭后1小时，父母带头学习，在家中形成良好的学习氛围，调动孩子的学习积极性和主动性，引领孩子成长。

其次，坚持开展家庭阅读活动。家长应和孩子一起制订阅读计划，一起坚持阅读，分享阅读心得，交换读书笔记，在交流中互通信息、取长补短、共同进步，培养孩子良好的阅读习惯，训练孩子的思维深度与广度。

最后，为每一个家庭成员建立人生目标。家长和孩子在长期的相互学习中，会产生一种积极向上的态势，促使每一个家庭成员都期望对社会做贡献，实现自我价值。这时候，家长既要找准自己的人生目标，更要帮助孩子建立起比较清晰的人生目标，以人生目标指导家庭成员共同学习的方向和内容，以终身学习的方式助力人生目标的实现。

三、善用家庭资源

家庭资源是存在于孩子身边、最便于孩子获得和使用的资源，例如家庭的经济条件、父母的职业体验和生活经验、家族亲友的人脉资源等，都可以成为孩子生涯发展的有力支持。

1. 适度运用家长资源

家长本身就是孩子身边最丰富的资源宝库。例如，家长所从事的职业，是孩子了解职业、走近职场的"捷径"，家长可以找机会带孩子一起去上班，让孩子亲身体验真实的工作环境，具体工作是怎样开展的，工作能够创造怎样的价值等。在某些国家，每年都有"带孩子上班日"，目的就是给予孩子一个接触职业、接触成人世界的机会。

家长的社会人脉资源是孩子重要的升学与就业资源。例如，家长在金融行业的人脉较广，那么，孩子从事金融工作的发展机遇和可用资源就比较多。

家长的学识和学历会影响孩子的认知能力和成长环境。例如，家长博览群书，知识丰富，就能够在家中营造浓厚的书香氛围，吸引和带领孩子常读书、读好书，启发孩子的智慧，开阔孩子的视野。

需要强调的是，孩子不能过分依赖父母，什么事情都找家人解决，这样反而不利于成长。家庭资源是成功的外因，只起到促进作用，我们自身的学识和能力才是成功的决定因素。我们必须清楚地认识到，利用家庭资源的出发点在于促进自我成长，而不是"走后门""享安逸"。家长能够为我们的成长提供一定的便利条件，这是非常幸运的事情，我们要学会珍惜资源，并适度利用相关资源，不偷懒敷衍，不投机取巧，不弄虚作假，不浪费家长为我们创造的学习机会。例如，我们到父母联系的企业实习，就要严格要求自己，认真完成实习任务，用心磨炼自己的实践能力与综合素质，真正达到实习的目的。

2. 合理利用家谱、家规等家族资源

国史、方志、家谱，是中华民族优秀历史文化传承的三大支柱。其中，家谱是一种以表谱形式，记载一个家族的世系繁衍及重要人物事迹的书，是一个家族的生命史。它不仅记录着该家族的来源、迁徙的轨迹，还包罗了该家族生息、繁衍、婚姻、文化、族规、家约等历史文化的全过程。

家规是治家教子、修身处世的重要载体。传统家规家训中，包含了很多为人处世的智慧，能够培养出一代代出色的子女。

孩子可以在家长的帮助下，查看家谱或参与家谱的制作和修订，透过家谱追根溯源，了解家族的变迁史和发展史，知道自己是从哪里来的，"根"在何处，增强孩子作为家族一员的精神归属感和家族使命感，并继承家族代代相传的优秀传统思想和处世准则，以此来约束自己的言行，塑造优良品行。

请扫描书上二维码
阅读欣赏
▼
儿子与妈妈的
账单

同时，孩子可以认真梳理家族成员关系网络，收集家族成员的教育背景、职业类型、成长经历、社会贡献等相关资料，让优秀的家族成员成为自己学习的榜样和成长的动力。此外，家长可以为孩子创造一些探访家族亲友或名人的机会，让学生在与亲友的友好往来中，维系亲厚的血脉亲情，为自己未来的发展积累丰富的亲友资源。

【生涯实践】

绘制我的家谱图和家庭职业树

1. 绘制我的家谱图

请参考家谱示例图，绘制你的家谱图。你可以向父母、长辈请教，或者查找家族资料，收集尽可能多的家族亲属成员名单，使你的家谱图不断向外延伸，扩大你的亲友人脉关系网。

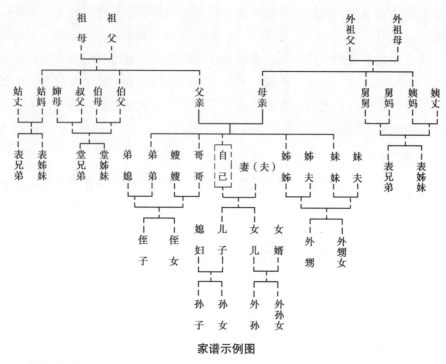

家谱示例图

2. 绘制我的家庭职业树

请参考你的家谱图，绘制你的家庭职业树（如下图所示），将你家中亲属及其职业填写在树上。

家庭职业树

3.请你采访家族中与你关系比较亲近的亲属，了解他们对职业的看法，并思考以下问题。

（1）你家族中大多数人从事的职业是什么？

_____

（2）你家人的职业主要集中在哪些领域？例如，教育、医疗、金融等。

_____

（3）你的爸爸如何形容他的职业？

_____

（4）你的妈妈如何形容她的职业？

_____

（5）家族中谁对职业的看法让你印象深刻？他们是怎样评价这些职业的？

_____

（6）你的家人希望你从事什么职业？不建议你从事什么职业？原因分别是什么？

_____

（7）通过分析家庭成员的职业以及他们对职业的看法，你得到了哪些启发？

_____

_____

第二节 父母榜样，家长是孩子的首任生涯规划师

【生涯名言】

父亲的智慧是孩子最好的遗产。

——塞万提斯

【生涯知识】

一、父母对孩子的影响深刻而长远

2019年1月，教育部部长陈宝生在全国教育工作会议上发表重要讲话，强调"把家长引导和培育成立德树人的一支有生力量。"突出了家长在孩子成长中独特的、不可取代的地位和作用。

当孩子呱呱坠地，她第一眼看到的通常是自己的父母。孩子牙牙学语、蹒跚学步，孩子第一天上学、第一次比赛，陪在他身边的通常是父母。在孩子漫长的成长道路上，父母各自担负其在家庭中的角色，互补互助，紧密配合，为孩子打造一个温馨的港湾，一艘前进的帆船，守护着孩子健康成长，引领着孩子奔赴前程。孩子的行为习惯、礼仪修养、个性品德、价值取向、人生目标等，都深深烙下了父母的印记。可以说，有什么样的父母，就有什么样的孩子。

父亲，是家庭的顶梁柱，孩子的领路人。父亲作为男性所表现出来的理性刚毅、强健有力、雄心勃勃、勇于担当等特质，能够引领孩子志存高远，明确人生的发展方向，培养孩子正确的价值观、人生观和世界观，塑造孩子的强健体魄、理性智慧和沉稳气质，以及敢于冒险、勇于进取的气概和魄力。

母亲，是家庭生活的主导者，孩子的守护神。母亲作为女性所表现出来的宽容仁爱、知书达礼、秀外慧中、温柔贤惠、坚韧不拔等特质，能够带给孩子品德与性情上的熏陶，培养孩子明大义、识大体的睿智，任劳任怨、默默奉献的责任感，淡泊宁静、积极乐观的心态，以及优雅守礼、真诚善良、谦让包容等个性与美德。

二、父母是孩子成长的首任生涯规划师

随着教育改革的有序推进，生涯教育成了中小学教育的"刚需"，并从高中阶段不断下沉，初中、小学生涯教育受到了广泛关注。然而，在现实生活中，很多家长不了解生涯教育，也没有生涯规划的意识，更别提对孩子进行早期的生涯教育，部分家长甚至认为生涯教育是学校的事，应由学校负责。

事实上，父母是孩子成长的第一负责人，对孩子的生涯教育负有不可推卸的责任。而且，孩子的成长是分秒必争的，家长不能完全依赖教育改革和学校生涯教育的落实，孩子是等不起的。家长必须有意识地学习基本的生涯教育知识，尽早对孩子进行生涯设计与指导，这样才是真正的"不输在起跑线上"。

旅美学者高燕定曾提出"人生设计在童年"的理念，他在女儿5岁时，就根据女儿的情况，为女儿设定了未来发展方向——当律师。此后，他创造各种条件和机会，让女儿在知识、技能、情商等方面得到了充分的训练，为其人生目标做足了准备。女儿在大学毕业后顺利考取了法学院，拿到了法学博士学位，完成了人生目标。

高燕定先生用自己培养女儿的亲身经历，说明了孩子的生涯规划应从小开始。家长越早帮助孩子找到发展方向，孩子越有足够的时间做好能力储备，实现生涯目标、获得人生成功的概率也就越大。

父母应当仁不让地成为孩子的首任生涯规划师，从孩子小时候开始，就要有意识地观察、发现孩子的个性、兴趣和潜能，从孩子喜欢的、擅长的事物入手，帮助孩子树立长期的学习、生活目标，带领孩子积极探索未来职业发展方向，让孩子从小就懂得"我为什么而读书"，充分激发孩子的学习动力，引导孩子学会自觉规划自己的未来，自主掌控自己的人生。

三、父母如何助力孩子的生涯发展

1. 父母应成为孩子成长的榜样

（1）父母应学会规划自己的人生

要帮助孩子规划未来，父母首先要学会规划自己的人生。一个连自己的工作、生活都安排不好的父亲或母亲，是无法带给孩子充满希望的明天的。父母应该坚持给自己制定工作、生活等方面的目标，让自己能够从容应对日常生活中的各种

问题，在孩子面前树立一个淡定自若、睿智沉稳、负责任、高效率的形象，让孩子从父母身上看到有目标、有计划的人生是从容不迫、稳健顺遂的。

（2）父母应向孩子展现对待工作的积极态度

父母对待工作的认知和态度，决定了孩子未来对待职业、生活的态度和格局。网上有一个这样的视频：

> 一个孩子问："妈妈，你为什么上班？"
>
> 妈妈回答："妈妈要赚钱才能给你买吃的，供你读书啊。"
>
> 孩子默默地低下了头："原来我让妈妈那么累。"
>
> 另一个孩子问："妈妈，你为什么上班？"
>
> 这位妈妈回答："因为妈妈喜欢工作，工作可以学到新知识，结交新朋友，还给其他人带来快乐。"
>
> 这位妈妈的回答向孩子传递了一个积极的信号：既然工作这么快乐，孩子也会对未来的职业和生活充满期待。

漫画家手冢治虫也表达过类似的观点："父亲身上最受孩子尊敬的应该是勤劳吧，让孩子看到勤劳中的父亲有助于其性格的形成。而且，看到我从早到晚拼命画漫画的工作状态，孩子会觉得做自己喜欢做的事情真好。"

父母应当用自己对待工作和生活的积极态度去向孩子传递正能量，告诉孩子精彩的人生是需要提前规划的。而且，尽全力做好自己的事情，未来将无限精彩和美好。

2. 父母应给予孩子高质量的陪伴

（1）高质量的陪伴从一顿温馨的晚餐开始

2016 年，中国教育学会家庭教育专业委员会进行了一项"影响初中生学习压力的家庭因素"的研究，发现每天和父母至少吃一顿饭的初中生比很少与父母一起吃饭的初中生学习压力更小。

傍晚回家后，一家人围坐在一起吃饭，看似最平常的事情，却是父母和孩子心灵对话的重要时光。这顿晚餐可以从家人一起准备食材、烹饪美食开始，浓浓的烟火味和热闹的谈话声，都能抚慰孩子的内心。在饭桌上，父母和孩子可以聊聊自己一天的经历，分享自己正在看的书，讨论一下热点时事。在这样温馨和谐的氛围里，孩子不仅能够品尝到家的温情滋味，也能从与父母的交谈中开阔视野与思维。

（2）全身心投入和孩子在一起的时光

由于工作的关系，很多父母能够陪伴孩子的时间并不多，因此要抓住每一次陪伴孩子的机会，让陪伴的每一分钟都有价值，切忌一边陪孩子，一边玩手机或做其他事情。父母的全身心投入会让孩子感受到爱与尊重。

例如，父母可以每天抽一点时间陪孩子读书，亲子共读是点燃孩子阅读热情最有效的方法。父母还可以带着孩子走出去，一起游戏、一起运动、一起旅行，激发孩子对生活的热爱，促进孩子身心健康发展。

（3）青春期的孩子更需要精神陪伴

由于进入青春期，初中生的自我意识和独立意识增强。比起让父母陪着吃饭、写作业、做游戏，他们更渴望精神陪伴。例如，父母和孩子一起看电影，交流观影感受；父母出差时和孩子打电话或网络视频，聊聊在外地的所见所闻；父母和孩子互相写信，倾诉感情与思想；父母虚心向孩子学习一些新鲜知识，让孩子过一回"小老师"的瘾，等等。这样的陪伴能够让孩子感受到父母的尊重、理解和信任，是对孩子精神的滋养。

3. 父母应放手让孩子自己飞

（1）不要代替孩子做决定

著名管理学家大前研一有两个儿子，大儿子最初喜欢化学，打算沿着化学之路走下去，大学时却突然改变初衷，大学没毕业就自己创业，开办了一家网络顾问公司。二儿子从小热衷于程序设计，他认为要念计算机就不能待在日本，所以自己找了一所美国的住宿制高中去留学，随后进了一所名校的计算机工程学系，中途觉得没东西可学就辍学了，后来担任了 Unity 技术公司日本区总监，还另开公司，大显身手。

虽然两个儿子在成长过程中走了不少弯路，但大前研一始终尊重他们的选择，放手让他们去尝试、去修正，两个儿子最终也找到了自己真正想做的事情。

很多父母总想帮孩子选一条自认为安全、稳妥、有前途的发展路径，让孩子少走一些弯路。须知，未来的路一定是孩子自己走的，他有选择的权利，也有为自己人生负责的义务。父母要做的是为孩子提供丰富的体验机会，向孩子介绍自己职业和生活的经验，然后让孩子自己做主。父母要充分相信孩子的分辨、判断和选择能力，相信他能够做出恰当的选择，闯出一条属于自己的路。

（2）不要为孩子遮挡所有风雨

父母不要因为害怕孩子辛苦、受伤而处处冲在孩子前面，他终有一天是要独自面对风雨的。他必须承受生活的磨难和痛苦，才能把生活给予的一地鸡毛，扎成漂亮的鸡毛掸子。如果父母把孩子成长的路障清扫得太干净，反而会让孩子变成四体不勤、经不起事儿的瓷娃娃。

首先，父母要让孩子学会独立，自己的事情自己做，并让孩子分担一部分力所能及的家务活，积极参加社会劳动服务，培养孩子基本的自理能力和劳动能力，增强孩子的独立意识和责任感。

其次，父母要允许孩子犯错，经历失败和承受一定的压力，让孩子在逆境中总结经验，学会成长；让孩子在压力下磨炼意志，越挫越勇，促使孩子提高解决问题的能力，形成积极乐观的心态。唯有如此，孩子在未来才有勇气直面人生路上的风风雨雨，成为生命的强者。

请扫描书上二维码
阅读欣赏

马斯克的航天梦
（节选）

【生涯实践】

跟着爸爸妈妈上班去

爸爸妈妈上班的地方是什么样的，他们的工作具体是做什么的，他们在工作时的情绪状态如何……相信你对父母的工作一定很好奇，那么，请你利用寒暑假时间，走进爸爸或妈妈的工作现场，近距离观摩爸爸妈妈的工作情形，了解真实的职场世界是如何运作的，理解爸爸妈妈的辛苦付出，体验工作的乐趣和价值。

1. 完成作文《跟着爸爸妈妈上班去》

具体要求：

（1）详细描述爸爸/妈妈一天工作的情况，包括爸爸/妈妈每天几点出发去上班，乘坐什么交通工具，工作环境如何，具体的工作内容是什么，爸爸/妈妈是如何解决工作中遇到的问题的，爸爸/妈妈在工作时的情绪状态如何，和同事相处得怎么样等。

（2）要求文章逻辑通顺、语言优美，字数不限。

2. 思考

（1）在描述完爸爸/妈妈一天的工作情形后，你对职业有了怎样的新认识？

_____

_____

（2）你对自己未来的工作有怎样的期待？

_____

_____

第三节　职业启蒙，打开职业探索之门

【生涯名言】

我的人生哲学是工作，我要揭示大自然的奥秘，并以此为人类造福。我们在世的短暂一生中，我不知道还有什么比这种服务更好的了。

——爱迪生

【生涯知识】

一、职业概述

1.小游戏：职业知多少

请你写出自己了解的职业及其特点、需要的技能。限时两分钟，写得越多越好。

我了解的职业：＿＿＿＿＿＿＿，特点是：＿＿＿＿＿＿＿，需要的技能：＿＿＿＿＿＿＿。

我了解的职业：＿＿＿＿＿＿＿，特点是：＿＿＿＿＿＿＿，需要的技能：＿＿＿＿＿＿＿。

我了解的职业：＿＿＿＿＿＿＿，特点是：＿＿＿＿＿＿＿，需要的技能：＿＿＿＿＿＿＿。

……

两分钟后，请你看看自己写下的职业。你是洋洋洒洒一口气写了好几个职业，对职业有了比较丰富的认识，还是绞尽脑汁勉强填了一两个职业，还磕磕巴巴写不完整？你对社会上各种各样的职业了解多少？你喜欢什么职业？如果让你选择一个适合自己的职业，你选得出来吗？如果你心里已经有了一个向往的职业，你知道从事这个职业需要具备哪些知识和技能吗？

我们每个人从小都会做各种职业梦，"我想当医生""我想当画家""我想当宇航员"……长大以后，有些人做着自己喜欢且擅长的工作，收获满满，活得自在而充实；但也有很多人糊里糊涂选了自己不喜欢也不适合的职业，工作时毫无激情甚至充满煎熬。对职业的不同选择会让我们走上完全不同的人生道路。

职业选择的前提是对职业有一个基本、准确的认识，对职业了解得越多，我们越能清楚判断自己喜欢什么职业、擅长什么职业、适合什么职业，并为理想职业做好能力储备。

2. 什么是职业

职业是参与社会分工，利用专门的知识和技能，创造物质财富、精神财富，获得合理报酬，满足物质生活、精神生活的工作。

对于个人来说，职业具有三个功能：谋生、为社会做贡献以及实现自己的人生价值。

3. 职业的分类

2015年修订的《中华人民共和国职业分类大典》把职业分为8个大类（表4.1），66个中类，413个小类，1838个细类。

表4.1　职业分类表

分类	说明
第一大类	国家机关、党群组织、企业、事业单位负责人
第二大类	专业技术人员
第三大类	办事人员和有关人员
第四大类	商业、服务业人员
第五大类	农、林、牧、渔、水利生产人员
第六大类	生产、运输设备操作人员及有关人员
第七大类	军人
第八大类	不便分类的其他从业人员

4. 每一种职业都有价值

在我们身边，形形色色的人从事着五花八门的职业：清洁工、农民、公务员、教师、医生等。虽然他们的岗位职责不同、工作方式不同，运用的技能和工具也不同，但每一种职业都有其独特的作用，每种职业都能帮助个人实现自己的人生价值，都能为社会做贡献。试想一下，如果没有清洁工每天尽职尽责地清扫垃圾，我们就不可能在干净整洁的环境中自在生活，早就被臭气熏天的垃圾包围了。

因此，职业没有好坏之分，更没有高低贵贱之分，每种职业都是不可或缺的，在任何一个职业岗位上认真工作的人都值得尊敬。

二、关注未来职业发展趋势

1. 新兴职业为人们创造了广阔的职业发展空间

随着经济发展、社会进步，特别是以信息化、网络化、数字化为特征的知识经济时代的到来，大批新兴职业带着蓬勃的朝气，大踏步走进了我们的生活。例如，移动互联网工程师、新媒体运营人员、高级动漫设计师、陪购师、网络写手、旅游体验师、私人裁缝等，这些听起来又潮、又酷、又有一丝神秘感的职业，成为推动社会发展的新生代力量，也迎合了人们追求个性化、高品质生活的需求，受到了人们，特别是年轻一代求职者的普遍欢迎。

新兴职业的蓬勃发展，让学生未来可能拥有更广阔的职业发展空间。麦可思研究院在北京发布的《2018 年中国大学生就业报告（就业蓝皮书）》显示，2018 年，信息安全、软件工程、网络工程、物联网工程、数字媒体技术、通信工程、数字媒体艺术等专业，属于失业量较小而就业率、薪资和就业满意度综合较高的需求增长型专业。

2019年4月，人力资源和社会保障部、国家市场监督管理总局、国家统计局公布了13项新职业信息，包括人工智能工程技术人员、物联网工程技术人员、大数据工程技术人员、云计算工程技术人员、数字化管理师、建筑信息模型技术员、电子竞技运营师、电子竞技员、无人机驾驶员、农业经理人、物联网安装调试员、工业机器人系统操作员、工业机器人系统运维员等。这批新职业主要集中在高新技术领域。

这些新职业以较高的专业技术知识和能力为支撑，普遍要求从业人员具有较高学历。由此可见，新兴职业的蓬勃兴起既给学生带来了无限发展前景，也对学生的从业能力提出了更高要求。

2. 大众创业已呈星火燎原之势

在国家"大众创业、万众创新"政策支持下，近年来，创业星火已呈燎原之势，大量科技型中小微企业快速发展，电商、微商、代购等商业形式渐成气候。其中，大学生创业备受瞩目，而"互联网 +"是大学生创业的重要模式。

在首届中国"互联网 +"大学生创新创业大赛总决赛中，李克强总理曾批示："大学生是实施创新驱动发展战略和推动大众创业、万众创新的生力军"。

著名的连环创业者王兴，是大学生成功创业的典范。他是校内网、饭否网、美团网三家知名网站的联合创始人。他从美国留学归来后开始创业，先是创立了中国版 facebook

校内网，并很快风靡于大学校园圈之中。2007年，王兴创办饭否网，发展势头一片良好。2009年，饭否网因故被关闭，王兴事业受挫。但他很快振作起来，于2010年3月上线新项目"美团网"，并在千团大战之中脱颖而出，稳居行业前三，先后获得红杉和阿里的两轮数千万美元的融资，事业逐渐走上正轨，成为目前国内最大的生活服务类电子商务公司。2020年，美团位列"2020年BrandZ最具价值全球品牌100强"排行榜第54位。王兴以526.5亿元人民币财富名列《2020新财富500富人榜》第35位。

当前，越来越多的大学生、年轻人加入创业大军，尽情挥洒智慧和汗水，开创属于自己的事业，也有力推动科技革新与时代发展。例如，获得首届中国"互联网+"大学生创新创业大赛冠军的北京航空航天大学Unicorn无人机团队，主攻的是目前相对处于空白的民用B2B无人机市场，形成"互联网+无人机"的新模式。

3. 工作方式和工作环境越来越灵活多变

在互联网新时代，"职业"的定义越来越倾向于"一项任务或某种工作的一部分"。稳定的、永久性的职业越来越少，很多企业开始为某一个项目聘请具备相关技能的人才，而不是提供全职岗位。根据德勤年度报告来看，83%以上的高管今后几年计划增加临时的兼职人员、工作时间灵活的员工，71%的高管和人力资源负责人认为零工经济重要或非常重要。

相对应的，人们的工作方式越来越灵活多变，兼职员工、弹性上班的员工逐渐增多，而每个人都需要针对某个岗位任务重新学习、适应和升级。

工作方式的灵活性也促使人们的工作环境不再固定不变，而是具有可移动性，从格子间到联合办公空间，再到任何一个有网络的地方，咖啡厅、家里、酒店都有可能成为新的办公空间。工作和生活的界限越来越模糊，人们将不再受困于一个固定的格子间，也不再受限于某一固定的职业，而是有更多机会自由掌控自己的时间，不断追求新的职业体验和职业成就，并享受自在的生活。

4. 职业生涯规划将成为个人职业发展的软实力

面对竞争日趋激烈的职场环境，我们必须未雨绸缪，从小开始积极了解职业信息，明确自己喜欢做什么、擅长做什么、适合做什么，找准自己的职业发展方向，制定职业生涯规划，有计划、有目标地为今后的职业发展做好知识和能力的储备，这样未来在职业岗位上取得成功的概率会更高，也能有效避免"选错专业、选错职业、毕业即失业"等尴尬问题，让自己今后在职场上少走弯路、错路。

在新兴职业层出不穷，永久性职业逐渐减少的职业发展趋势下，学会对自己的职业生涯进行规划和管理更是我们每个人都必须具备的能力。它让我们能够对职业变化保持高度的关注和足够的敏锐，及时捕捉职业新变化，准确把握职业新机会，快速调整职业新目标，坚持学习职业新技能，从而更快、更好地适应新的职业挑战，谋求新的职业发展和职业成就。

三、职业探索的内容与方法

1. 职业探索的内容

学生在进行职业探索时，可以从以下几个方面去了解职业的基本情况：

（1）职业描述

就是对职业的概括和总结。我们可以借助"职业分类大典"来获取对职业的详细介绍。

（2）职业的核心工作内容和工作能力

核心工作内容是指这个职业必须要做的工作是什么。工作能力包括从事这个职业需要的一般的、基本的以及这个职业特定的某些特殊能力，如教师必须具备扎实的专业知识、教学指导能力、人际沟通能力等。

（3）职业的发展前景

包括职业在国家建设中的作用，职业对社会、对生活的影响等。

（4）薪资待遇

职业根据参与社会分工的量来确定相应的报酬。我们可以通过网络求职机构的薪资情况去了解。

（5）岗位设置及其职业发展通路

不同行业、企业对职业岗位的理解和要求是有差别的，我们应该详细了解具体企业对岗位的设置情况，并了解清楚该职业岗位今后的晋升渠道。

（6）职业标杆人物

了解在某个领域做得成功的人的职业奋斗史，包括他们取得了哪些成绩，他们是怎么做到的，他们遇到过哪些困难，他们是如何冲出逆境的，他们具备哪些优秀的素质和能力等。

（7）职业的典型一天

我们可以通过职业体验、人物访谈等方式，了解某个职业的一天是怎么安排的，从而确定自己是否喜欢、适合这样的职业和这样的生活。

2. 职业探索的途径

我们了解职业的方法有很多，例如，听取家人的工作经验、利用网络搜索资料、阅读职业类相关书籍、观看职业类专题节目、采访职业精英、到企业进行实地考察等。而在具体的职业探索过程中，适合小学生和初中生的探索途径还是有所差异的。

（1）适合小学生的职业探索途径

小学生正处于对任何事物都好奇的兴趣生长期，他们通常对"是什么、做什么、怎么做"等职业常识比较感兴趣。这一阶段，应通过生动、形象的职业展示，丰富、具象的职业体验，对小学生进行职业启蒙，形成对职业的初步认识。

例如，小学生可以阅读图文并茂的职业科普类书籍，如《给孩子的趣味职业书》等，或者在父母的帮助下，上网查找一些自己感兴趣的职业信息。

小学生也可以化身"小记者"，采访身边熟悉的家人、老师、邻居等，了解他们的职业特点，以及他们对职业的认识和感受。

小学生可以在父母、老师的带领下，进行职业体验和实地参观。低年级的小学生可以到配有高仿真设施的"职业体验馆"去体验各种职业；高年级的小学生可以到企业实地参观，例如，到消防站观摩消防演练，到牧场参观牧民饲养家禽牲畜，到气象局观察气象员预测天气等，让学生在游戏、活动中认识职业，形成职业理想的雏形。

（2）适合初中生的职业探索途径

初中生的认知能力进一步提升，开始形成一定的抽象性思维和批判性思维能力，开始关注职业的价值、意义等深层次问题。这一阶段，应鼓励初中生深入接触职场精英，参加职业体验、职场实习、模拟招聘会等活动，让学生在丰富的职业探索中加深对职业的了解，帮助学生初步明确职业发展方向。

例如，初中生可以在父母、老师的引导下，寻找职业精英的成长足迹，通过书籍、网络查找职业精英的相关资料，包括人物简介、创业故事、个性能力等，思考影响他成功的内外部因素。

初中生可以化身"工作影子"，详细观察专业人员一天或几天的工作经历。例如，跟随医生在医院进行巡视，观察医生如何给病人诊治、关心病人、对病人负责等。这种职业体验可以帮助学生轻松了解不同职业的特点，从中找到自己最喜欢的职业。

请扫描书上二维码
阅读欣赏

▼

杨振宁的长与短

初中也可以策划开展"生涯人物访谈"活动，选择自己感兴趣的职业从业者进行电话访谈或面对面访谈，事先设置多个访谈问题，如"这个职业的主要工作内容是什么""这个职业最吸引你的是什么""这个职业最让你不满的是什么""如果我想从事这个行业，现在应该做哪些准备"等，通过和职业从业者的直接交流，学生可以准确了解自己感兴趣的职业的主要特点、工作内容、从业能力，准确判断自己的优势和不足，进一步明确自己的职业理想，并激励学生制定合理的学习计划，为未来的职业目标做好准备。

【生涯实践】

畅想未来的职业生活

你理想中的职业生活是怎样的？不如和朋友一起畅想一番。

1. 请你的朋友播放一首舒缓、愉悦的轻音乐，你在一张椅子上以一种放松、舒服的姿势坐好，并闭上眼睛。

2. 你的朋友会用平和、缓慢的语音语速来讲述引导语，你将在朋友轻柔的声音中，对未来的职业生活展开丰富的想象。

引导语参考如下：

> 假使你穿越到二十年后的一天清晨，当你从睡梦中醒来，你感觉如何？站在卫生间的镜子前，镜子里出现的你是什么样子？
>
> 梳洗完后，你来到餐厅吃饭，早餐会吃点儿什么？和你一起用餐的是谁？你和他们说了些什么？
>
> 吃完饭后，你准备换衣服，今天你会穿什么样的衣服去上班？
>
> 出了家门，你回头望了一下，你的家是什么样的？小区环境如何？
>
> 现在，你准备怎样去上班？步行还是搭乘什么交通工具？你大概会花多长时间到达你上班的地方？
>
> 到了单位，你觉得你工作的地方看上去如何？
>
> 你碰到了你的同事，你和他们打招呼，他们怎么称呼你？你还看到哪些人出现在这里，他们在干什么？
>
> 你在你的办公桌前坐下，开始进入今天的工作，你会怎么安排工作日程？上午的工作内容是什么？你的工作语言是什么？你会和谁一起工作？工作时你会用到哪些技能和工具？
>
> 工作期间，有人来拜访你，你和对方交换了名片，你的名片是什么样的？你的岗位头衔是什么？
>
> 午餐时间到了，你在哪里吃午餐？吃的是什么？和哪些人一起共进午餐？你感觉如何？你怎么安排午餐后的休息时间？
>
> 下午的工作和上午的有什么不同吗？你大概什么时间下班？需要加班吗？

你会在哪里吃晚餐？和你一起用餐的是谁？晚餐后，你通常会做些什么？

晚上你大概几点睡觉？睡前回想一下这一天的工作和生活，你的感受是怎样的？

3. 当你的畅想之旅结束后，请向朋友描述你理想中的职业生活，并谈谈你的感受，认真思考以下问题：

（1）我理想的职业的工作内容是什么？

_____

_____

（2）我理想的工作环境是怎样的？

_____

_____

（3）我理想的职业的收入水平怎样？发展前景如何？

_____

_____

（4）我希望拥有怎样的工作伙伴？

_____

_____

（5）我希望在工作之余享受怎样的生活？

_____

_____

（6）我希望从理想职业中获得什么？例如，社会地位、财富、满足感等。

_____

_____

（7）在我所知道的职业中，哪些职业符合我对职业的期待？

_____

_____

4. 接下来，由你来讲述引导词，让你的朋友来完成他／她的职业畅想之旅。

第四节　政策动态，教育改革知多少

【生涯名言】

　　人像树木一样，要使他们尽量长上去，不能勉强都长得一样高，应当是：立脚点上求平等，于出头处谋自由。

——陶行知

【生涯知识】

一、解读国家重点教育改革政策

　　党的十八大以来，以习近平同志为核心的党中央高度重视教育事业，把教育摆在优先发展的战略位置，并以前所未有的决心和魄力，提出了一系列破旧立新、任重道远的教育改革政策，坚持以改革促发展，以改革推公平，以改革提质量，以改革添活力，全面发展素质教育，推动教育现代化进程，形成中国特色世界先进水平的优质教育。以下仅就其中若干个重点教育改革政策进行简要说明。

1. 立德树人是教育的根本任务

　　党的十八大明确提出："全面贯彻党的教育方针，坚持教育为社会主义现代化建设服务、为人民服务，把立德树人作为教育的根本任务，培养德智体美全面发展的社会主义建设者和接班人。"党的十八大之后，习近平总书记在多个场合强调立德树人的重要性。

　　2017年9月，中共中央办公厅、国务院办公厅印发了《关于深化教育体制机制改革的意见》，强调要健全立德树人系统化落实机制。2019年6月，国务院办公厅印发的《关于新时代推进普通高中育人方式改革的指导意见》提出："到2022年，德智体美劳全面培养体系进一步完善，立德树人落实机制进一步健全。"明确了健全立德树人落实机制的时间表。

　　我国儒家传统文化讲究"修身、齐家、治国、平天下"的进阶式发展轨迹，其中，"修身"是第一步，强调的是"要做事，先做人"。立德树人回答的是"培养什么样的人、如何培养人、为谁培养人、怎样培养人"等教育根本问题，是对我国传统教育思想的传承与发展，也是中国特色社会主义教育的本质体现。

"树人"强调教育要培养什么人。从新时代特点以及我国国情出发，我们要培养的是"德智体美劳全面发展的、能够担当民族复兴大任的、社会主义事业的建设者和接班人。"

德为人之德，有什么人就有什么德。从"树人"倒推"立德"可知，"立德"对内要求厚植中华传统美德，树立社会主义核心价值观，构筑共产主义理想信念，弘扬民族精神和时代精神；对外要求树立开放、尊重、协商、多样、包容、共赢的全球观念以及尊重自然、顺应自然、保护自然的生态意识。

"立德树人"的实施路径主要以学校教育为主渠道，发挥家庭、社会合力育人的作用，通过教育引导、实践养成、制度保障等措施，由德切入，不止于德，坚持"德智体美劳"五育并举，提高学生的全面素质，造就具有创新能力的优秀人才。

2. 新高考改革，促进学生全面而有个性地发展

2013 年 11 月，党的十八届三中全会审议通过了《关于全面深化改革若干重大问题的决定》，对考试招生制度改革作出了顶层设计。2014 年 9 月，国务院发布《关于深化考试招生制度改革的实施意见》，就此拉开新高考改革的帷幕。

新高考改革将采取"两依据，一参考"的多元招生录取模式，即依据统一高考成绩和高中学业水平等级考试成绩，参考综合素质评价。

（1）"两依据"打破文理科壁垒，增加学生选择权

根据新高考改革政策，高考总成绩由统一高考的语文、数学、外语 3 个科目成绩和高中学业水平考试 3 个科目成绩组成，即"3+3"模式。计入高考总成绩的高中学业水平考试科目，由考生根据报考高校要求和自身特长，在物理、化学、生物、政治、历史、地理等 6 门科目（浙江是 7 门）中自主选择 3 门学科。

作为首批试点的上海、浙江等省市普遍采用"3+3"模式，在试行过程中出现了一些比较突出的问题，例如学生选择学科时趋易避难，导致物理选考人数大幅下降。在总结试点省市的经验教训后，2019 年 4 月，广东、江苏、河北、湖北、福建、湖南、辽宁、重庆等 8 省市推出了"3+1+2"选考科目方案，要求物理、历史两门科目必选 1 门，然后再从其余四门科目中选择 2 门。这样的设计主要是突出物理、历史这两门学科在自然科学和人文社会科学中的基础性地位，同时兼顾考生的多样化选择，促进文理交融。

"3+3"模式选择性更多，"3+1+2"模式简便易行，两者各有优势。各省市将根据本地实际情况选择推行其中一个选科模式。但无论是"3+3"模式，还是"3+1+2"模式，都强调科学选才，强调尊重学生的个性，让学生能够依据自己的兴趣、特长和优势，结合高校公布的选科要求，选择适合自己的专业门类与选考科目，充分调动学生的主观能动性，提高学生学习与发展的自主性，并从根本上确保学生发展既有统一性的素质，也有多样化、个性化的能力。

（2）"一参考"挑战传统的"唯分数论"，重视提升学生综合素质

根据新高考改革政策，综合素质评价将作为高校录取新生的重要参考。综合素质评价主要反映学生德智体美全面发展情况，客观记录学生成长过程中的突出表现，包括思想品德、学业水平、身心健康、艺术素养、社会实践等内容。

2014年底，教育部印发《关于加强和改进普通高中学生综合素质评价的意见》，对综合素质评价的原则、意义、内容、流程等方面进行了详细说明。

首批试点省市上海、浙江的考核录取情况是：高考成绩占60%，综合素质评价占30%，高中学业水平考试占10%。由此可见，高考成绩不再是决定高校录取人才的唯一因素。

综合素质评价打破了传统的"唯分数论"，有望彻底改变应试教育的弊端，促使人才选拔更科学全面。综合素质评价的根本目的在于转变学生、家长和老师狭隘的教育观和发展观，让他们充分认识到全面发展、素质培养的重要性，将教育的关注点从单一的学科成绩，转为全面的综合素质，促进学生德智体美劳全面发展，从而有力推进素质教育进程，让教育回归"育人"本质，实现立德树人的根本任务。

3. 国家教育改革高度重视学生兴趣培养和潜能开发

新高考改革政策提出，创造条件逐步取消高校招生录取批次，并从2015年起在有条件的省份开展录取批次改革试点。此后，部分省市合并了二本和三本录取批次，上海、浙江、山东等省市将一本和二本都合并了。预计未来几年，全国各省市将逐步取消招生录取批次，推行平行志愿投档和录取。大学的录取将完全按照专业进行，学生选择什么专业与其兴趣、特长直接相关，如果学生能够选择自己喜欢的、擅长的专业，未来将更容易成功、成才。

另外，2020年1月，教育部印发《关于在部分高校开展基础学科招生改革试点工作的意见》（"强基计划"），决定自2020年起，在部分高校开展基础学科招生改革试点，选拔培养有志于服务国家重大战略需求且综合素质优秀或基础学

科拔尖的学生，重点在数学、物理、化学、生物、历史、哲学、古文字学等基础学科专业安排招生。也就是说，"有志向、有兴趣、有天赋"的学生将有望通过高考选拔进入国家一流大学深造，成为服务国家重大战略需要的拔尖创新人才。

从近几年的新高考改革、自主招生到强基计划，无一不指向学生的个性与潜能开发。学生的兴趣和优势不仅要培养，而且要尽早培养、从小培养，经过长期的、系统的培养，让学生的兴趣转化为真正的特长，当高考来临时，学生就可以从容、自信地选择适合自己的专业和学校。

需要特别说明的是，2018年3月的《关于进一步减少和规范高考加分项目和分值的意见》规定，全面取消体育特长生、中学生学科奥林匹克竞赛、科技类竞赛、省级优秀学生、思想政治品德有突出事迹等全国性高考加分项目。

这一政策的提出，并不是反对学生的兴趣和特长培养，而是要拨乱反正，扼制"把特长当作升学捷径""特长生没特长"等教育乱象、怪象，让学生的特长培养能够摆脱"升学"的功利外衣，让学生没有负担、全身心地投入自己喜欢的事物中，享受艺术、精进技艺，真正练就一技之长，为今后的升学与发展打下坚实基础。

4. 部署中国教育现代化战略，描绘未来教育强国的新蓝图

党的十九大明确提出建设教育强国是中华民族伟大复兴的基础工程，必须把教育事业放在优先位置，深化教育改革，加快教育现代化，办好人民满意的教育。

2019年2月，中共中央、国务院印发了《中国教育现代化2035》，以及《加快推进教育现代化实施方案（2018—2022年）》，通过顶层设计和行动方案相结合，描绘出了中国教育现代化的新蓝图。

《中国教育现代化2035》提出了推进教育现代化的指导思想、基本理念、基本原则，以及一整套工作思路和工作要求，并明确提出推进教育现代化的总体目标是：到2020年，全面实现"十三五"发展目标，教育总体实力和国际影响力显著增强，劳动年龄人口平均受教育年限明显增加，教育现代化取得重要进展，为全面建成小康社会做出重要贡献。在此基础上，再经过15年努力，到2035年，总体实现教育现代化，迈入教育强国行列，推动我国成为学习大国、人力资源强国和人才强国，为到21世纪中叶建成富强、民主、文明、和谐、美丽的社会主义现代化强国奠定坚实基础。

教育现代化体现的是教育高水平的发展状态，一是对传统教育的超越，是教育发展理念、发展方式、体系制度等全方位的转变；二是所有地区、所有人群教

育水平的整体提高；三是各级各类教育水平的整体提高、协调发展。

党中央加快推进我国教育现代化进程，将有力推动我国教育不断朝着更高质量、更有效率、更加公平、更可持续的方向前进；有利于为实现我国工业、农业、国防、科学技术现代化提供人才保障和智力支持；也对建设社会主义现代化强国具有夯实基础的意义。

二、中小学教育改革政策分析

1. 义务教育免试就近入学，从起点实现教育公平

2018 年 2 月，教育部办公厅发布《关于做好 2018 年普通中小学招生入学工作的通知》，要求按照"学校划片招生、生源就近入学"的目标，积极稳妥推进所有地市、县（区）免试就近入学政策全覆盖。

根据义务教育改革要求，全国各地陆续落实义务教育学校免试就近入学政策。例如，2020 年 5 月，重庆市教委印发《关于做好 2020 年义务教育招生入学工作的通知》，主要内容如下：

（1）义务教育学校均不得以笔试、面试、面谈等名义选拔学生，全面取消招收推优生、保送生、特长生等招生方式。

（2）全市公办、民办义务教育学校同步招生，但公办学校和民办学校不能同时兼报。

（3）报名人数小于或等于招生计划的民办义务教育学校，采取登记注册方式直接录取。报名人数超过招生计划数的，由区县教育部门统一组织电脑随机派位摇号录取。

（4）未被民办学校录取的学生回到公办学校录取体系，按相关规定由区县教育部门统筹安排，保证公办学校"兜底"，防止学生辍学。

义务教育改革通过规范招生制度，要求学校免试就近入学，有利于缓解义务教育阶段"择校热"，破除跨区域掐尖招生、义务教育考试招生、义务教育招生录取与社会培训机构或各类竞赛考试证书挂钩等突出问题，根治民办学校招生乱象，促进公办与民办学校协调发展，促使义务教育回归"育人"本质，而不是选拔、区分学生，后者是高中、大学阶段的事，从而实现起点公平以及义务教育优质均衡。

2. 中考改革探索多元招生录取模式，重视学生综合素质评价

2016 年 9 月，教育部颁布《关于进一步推进高中阶段学校考试招生制度改革的指导意见》，提出中考改革目标是：到 2020 年左右初步形成基于初中学业水平考试成绩、结合综合素质评价的高中阶段学校考试招生录取模式和规范有序、监督有力的管理机制，促进学生全面发展健康成长，维护教育公平。

《关于做好 2018 年普通中小学招生入学工作的通知》再次强调，深入推进中考改革，突出素质教育导向，努力提高命题质量，积极探索基于初中学业水平考试成绩、结合综合素质评价的招生录取模式，扭转唯分数的考试招生评价导向。

中考改革对于学生综合素质评价的积极探索，有利于贯通初中、高中综合素质评价体系，推动学生综合素质连续性、系统性发展。同时，为学生制定初步的生涯规划、确立长远发展目标提供重要参考。

其实早在 2016 年 5 月，北京市教委就发布了《关于进一步做好 2016 年小升初就近入学工作的通知》，明确"2019 年分配到校名额招生采用校内选拔方式"，录取成绩"由中考文化课成绩、初中综合素质评价成绩和体育成绩组成"。至此，北京市从政策层面提出综合素质评价作为普通高中招生服务的导向，实时性地把育人功能和选拔功能结合起来。

3. 开展中小学综合实践活动，发展学生核心素养

2016 年 9 月，中国学生发展核心素养研究成果发布会在北京师范大学举行。发布会上正式发布了《中国学生发展核心素养》总体框架：中国学生发展核心素养以培养"全面发展的人"为核心，分为文化基础、自主发展、社会参与 3 个方面，综合表现为人文底蕴、科学精神、学会学习、健康生活、责任担当、实践创新等 6 大素养，具体细化为国家认同等 18 个基本要点。

2017 年 9 月，《中小学综合实践活动课程指导纲要》正式发布，本课程强调学生综合运用各学科知识，认识、分析和解决现实问题，提升综合素质，着力发展核心素养，特别是社会责任感、创新精神和实践能力，以适应快速变化的社会生活、职业世界和个人自主发展的需要，迎接信息时代和知识社会的挑战。综合实践活动的主要方式包括考察探究、社会服务、设计制作和职业体验。

2020 年 3 月，中共中央国务院发布《关于全面加强新时代大中小学劳动教育的意见》，要求把劳动教育纳入人才培养全过程，贯通大中小学各学段，贯穿家庭、学校、社会各方面，与德育、智育、体育、美育相融合，让学生"具备满足生存发展需要的基本劳动能力，形成良好的劳动习惯"。并要求将劳动素养纳入学生

综合素质评价体系，把劳动素养评价结果作为衡量学生全面发展情况的重要内容，作为高一级学校录取的重要参考或依据。

无论是综合实践活动，还是劳动教育，都是通过"社会实践"的方式促进学生核心素养的发展以及综合素质的提升。而且，学生的社会实践不是过去那种"扫大街""拾稻穗"等的简单方式，而是根据学生的兴趣、特长，自主结合学习和生活进行参与性、应用型、服务型、合作性和创新性实践。一方面，能够有效激发学生的学习动力，以知促行，以行鉴知，促进知行合一，反复锤炼学生解决现实问题、适应社会发展的能力，系统培养学生的核心素养与综合素质。另一方面，让学生在实践体验中完成职业启蒙与职业探索，逐步明确自己的兴趣、潜能与职业的关系，催动人生理想的萌芽，乃至确立人生的远大志向。

请扫描书上二维码
阅读欣赏
▼
前瞻专业，助推
自我实现

【生涯实践】

我的职业探索

1. 探索职业变化

随着信息化、数字化时代的到来，机器人医生被创造并开始应用于医疗领域。例如，美国的机器人医生 Roodoc，它专门为患者植入人造的髋关节。在城市的大医院里，正在流行用机器人医生做手术。机器人做手术，最大的优势是创伤较小，而且可以精准定位、精准操作，减少手术误差。机器人的出现，帮助医生提高了工作效率，减少了工作失误，减轻了工作负担。

不过，机器人做手术再高明，也是在人的控制下完成的，这要求操控机器人的医生具有过硬的临床技术和外科手术经验。而机器人的出现，使得未来医生的价值可能更多体现在手术的精心设计上，比如这个手术怎么做、何时做、从哪个方位做让患者获益更多等。此外，机器人缺乏医生最重要的同情心和爱心，医生"敬佑生命"的职业道德和"救死扶伤"的奉献精神，是机器人永远无法体会，也不可能拥有的。

上述这段文字谈到了机器人的出现给医生这个职业带来的一些影响，以及未来医生应顺应职业变化，具备一些不一样的能力。请你收集相关资料，谈一谈你所关注的一些职业受到了哪些变化的影响，这些职业所需要具备的能力又有怎样的变化？

我关注的职业	受到哪些变化的影响	现在所需要的能力	未来所需要的能力

2. 我的职业观

（1）你认同家人对职业的哪些观点？或者不认同哪些观点？

_____

_____

（2）对你未来选择职业影响最大的人是谁？他的哪些观点影响了你？

_____

_____

（3）哪些职业是你考虑过或是可以考虑的？原因是什么？

_____

_____

（4）哪些职业是你绝不会考虑的？原因是什么？

_____

_____

（5）选择职业时，你会重视哪些条件？与你的价值观有怎样的联系？

_____

_____

第五章

我的未来，我做主

人生是一个不断选择的过程，我们所做的每一次决定都会影响今后的人生轨迹。因此，中小学生应从成长的起点开始，努力培养自己良好的决策能力，做一个有主见的孩子，把人生牢牢掌握在自己手中。而父母对孩子最深沉的爱，就是放手让孩子自己飞。会选择的孩子，才能勇于担当、敢于放弃；会选择的孩子，才能迸发生命激情，积极思考与成长；会选择的孩子，才能激发无限潜能，赢得美好未来。

中小学生应在父母、老师的引导下，学会从生活小事、成长大事等方面去积极谋划、科学判断、勇敢选择，特别是在初中毕业等重要的人生分岔路口，要学会知己知彼、审时度势，并掌握志愿填报、升学面试等重要技巧，为自己的选择增添致胜砝码，做出真正适合自己的人生决策。

第一节 培养决策能力，做一个有主见的孩子

选择就像是人位于一个岔路口，走哪条路都要靠他自己的决策。命运不是机遇，而是选择。

——J. E. 丁格

【生涯知识】

一、孩子的人生，请让他自己做主

著名歌手、演员刘德华在自传《我是这样长大的》一书中，提到他第一次面对人生重要抉择时的经历，他说：

"第一次要面对人生抉择是中五毕业那年，左手拿着无线艺员训练班的报名表格，右手拿着应届高等程度教育课程的报名表，顿时觉得自己的前途都掌握在自己手中。

要继续学业，还是去读艺员训练班？再念两年中学毕业后又何去何从？是再念大学，然后学士、硕士、博士这样一路念下去？还是选修艺员训练班以使自己有一技之长，将来无论条件符合与否，台前幕后也好，总算有门专业知识傍身？

一连串的问题此起彼落在我心中响起，魔鬼、天使各据一方，展开辩论大会。反反复复地考虑，我把自己的优点和缺点逐一写在纸上，自己给自己理智地分析利弊。……直到那一天才明白，人才是自己生命最大的主宰，向左走还是向右走都是自己决定的路，我的心做了我的指南针，只有它才会明白我要的方向，也是它让我选择了左手那张报名表格。"

刘德华的故事向我们展示了他在做人生重大抉择时的心路历程，也告诉我们：一个人的人生道路该怎么走，决定权在自己手里，只有他能够决定自己该往哪里走，也只有他最清楚自己该往哪里走。

然而，在现实生活中，不是每个人都能为自己的人生做主。特别是对于在能力、阅历、经验等方面明显不足的中小学生来说，他们对生活、对未来的选择权

往往掌握在家长手里。为孩子操碎了心的家长，总是觉得自己的孩子还小、不懂事，就以"我是为你好"这样"理所当然"的理由，对孩子的事情大包大揽，小到决定孩子今天吃什么早餐、穿什么衣服，大到决定孩子升学选什么专业，选什么学校，甚至到孩子长大后选什么工作，选什么样的结婚对象，家长都给安排得妥妥当当。久而久之，家长习惯了替孩子做各种决定，孩子也习惯了一切听从家长的安排。但是，这样真的好吗？这种被安排好的人生还是孩子自己的人生吗？

表面上看，家长为孩子付出了很多，什么都替孩子想好了，让孩子少走了很多弯路、错路。可实际上却让孩子失去了尝试、选择和成长的机会。当孩子渐渐长大，独立意识觉醒之后，就有了自己做决定的需要。如果孩子的这种需求长期得不到满足，自我意识就会被抑制，自信心会受到打击，很可能导致孩子产生消极的自我评价，长大以后，孩子可能会缺乏基本的判断力、决策力，凡事只会依赖父母、依赖他人，没有主见。这样的孩子进入社会后也只是一个长不大的"巨婴"，一个凡事没有想法、不敢辩驳的"应声虫"，他如何能够适应竞争激烈的社会环境，更谈不上成就事业了。

著名教育家、"知心姐姐"卢勤曾经把每个孩子比喻成一颗鸡蛋：把鸡蛋打开有两种方式，一种是从外部施加压力，把鸡蛋破开；另一种是从内部给鸡蛋温暖，等小鸡出生，鸡蛋就打开了。从外面打开是食物，从里面打开才是生命。

孩子的成长需要自己的主观选择与付出，虽然途中可能会经历很多困难、阻碍，甚至失败、悔恨，他的生命却会因为自己的用心参与而变得充满热情与光彩。更重要的是，他会感到这是自己的人生，他要倍加珍惜，他要谨慎走好每一步，他要凭借自己的努力成长为自己想要的样子，这样的体验才是最珍贵的。

二、自己做主，孩子的人生大不同

1. 自己做主能够更好地发挥孩子的兴趣和潜能

家长习惯帮孩子做决定，通常是考虑到孩子年纪小，没经验，没办法做出合适的选择。但是家长忽略了一件事，孩子虽小，但他也有自己的想法、喜好，他可能比家长更清楚自己喜欢什么、擅长什么、适合什么。家长只需给予孩子充分的尊重和适当的指引，让孩子选择一条自己喜欢且擅长的路，孩子就能闯出属于自己的一片天地。

国际象棋大师谢军在她 12 岁那年，面临人生最重要、最艰难的一次抉择：是去棋队深造棋艺，还是放弃下棋选择上学？谢军自己的想法是，她更想去下棋，因为她知道，只要往棋盘前面一坐，她就会无比兴奋、畅快。谢军的妈妈并没有独断专行，而是和谢军进行了一次严肃的交谈，谢军向妈妈表达了自己很喜欢下棋、很想继续下棋的想法，妈妈最终选择尊重女儿的选择，让她加入棋队继续学习下棋。谢军经过一番努力，终于脱颖而出，成为我国非常出色的一位棋手。

2. 自己做主是培养孩子责任感的最佳方法

很多家长可能都有类似的经历：早上叫孩子起床，孩子也不肯起，由此会引发赶不上校车、上学迟到、饿着肚子上课等一系列连锁反应。

解决"起床难"这个问题的方法其实很简单，就是要让孩子明白：按时上学是他自己的事，家长没有义务替他包办一切，保证他不迟到。在孩子开始新学期时，家长可以送给他一个闹钟，并告诉他："以后你要和小闹钟交朋友，每天早晨它来叫你起床，爸妈不再叫你起床了。你起床或者赖床，都由你自己决定，上学迟到的话，也由你自己负责。"这样坚持一段时间，孩子吃到了上学迟到的亏，又慢慢养成了生物钟，按时起床就不是难事了。

从"起床"这件小事就可以看出，让孩子自己做主，是培养孩子责任感最好的办法。如果家长什么事都不用孩子管，什么都安排好了，孩子自然就缺乏责任意识，不懂得对自己负责，更不会为自己的错误买单。

因此，凡是孩子能做决定的事，尽量让他自己做决定，让他为自己的生活做主，也为自己的生活负责。在孩子自己决定的人生旅途中，无论是什么，他都会更愿意去接受，更愿意去为自己的选择负起责任，当孩子有了责任心，也就意味着他真正长大了。

3. 自己做主有利于树立孩子的自信心

心理学研究发现，父母经常替孩子做决定，会将自己的不满足感、不信任感传递给孩子，导致孩子自信心降低；父母经常随意拒绝孩子，容易导致孩子比较顺从、被动，缺乏自信。父母需要留给孩子自主探索和选择的空间，让孩子拥有更多机会做出正确选择，获得成功体验的经历，让孩子逐步掌握成长的主动权，不断增强对自己、对未来的自信心。

全国特级教师魏书生的大女儿在《齐鲁晚报》工作一段时间后，毅然决定辞职，从头开始创业。魏书生对女儿的举动没有过多干涉，而是表示尊重和支持。在创业的路上，女儿吃了很多苦，却变得更加平和、坚强，事业也取得了成功。从商五年后，为了更好地照顾年幼的孩子，魏书生的女儿再次做了一个决定，放弃事业，在家全心照顾孩子和研究家教知识。魏书生再次给予女儿全力支持。后来，她在家教研究中小有心得，还经常把自己的收获分享给更多的家长。她在人生道路上越走越自信，越走越从容，这都得益于她的几次独立的决定、负责的经历。

三、从小培养孩子的决策能力

1. 小学生的决策能力培养

研究表明，孩子在 6 岁以前，大部分的重要决定是由父母做出的；孩子在 6 岁以后，父母主要是监督和引导孩子的行为，通过与孩子交流，加强孩子的自我监督和寻求帮助的能力。也就是说，6 岁以后，孩子已经开始有自己的想法和主张，并有意识地跳出家长的保护，希望独立地探索未知，面对挑战。

这时候，家长应给予孩子自主探究的空间，让孩子从日常生活的小事做起，尝试做一些简单的选择，并学会对自己的选择负责。家长则在必要时给予孩子建议和指导，顺应并促进孩子的自我发展。

（1）学会做一些日常生活的决策

例如，孩子可以选择自己要吃的早饭，选择要穿的衣服，选择坐什么交通工具去学校，选择读什么课外书，选择什么时间做运动，选择给朋友买什么生日礼物等。

同时，孩子可以每天做一个简单的日程表，把一天要做的事列个清单，决定每件事情完成的先后顺序，每完成一件事情做一个标记，没完成的事情就重新安排一个时间，或者取消。

（2）学会选择与放弃

面对一些生活琐事，孩子要学会说"yes or no"。例如，你正在写作业，朋友约你去看电影，去还是不去？同学想要抄你的作业，你让不让他抄？你发现某个同学考试作弊，是帮他隐瞒还是不隐瞒？

（3）学会对自己负责

孩子要在日常生活、学习中学会对自己负责。例如，按时完成老师布置的作业，考试不作弊，对自己的学习负责；按时作息，坚持运动，不挑食偏食，对自己的身体负责；做错事主动认错，有错就改，对自己的错误负责；等等。

2. 初中生的决策能力培养

初中生的自我意识增强，渴望独立和拥有自己的空间，渴望被认可和被尊重，自己做主的事情，干劲会特别大。

这一阶段，初中生除了坚持从小事上锻炼自己的决策能力，更应学会合理安排学习、生活上的一些重要事务，并逐步形成自我觉察、自我评价、自我调节和自我反思能力，进一步提高决策能力。而家长的主要任务是帮助孩子把握方向，进一步放权，更尊重孩子的意见，而不是代替他做决定。

（1）学会制订学习目标

孩子要学会并坚持为自己制订学习目标，包括每学年、每学期、每月、每周、每日的学习目标及具体的学习计划，学会管理自己的时间，合理安排每天的学习与生活。父母可以协助孩子把各项学习任务进行分类、排序，让孩子在有限的时间里完成最重要、最紧急的任务，提高学习和做事的效率。

（2）学会自我反思

孩子要定期总结、反省自己做的每一个决定、付诸的行动、产生的结果、造成结果的原因等，为今后的决策行为提供重要依据，并提高自我认识、主动探究、理性批判等能力，由此不断发展孩子的决策能力。

父母可以带领孩子发现生活中那些值得思考的问题，要鼓励孩子积极探索与提问，让孩子从中得出自己的判断和选择。有条件的话，家长还可以组织家庭成员每周召开一次家庭会议，家庭成员一起交流这段时间自己做过的决定以及得失，讨论自己的优点和不足，在家庭成员的建议和帮助下，调整自己的决策与行动，这也是一种互相促进的好方法。

（3）参与家庭重要事务的决策

家长应有意识地让孩子参与家庭重要事务的讨论与决策。很多家长出于对孩子的爱，总是尽力隐瞒家中遇到的窘境，只在孩子面前展现家庭幸福美好的一面。但是，孩子也可能因为这"粉饰太平"的举动而丢失了责任心和感恩心。孩子长大了，完全有责任、也有能力参与家庭重要事务的商议，分担一些力所能及的家庭压力。

例如，孩子可以参与讨论家庭收入的开销分配问题、家庭理财基金的选择问题、父母下岗后如何再就业的问

请扫描书上二维码
阅读欣赏

▼

股神之子的
音乐梦

题、自己中考后择校或就业的问题等，并提出自己的看法，和家长一起做出决定，在此过程中让孩子了解真实的生活，了解父母为这个家所付出的辛劳，同时增强孩子的主人翁意识和责任感。

【生涯实践】

我做过的重大决策

1. 描述你做过的重大决策

从小到大，我们或多或少都会自己做一些决定。请你回想一下迄今为止你人生中做过的三个重大决策，并把这三个决策按照以下要求描述出来：

（1）当时你所处的情境是什么？

（2）当时你要达到的目的是什么？

（3）当时你拥有的选择是哪些？

（4）其他人是否给过你做决策的建议？是怎样的建议？

（5）你最终做出了什么样的决策？依据是什么？

（6）这个决策对你后来的生活有怎样的作用或影响？

（7）现在你对当时的决策有什么评价？

（8）如果让你重来一次，你还会做出和当时同样的选择吗？原因是什么？

2. 分析与思考

当你完成对三个重大决策的描述之后，再综合分析一下上述三个事件中的决策有什么共同之处，从中可以看出你在做决策时有什么特点？

第二节 生涯决策方法，我选择，我坚持

> 一个成功的决策，等于90%的信息加上10%的直觉。
>
> ——S.M.沃尔森

【生涯知识】

一、生涯决策概述

1.明确自己的生涯目标

哈佛大学有一个非常著名的关于目标对人生影响的跟踪调查。对象是一群智力、学历、环境等条件差不多的年轻人，调查结果显示：27%的人没有目标；60%的人目标模糊；10%的人有清晰但比较短期的目标；3%的人有清晰且长期的目标。

25年跟踪研究的结果显示，他们的生活状态及分布现象十分有意思。

那3%的人，25年来几乎都不曾更改过自己的人生目标。25年后，他们几乎都成了社会各界的顶尖成功人士，他们中不乏白手创业者、行业领袖、社会精英。

那10%的人，大都生活在社会的中上层。他们的共同特点是，那些短期目标不断实现，生活状态稳步上升，成为各行各业的专业人士，如医生、律师、工程师、高级主管等。

占60%的模糊目标者，几乎都生活在社会的中下层，他们能安稳地生活与工作，但都没有什么特别的成绩。

剩下27%的人，几乎都生活在社会的最底层。他们的生活都过得不如意，常常失业，靠社会救济；常常在抱怨他人、抱怨社会、抱怨世界。

那么，你愿意成为其中的哪一类人呢？你想拥有属于自己的生涯目标吗？

新高考改革把更多的选择权还给学生，让学生由原来的"被"选择、"被"安排，转变为自主选择、自主决策，同时要求学生必须把个人兴趣、优势、能力与未来职业发展结合起来，选择真正适合自己的学科、专业和学校。这就要求学生必须从小具备良好的决策能力，积极探索和明确自己的生涯目标，并集中精力朝着目标不断迈进，取得人生的成功，不后悔自己当初的选择。

2. 生涯决策的定义

生涯决策是一个依据决策者自身的特性，并参照外在环境的现状与发展趋势，通过合乎逻辑的分析，最终确定未来适当的教育或职业领域的过程。

3. 决策风格

根据著名职业生涯学者哈瑞恩的研究，大部分人的职业决策方式可以归纳为以下三种类型。

（1）理性型

这种类型崇尚逻辑分析，往往在系统收集足够的自我和环境信息的基础上，权衡各个选项的利弊得失，按部就班地做出最佳的决定。

（2）直觉型

这种类型以自己在特定的情境中的感受或者情绪反应，直接做出决定。这种风格的人做决定全凭感觉，比较冲动，很少能系统地收集相关信息，但他们能为自己做出的抉择负责。

（3）依赖型

该类型决策者常常依赖他人为自己收集信息做出决定，比较被动和顺从，做选择时十分注重他人的意见和期待。他们以社会赞许、社会评价和社会规范作为做决定的标准。

4. 生涯决策的原则

著名企业生涯规划专家程社明提出选择生涯路线应当把握以下四条原则：

①择己所爱：对生涯方向和目标的选择首先要遵从个人的价值和兴趣，这样才能从职业中体会人生的价值和意义，得到生活的乐趣。

②择己所能：生涯决策还要考虑到自身的能力，任何职业都要求从业者掌握一定的技能，具备一定的能力条件，因此对于未来职业的选择，要在自己的能力和潜能范围内，并具有一定的挑战性。

③择世所需：生涯决策必须遵循社会的发展规律，分析社会的需求，适应社会人才结构的需求，否则很可能走到职业的死角，没有退路。

④择己所利：决策也是利益选择的过程，在个人利益和集体利益不相冲突的前提下，合理范围内两弊相衡取其轻、两利相权取其重，追求利益（包括物质和精神利益）最大化。

二、生涯决策的步骤

1991 年，加里·彼得森、詹姆斯·桑普森和罗伯特·里尔登合著了《生涯发展与服务：一种认知的方法》一书，阐述了一种思考生涯发展的新方法：认知信息加工理论，并将生涯决策过程分为五个步骤：沟通（Communication）→分析（Analysis）→综合（Synthesis）→评估（Evaluation）→执行（Execution），构成了决策的 CASVE 循环（图 5.1）。

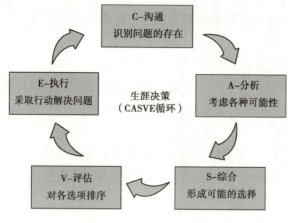

图 5.1　CASVE 循环图

1. 沟通

通过沟通让个人开始意识到问题的存在。沟通包括了内部和外部的信息交流。内部信息交流是指个体自身的身心状态，例如情绪上的焦虑、抑郁等，身体上的疲惫、头疼、消化不良等反应，这些身心状态都在提醒我们需要进行内部沟通。外部信息交流是指外界的一些对我们产生影响的信息，例如，求职时父母、老师为我们提供的各种建议。通过内外部沟通，思考和回答一个最基本的问题：此刻我正在思考的职业选择是什么？

2. 分析

对所有的信息进行分析，了解现存状态和理想状态之间的差距。一方面是认知自我，包括我的性格：我是内向还是外向？我的兴趣：我喜欢做什么？我的优势潜能：我擅长做什么？我的价值观：我最看重什么？等等。另一方面是认知环境，包括家庭环境：家庭的经济条件怎样？父母有哪些人脉资源？等等；社会环境：职业发展趋势是怎样的？不同职业对个人能力有怎样的要求？等等。思考自己的问题是否还有其他解决路径可供选择。

3. 综合

根据分析阶段得出的信息，把相关职业罗列出来，得到一个范围较广的选择列表；再选取其中的交集，不断缩小职业选择范围，最终把最感兴趣的、最有可能从事的职业限定到 3~5 个。

4. 评估

评估每种选项的优劣，评出先后顺序。在评估每种选项时，不妨问问自己：对我个人而言什么是最好的？对我生活中的其他重要的人而言什么是最好的？对我所处的环境而言什么是最好的？此外，可以采用一些常用的生涯规划工具，如生涯决策平衡单，认真思考每一选项在自己心中的权重和对自己的影响，科学地计入分值统计，由此来对所有选项进行排序，确定最适合自己的选项。

5. 执行

依照选择的方案开展行动，制订详细的计划，落实自己选择的目标。此外，解决一个生涯决策问题可能会带来新的决策问题，需要重新回到沟通阶段，重新开始 CASVE 循环，解决新的决策问题。

三、生涯决策的方法

1. 生涯决策平衡单

生涯决策平衡单是一种常用的决策工具，可以帮助我们分析各种相关因素。完成决策平衡单的基本步骤如下：

①将你的各种生涯选择水平排列在决策平衡单的顶部。

②在平衡单的左侧，垂直列出你在"自我物质方面的得失""他人物质方面的得失""自我精神方面的得失""他人精神方面的得失"四个方面的考虑因素。

③给各种考虑因素按 1-5 的等级分配权重。一项因素的重要性越大它的权重就越高。"5"为最高权重，表示"非常重要"，"3"代表"一般"，而"1"代表"最不重要"。

④按照各项生涯选择满足个人考虑因素的程度，进行打分。分值在"-5"到"+5"之间。其中"+5"表示"考虑因素在该生涯选择中得到了完全的满足"，"0"表示"不知道或无法确定"，而"-5"表示"考虑因素完全未能得到满足。"

⑤将各项生涯选择的得分与各项考虑因素的权重对应相乘进行计分。

⑥将每一选择下所有的正负积分相加得出它的总分，对所有总分进行比较和

排序。

比如某学生学的是教育技术学专业，性格外向，喜欢与人交往，口头表达能力很强，是学院的学生会干部，具备较强的组织能力。以下是该学生利用生涯决策平衡单做出的职业决策（表5.1），仅供参考。

表5.1　某学生的生涯决策平衡单

考虑因素 / 选择项目	权重 1~5倍	中学教师 +	中学教师 −	销售总监 +	销售总监 −	考研 +	考研 −
个人物质方面的得失　1. 符合自己的理想生活方式	5		3	9			5
个人物质方面的得失　2. 符合自己的处境	4	8		9		7	
个人物质方面的得失　3. 有较高的社会地位	3	5			3	9	
个人物质方面的得失　4. 工作比较稳定	5	9			9	9	
他人物质方面的得失　1. 优厚的经济报酬	4	5		8		5	
他人物质方面的得失　2. 足够的社会资源	5	8		7		9	
个人精神方面的得失　1. 适合自己的能力	4	8		9		7	
个人精神方面的得失　2. 适合自己的兴趣	5	5		9			8
个人精神方面的得失　3. 适合自己的价值观	5	6		8		5	
个人精神方面的得失　4. 适合自己的个性	4	7		9		6	
个人精神方面的得失　5. 未来发展空间	5		3	8		9	
个人精神方面的得失　6. 就业机会	4	3		8			
他人精神方面的得失　1. 符合家人的期望	2	7		5		9	
他人精神方面的得失　2. 与家人相处的时间	3	6		4		9	
总分		281		345		319	

该同学的决策方案得分由高到低分别是：市场销售总监＞考研＞中学教师。在进行职业选择时，该同学最看重的职业特征是：是否是自己理想的生活方式、工作是否稳定、是否符合自己的兴趣和价值观、未来是否有发展空间等方面。

2. SWOT 分析法

在企业管理学中有一个很有用的决策工具，叫 SWOT 分析法，在企业决策前用这个工具去分析，看看自己的优势是什么，劣势是什么，机会在哪里，面临哪些威胁，这有利于企业做出正确的判断与决策（表5.2）。

表5.2　SWOT 分析法模型

内部环境因素	外部环境因素
优势因素（S） 分析自己内在资源方面的优势，如学习兴趣、基础、能力特长等	机会（O） 分析自己面临的外部环境的有利因素，如师资、家庭支持、学习条件、招生录取等
劣势因素（W） 分析自己内在资源方面的劣势，如学习兴趣、基础、能力特长等	挑战（T） 分析自己面临的外部环境的不利因素，如师资、家庭支持、学习条件、招生录取等

举例：某学生学的是环境设计专业，在校期间专业成绩优秀，一直担任学生干部。现在，他面临毕业，想找一份与专业相关的工作。他通过 SWOT 分析法帮助自己进行职业决策，仅供参考（表5.3）。

表5.3　SWOT 示例表

内在因素 外部因素		优势因素（S） （1）专业成绩优秀 （2）学生干部经历 （3）设计实践经验 （4）人际关系和谐	劣势因素（W） （1）缺乏工作阅历 （2）性格急躁，容易冲动
机会 （O）	（1）环境设计方面人才需求旺盛 （2）环境设计行业发展前景不错 （3）环境设计专业人才较受重视	"优势—机会"策略 （1）发挥专业优势，融入企业 （2）发挥担任学生干部的优势	"劣势—机会"策略 （1）增加跨行业经验 （2）学习职业技能课程 （3）完善自身性格
挑战 （T）	（1）设计行业竞争激烈 （2）区域经济形势不乐观 （3）企业看重经验与专业能力	"优势—挑战"策略 （1）准确定位竞争优势 （2）强调自身经验能力 （3）合理明确职业定位	"劣势—挑战"策略 （1）克制冲动的个性 （2）专业细分，差异化竞争 （3）积极寻找发挥优势的机会

通过 SWOT 分析，该学生做出的职业生涯决策是：定位于本区域内房地产设计服务公司，从事具体的规划设计工作，在工作中进一步提升自己。

请扫描书上二维码
阅读欣赏
▼

帕瓦罗蒂的
人生选择

【生涯实践】

我的决策类型

你的生涯决策方式属于哪种类型呢？不妨通过下面的测试题对自己的决策类型做一番了解。

决策类型测试题

问项	测评内容	完全不是	不是	一般	经常	完全是
		1（分）	2（分）	3（分）	4（分）	5（分）
1	在选择学校和专业时，我属于考虑各项要素并自行做出决策的类型	1	2	3	4	5
2	在做职业生涯相关的决策时，我希望父母或专家能替我做决策	1	2	3	4	5
3	在做重要决策时，相对于仔细考量各要素，我更偏向于跟随内心的感觉来决策	1	2	3	4	5
4	在进行职业生涯决策时，与仔细斟酌各项现实要素相比，我认为选择我想要做的更重要	1	2	3	4	5
5	在做出职业生涯决策时，收集与现状和未来相关的信息，并以此信息为基础决定希望的职业或学校是最正确的	1	2	3	4	5
6	我属于冲动做出决策的类型	1	2	3	4	5
7	在做职业生涯决策时，我会慎重考虑我的选择将会对我的未来产生的影响	1	2	3	4	5
8	要好的朋友们的职业生涯选择对我的职业生涯选择起着很大的影响	1	2	3	4	5
9	我有点畏惧自己做出职业生涯相关决策	1	2	3	4	5
10	在做决策时，我不会花费很长时间冥思苦想，我属于根据直觉快速做决策的类型	1	2	3	4	5

续表

问项	测评内容	完全不是	不是	一般	经常	完全是
		1（分）	2（分）	3（分）	4（分）	5（分）
11	在做出职业生涯选择时，我属于随自己的情感或情绪反应而动的类型	1	2	3	4	5
12	我认为父母或兄长比我更能正确地判断我的职业生涯	1	2	3	4	5
13	对于我的职业生涯，即使再小的事情我都会搜集很多信息或多处咨询后做出选择	1	2	3	4	5
14	不管什么事情，我都不会详细了解，而属于根据心情很容易做出决策的类型	1	2	3	4	5
15	对于我要选择的职业生涯，如果身边的人认为不好，我就会对我的选择进行调整	1	2	3	4	5
16	因为难以做出职业生涯决策，因此一拖再拖	1	2	3	4	5
17	在做重要的决策时，会比较分析几种方案各自的优缺点	1	2	3	4	5
18	在做重要的决策时，尽可能搜集足够多的信息后再做判断	1	2	3	4	5
19	在做职业生涯选择时，比起客观地分析信息，听听我内心的声音是更正确的	1	2	3	4	5
20	为了我的职业生涯，建立具体的计划是非常重要的	1	2	3	4	5
21	如果一些重要的人士反对我所做出的职业生涯决策，我就会放弃	1	2	3	4	5
22	与其想象做出错误的职业生涯决策之后的样子，不如想象做出正确决策时的样子并进行选择	1	2	3	4	5
23	即使我自己做出了合理的决策，但只要父母不予认可，我就会感到不安	1	2	3	4	5
24	因为未来的职业生涯是无法预知的，比起合理的选择，感觉或直觉更为重要	1	2	3	4	5

续表

问项	测评内容	完全不是 1（分）	不是 2（分）	一般 3（分）	经常 4（分）	完全是 5（分）
25	因为我现在做出的职业生涯决策对将来的人生非常重要，一定要以充分的信息为基础慎重选择	1	2	3	4	5
26	我忠实于我的情感并据此做出决策，而且通常情况下会满足于这种结果	1	2	3	4	5
27	我并不确信我是否做出了很好的决策	1	2	3	4	5
28	即使与职业生涯相关的一次微小的选择，也是一种对未来进行设计的重要过程	1	2	3	4	5
29	因为父母的经验和知识比我丰富，即使不合我意，我认为也应该接纳父母的意见	1	2	3	4	5
30	在做职业生涯选择时，不应勉强接受父母的建议，应该以我的性格和兴趣、职业相关的客观的信息为基础做出决策	1	2	3	4	5

2.将上面表格中各类型对应的问题项所标记的分数填入下表并相加，合计分数最高的类型就是你的职业生涯决策类型。

理性型	问项	1	5	7	13	17	18	20	25	28	30	小计
	答											
直觉型	问项	3	4	6	10	11	14	19	22	24	26	小计
	答											
依赖型	问项	2	8	9	12	15	16	21	23	27	29	小计
	答											

我的职业生涯决策类型是_____。

第三节　中考决策初探，未来的路怎么走

【生涯名言】

> 对于每一个人，他所能选择的奋斗方向是宽广的。
>
> ——爱因斯坦

【生涯知识】

一、初中毕业，未来的路我们该怎么选？

随着我国教育体制的不断完善，学生初中毕业后的发展道路越来越多样化，常见的几种出路如：就读高中、就读五年制大专、就读中等职业学校、出国留学、就业或创业等。学生的选择变多了，选择的难度也加大了。初中毕业对于学生来说，是其人生长河中一次重要的分流，选择是否恰当，关系着学生今后的发展。

1. 重点高中或非重点高中？

继续就读高中，是大多数学生的选择。而重点高中，更是让很多家长和孩子趋之若鹜，更有人说：进入重点高中，就等于半只脚踏进了重点大学的门。

相比非重点高中，重点高中确实有着比较明显的优势。一是重点高中有着良好的学习氛围，能够激发孩子的上进心，催促孩子奋发图强、力争上游。二是重点高中的师资力量比较雄厚，教师普遍学历较高、见识广博、专业能力和综合素质较高。三是重点高中拥有比较丰富的教育资源，能够为孩子提供大量学术交流、素质拓展、社会实践的机会，促进学生全面发展。因此，如果孩子的学习成绩比较稳定，而且学习愿望强烈，就应该努力争取考入重点高中，让自己能够在更好的学习环境中谋求更好的发展。在条件允许的情况下，家长也可以帮助孩子争取进入重点高中学习的机会。

需要强调的是，重点高中固然有其强劲的优势，但并不是所有的孩子都适合就读重点高中。孩子是否以重点高中作为自己的升学目标，关键在于正确评估自

己的学习能力、学习状态等。家长如果不顾孩子的实际情况，一味地让孩子上重点中学，其结果可能适得其反，不利于孩子的学习和成长。我们不妨来看看下面两个案例，也许能够给家长和孩子一点启发。

案例一：某男生在初中时成绩属于中上等，想要进入本市的重点高中难度较大。而他的父母特别希望他能上重点高中，于是想尽各种办法，终于让该男生搭上了重点高中的列车，还过关斩将进了重点班。

进入高中没多久，该男生就得了一种"怪病"：总想照镜子，越是要读书、写作业时，越控制不住地照镜子。大家都笑话他"变态"。该男生也被这种"怪病"折磨得筋疲力尽，无法集中精力学习。原来，这所重点高中的重点班实行"淘汰制"，每学期期末考试后都要淘汰一些成绩不够好的学生到普通班。该男生学习成绩中等，在重点班压力非常大，他害怕被淘汰，极度的压力导致了焦虑，继而引发了"照镜子"的强迫症。

案例二：北京有一位母亲把她陪伴女儿参加中考的经历写成了一本书——《陪伴孩子轻松走过九年级》，在书中，这位母亲提到她的女儿中考成绩非常好，超出了北京两所顶尖学校的录取分数线。但是，这位母亲和她的女儿最终却选择了一所普通高中。原因在于，母亲和女儿一起分析后认为，女孩不属于"牛娃"，也不是那种特别用功的孩子，母亲不想让女儿在高中承受巨大的压力，也不希望女儿把所有时间、精力都用在高中三年的拼搏上，她希望女儿在高中能够"学有余力"，得到全面发展，让女儿在高中既过得快乐又学得快乐。

这两个案例反映了在报考重点高中这个问题上，家长和孩子两种截然不同的态度与选择，以及由此带来的两种截然不同的结果。这也充分说明，家长和孩子都必须理智选择高中，重点高中并不是唯一的目标，适合孩子的才是最好的。建议家长放下"名校情结"，理性地帮助孩子正确评估自己的学习能力、学习意愿、目标理想等，在此基础上协助孩子选择适合自己的学校。同时，家长要用平和、积极的心态来鼓励孩子，减轻孩子的学习压力，让孩子轻装上阵，相信孩子能够凭着自己的努力考取理想的学校。

2. 普通高中或职业学校？

上普通高中还是职业学校，是很多孩子面临的选择。怎么选择才是对孩子有利的？知名学者方舟总结了四种情况。

第一，学习能力不强，但动手能力强、爱劳动的孩子，可以选择一所职业学校。如果孩子学习能力确实不强，即使勉强进入普通高中，可能只是浪费了高中三年时光，学习吃力不说，考大学也可能高不成低不就，更不利于孩子今后的发展。第二，对于学习能力一般，而他自己想要上职业学校的孩子，如果他确实是认真为将来打算，并不是想到职业学校混日子，那家长应该尊重孩子的想法，和孩子认真商量后做决定。第三，对于学习能力不错的孩子，家长应尽量支持他们选择普通高中。第四，对于具有学习潜能又想继续深造的孩子，选择普通高中是非常合适的，孩子在高中三年很有可能在学习上完成质的飞跃。

很多家长都不希望孩子上职业学校，觉得没有前途。但事实上，国家正在大力发展中等职业技术教育，陆续出台了《国务院关于加快发展现代职业教育的决定》《现代职业教育体系建设规划（2014—2020 年）》等文件，给予中等职业技术教育更多政策与资金支持。而且职业技术岗位对人才的需求量较大，中职学生的平均就业率较高。中职学生也拥有自己的升学通道，例如就读高等职业学校，参加成人高考等，只要肯学习，处处都是机会。

因此，家长和孩子不要死守"普通高中"这一条路，要有长远眼光，关注孩子的长远发展而不仅仅是眼前的升学，要相信"条条大路通罗马"，即使学习成绩不够理想，依然可以有很多新选择，未来依然可以很精彩。如果孩子希望就读职业学校，家长应给予尊重和信任，并帮助孩子收集相关信息，协助孩子选择他们喜欢的且适合他们的学校和专业，这样孩子会更有发展后劲，更有希望闯出一片新天地。

3. 统一招生或自主招生？

近年来，全国各地陆续推出中考改革方案，旨在逐步建立一个"初中学业水平考试成绩 + 综合素质评价"的高中招生录取模式，改变目前高中招生将部分学科成绩简单相加作为录取唯一依据的做法。例如，北京市教委制定了《关于进一步推进高中阶段学校考试招生制度改革的实施意见》，从 2018 级初一新生起施行。推行初中学业水平考试，将初中毕业考试和高中招生考试合二为一，将普通高中招生方式整合为统一招生、校额到校、自主招生三类。

其中，自主招生是学生发挥优势特长，进军重点高中的重要途径。如果学生在校学习成绩优异，且有比较突出的优势特长，综合素质优秀，可以考虑参加高中名校的中考自主招生，将有机会以低于该校中考录取分数线几十分的成绩被录取。如果学生未通过自主招生考试，仍可以正常填报中考志愿，继续参加中考统一招生。

自主招生报名条件如下：

①初中毕业学生且综合素质评价结果等级不少于 3 个"A"，并不得有"D"的方可报名；

②参加自主招生的学生，品学兼优，或在某一学科、某一领域（如创新发明、信息技术、自然科学、文学创作等）具有明显的学习潜质或才能；

③参加自主招生学生必须参加全省统一中考。

如果学生有意向参加名校的自主招生考试，必须提前规划和准备，既要保证优异的学习成绩，也要培养突出的优势特长，还要积极参加社会实践活动，为综合素质评价做好准备。例如，根据北京市中考改革规定，初中生综合社会实践活动每学年不少于10次，活动情况将记录在"北京市初中综合社会实践活动管理服务平台"。

4. 国内升学或出国留学？

教育部发布的《2016年基础教育发展调查报告》显示，小留学生已经成为出国留学增长的引擎，有越来越多的家庭选择让孩子初中毕业后出国留学。初中毕业后是否选择出国留学？家长和孩子应该综合考虑孩子的特点和家庭的情况，慎重选择。

除了家庭经济条件外，影响家长和孩子做出国留学决定的关键在于孩子是否具备留学的能力。一方面，由于文化背景、国别地域、生活习惯等方面的差异，出国留学对学生的适应能力、人际交往能力、抗挫能力等心理素质提出了较高要求，如果孩子不具备较强的心理素质，很可能因为无法适应国外新环境，缺少朋友等问题，而产生焦虑、恐慌、寂寞等不良情绪，甚至要靠迷恋网络游戏等方式来排遣孤独。

另一方面，孩子孤身一人出国留学，一个人在国外生活，这对于他们的自理能力、自我管理能力、自我保护能力等方面提出了极大的考验，如果孩子不具备优秀的生活能力，是很难在国外生活下去的，更别提完成学业了。

此外，国外的教学理念、教学方式，以及对学生能力和素质的要求，都和国内有较大区别。这就要求孩子必须具备优秀的思维能力和学习能力。

因此，家长和孩子不要盲目跟风，更不要把留学当作缓解中考升学压力的捷径，必须经过慎重考虑，做出最适合孩子的决定。

二、中考志愿填报技巧

1. 知己知彼，自主决策

在填报中考志愿时，孩子必须做到知己知彼，心中有数。这样才能增加考取理想学校的概率。首先，孩子要正确认识自己，了解自己的兴趣、优势，准确把握自己的学习成绩在班级、年级，甚至在区里的位置。

其次，孩子平时要多了解相关政策，注意查看相关学校"招生简章""招生报考指南"以及《中考特刊》等相关材料，和家长一起参加学校召开的报考辅导会，从正规渠道了解报考信息。还应了解各个学校的情况，特别是孩子心仪的学校的情况，例如该校的地理位置、交通状况、办学特色、师资力量，以及该校近几年中考录取分数线等，最好是通过身边进入该校学习的学姐学长来获取相关信息。

需要强调的是，选择学校、填报志愿是孩子自己的事情，孩子可以向老师、父母和其他人请教、听取他们的建议，但最终的学校选择权应把握在孩子手中，由孩子来决定他们未来的路。家长不宜过度干预，甚至独断专行。

2. 排好志愿顺序，增加录取机会

由于中考招生录取原则是从高分到低分，按照学生志愿顺序进行录取。因此，志愿顺序一定要从高分到低分顺序排列，否则可能会出现学生考出高分却被更低一个档次的学校录取的情况。

在填报第一志愿时，学生应遵循"跳一跳，够得着"的原则，填报比自身历史最高成绩高一个档次甚至两个档次的学校，或者是自己心仪的学校。

例如：某学生历史最高成绩折算500分，而他最心仪的甲学校近年来一般录取成绩在520~530分，这时候，他可以将甲学校列为第一志愿。

填报中间志愿时，第二、三志愿应是学生自己喜欢，自己的平时成绩能够达到的学校。第四、五志愿应是学生考试发挥差一些时能够达到的学校。第六、七志愿应是学生发挥不正常的情况下能够达到的学校。

最后一个志愿，也就是兜底学校，选择的时候要按照学生发挥极度失常来选择，按照出现特殊情况来选择，要确保兜得住这个底。

3. 各个志愿之间要拉开合理的差距

中考录取是按照分分清的原则进行录取的，如果学生各志愿之间的差距不合理，要么白白浪费志愿，要么造成成绩和录取学校不匹配的现象。

例如，某学生的第二、三、四志愿，上一年度的录取分数线分别是511、510、502分，这就是不合理的顺序，如果511分不能被录取，那么510分也很可能不会被第三志愿录取，而第三、四志愿之间的差距过大，这中间的学校就与该学生无缘了。

4. 遵循就近入学原则

中学生正处在能力培养、品行塑造的重要阶段，离不开父母、老师的关心和帮助。因此，建议家长和孩子选择离家较近的学校，既便于父母和学校的老师进行家校沟通，也使孩子在父母的照顾和引导下健康成长。

【生涯实践】

中考志愿决策平衡单

请扫描书上二维码
阅读欣赏
▼

中考731分！
张渝的秘诀：
所有问题一定
当天解决（节选）

请你模拟中考志愿填写过程，尝试使用决策平衡单来决定各个志愿学校的排序。

第一步，列因素。先制作一个平衡表，将影响志愿学校填报的各种因素列举出来，写在"考虑因素"栏中。

第二步，赋权重。对每一个"考虑因素"的重要性按1—5的等级分配权重，重要性越大，它的权重就越高；反之不重要，权重就越低。从"最不重要"到"最重要"依次记1—5倍，记入"权重系数"一栏。

第三步，打分。按照"考虑因素"，分别对各个志愿学校打分，从"完全不符合"到"完全符合"依次记1—10分。

第四步，计分。合计每个项目加权后的分数，即因素分 × 权重分。计算各个志愿学校的总得分，然后按照得分高低将志愿学校进行排序，这样就能够得出你的第一志愿学校，以及其他志愿学校的高低排序。

科目 权重 考虑因素	权重系数 （1—5）	__学校	__学校	__学校	__学校	__学校	__学校
符合兴趣							
符合职业方向							
目前成绩							
录取比率							
学习氛围							
学校特色							
师资水平							
离家远近							
家长倾向							
同伴建议							
……							
总分							
排序							

【生涯名言】

决策者的大智，指具有相当的专业知识，大慧指有智慧也有德行，三者合一，才是大智大慧做决策。

——曾仕强

【生涯知识】

党的十八届三中全会强调"推行初高中学业水平考试和综合素质评价"，近几年，随着中考改革的积极探索与推进，自主招生、综合素质评价等方式成为高中、中职学校选拔优秀人才的重要方式。其中，面试是了解人才、发掘人才的重要环节，是笔试的重要补充，主要考查学生的心理素质、知识掌握和应用能力、口头表达能力、逻辑思维能力、创新思维能力、学术发展潜力、随机应变能力、想象力，以及仪表举止、气质修养等多方面素质，能够有效避免高分低能者和冒名顶替者。如果想要在中考面试中脱颖而出，成功晋级名校，学生应尽早准备，努力做好以下环节。

一、给考官留下良好的第一印象

在面试中，主考官对考生的评价不是从回答问题开始的，而是从考生走进考场的那一刻，考核就开始了。考生的形象、着装、谈吐、动作、落座方式、站立方式等细节，都会影响考官对考生的第一印象。

1. 讲究卫生，着装得体

首先，考生要讲究个人卫生。例如，保持口腔清洁，无异味，无食物残渣，面试当天忌吃大蒜、韭菜等有异味的食物；保持头发清洁，不染发、烫发，避免头皮屑留在头发或衣服上；保持身体清洁，没有汗味或其他异味；保持服饰清洁，避免衣服、鞋袜等有明显的褶皱、污渍或破损。

其次，考生可以选择自己喜欢的、适合个人气质的衣服，整体着装搭配要自然得体，清新大方，符合年龄和身份特征。同时，应避免穿校服，以免暴露学校信息，也不宜穿过于休闲或标新立异的衣服，不宜佩戴饰品。

2. 仪态端正，举止有礼

考生在考场上要注意保持良好的站姿、坐姿、走姿，言谈举止要谦和有度，彬彬有礼，给考官留下一种端正文雅、自信沉稳的印象。具体而言，考生进入面试室，要轻敲两三下房门，听到说"请进"后，方可轻轻推门，步伐稳健地走进考场，并轻轻关门，走到指定的位置，向考官微微鞠躬行礼。站立时，男生应双腿自然开列，躯干挺直，女生应双腿靠拢，挺胸、收腹、立腰。

待考官说"请坐"后，考生应说一声"谢谢"。若需要挪动椅子，不要拉动，而要轻拿轻放，以免制造噪声。落座只坐椅子的三分之二，不要靠椅背，上身挺直，略微自然前倾。双脚并拢，切忌跷二郎腿或抖动，双手放在大腿上或考桌上，随身带的纸和笔也放在考桌上，手势运用要得体，不宜夸张，要自然、真诚地向老师展示自己。

面试结束时，考生如果感觉不错，不可得意忘形；如果感觉不理想，也不必把失望挂在脸上。离开时，要微微鞠躬，说一声"谢谢"，将椅子轻轻放回，善始善终，体现个人教养。

考生平时模拟面试训练时，可以对着镜子练习和调整自己的表情、仪态、动作，努力塑造一种自信、沉着、充满朝气的精神面貌。

二、自我介绍，打好面试第一枪

自我介绍是常规面试的开场白，直接影响考官对考生的整体印象以及后续面试的发挥。考官留给考生自我介绍的时间不长，一般控制在 1~3 分钟，所以考生必须利用有限的时间画好"自画像"，向考官展现一个真实的、积极向上的考生形象。

1. 开门见山，实事求是

由于时间有限，考生应在简单介绍自己后，开门见山地用凝练的语言阐明自己选择目标学校的愿望和原因。同时，实事求是地介绍自己的成长经历、个性特长、所获荣誉等，切忌夸大其词、弄虚作假。

2. 全面介绍，有所侧重

考生可用概括的语句描述自己在德智体美劳等方面的表现，向考官展现一个全面发展的自己；又要有所侧重地介绍自己在某一方面的特长或能力，例如优势学科的获奖情况、艺体特长、劳动方面的积极表现等，充分向考官展示自己的特点与亮点。

3. 举例说明，表达得体

考生可以列举一些个人成长中比较重要的案例，使自己言之有据，也有利于吸引考官注意，引发考官共鸣。同时，考生在表达时要尽量少用"嗯""啊"等习惯性语气词，保持适中的演讲速度，在讲到重要内容时，可加重语气，说话速度适当放慢，并用目光扫视场内考官，用眼神传情达意。

4. 收尾有力，提升高度

自我介绍的结尾，应照应开头、总结全篇、深化主题，尽量提升思想高度，切忌虎头蛇尾、啰唆拖沓。

三、面试的主要形式与应对技巧

1. 三对一谈话面试

各学校普遍采用这类面试，面试时长为 10~30 分钟。考官一般会从考生的基本情况开始提问，进而延伸到考生的知识储备、个性特长、学习能力、心理素质、价值观等方面。考生对于这类问题的准备要和自己的自荐材料以及面试时的自我介绍结合起来，材料上的任何一个字都有可能是考官发问的对象，建议考生在备考时请家长或老师反复研究自己的材料，从中提出若干个问题进行模拟问答，精心做好准备。

面试真题：《西游记》中的唐僧、孙悟空、猪八戒、沙僧，你最喜欢谁，为什么？

本题妙在把考生的性格、价值观判断和名著阅读结合在一起。考生选择谁不重要，重要的是，能否分析出他身上的优缺点，考官可以从中看出考生的价值观。考生喜欢某个角色，首先要准确认知该角色，说出他的优点，认识他的不足。除此之外，还要说出不喜欢其他角色的理由，这样才算是完整的回答。

2. 辩论面试

参加这类面试的考生会被分成一些人数相等的小组，一般每组 4 人，每次有两组考生参加面试。首先，考官会向两组考生说明面试规则，发放辩论题目，指定或随机确定正反方。得到辩题后，两组考生会有 5~10 分钟准备时间。一般辩论会进行 30 分钟左右，每位考生有 1~3 次发言机会，每次 1~3 分钟。参加这类面试，考生要注意以下几点：

①发言时要言简意赅，切忌滔滔不绝，啰唆重复。

②发言时要有理、有据、有节。考生要阐明自己的观点，但不要把自己的观点强加给对方。对对方辩友要尊重、有礼貌，切忌人身攻击。

③要静心、虚心地听清对方的观点，这样才能有理有据地进行反驳。同时，坚定自己的立场，不以辩赢对方为唯一目的，而是全力在考官面前展现自己的德行素养和风格气度。

④不抢话，让对方说完了自己再说；不长篇大论，说明问题即止；学会照顾全组，既要充分展示自己，也要给同组的其他考生表现的机会。

面试真题: 国产动画电影《哪吒之魔童降世》上映后累计票房超过 7 亿，"国漫之光""燃爆了""年度最佳"等评价多多……

电影《哪吒之魔童降世》的成功，在于将传统神话故事进行创造性改编，找到"破"与"立"的平衡点，将耳熟能详的故事改编得既有新意又有寓意，甚至让观众喜欢上一个新的哪吒。电影最打动人的是哪吒不顾一切和命运反抗的精神，引起共鸣的一句话就是"我命由我不由天"。

有人这样评论	也有人这样评论
这体现了"对抗命运、遵从内心、世人不必理解、不信上天注定，我们要的是走自己的路"的理念，因此很符合现在追求独立人格的年轻人的胃口	"我命由我不由天"是一个伪命题。稍有阅历的人都不会否认，个人的发展和命运走向会受外界因素的干扰，也不是所有的努力都能换来预期的结果

你怎么看待"我命由我不由天"这句话？请谈谈你的理解与认识。要求观点明确，分析透彻，逻辑严谨。

这是一个富有辩证思想的话题，考生可以从以下角度分析：①命运终究掌握在自己手里。没有人可以否定你的人生，能决定你命运走向的人只能是你自己。守住内心，不顾一切地努力，也许不能够如愿地改变命运，但是可以做的就是不认命。②人可以改变命运。人不能百分百决定自己的命运，因此常常会感到无力，感到困惑。但相应的，人也可以通过自己的努力让自己在现有的基础上得到改善。③现实生活中很多人相信命运，屈服于老天的安排，每每发生糟糕的事情，就会觉得这是天意，其实这是一种非常悲观的想法，人在逆境的时候，就需要有哪吒这种"我命由我不由天"的坚定意志，才能突破枷锁做回自己。

3. 无领导小组面试

无领导小组讨论指多个考生组成一个小组，小组没有指定领导者，大家在一起平等地讨论抽到的问题。多个面试官旁观，观察考生的自信力、表达能力、辩论说服能力、组织协调能力等，看谁能从中脱颖而出，成为自发的领导者。

首先，考生要根据自己的性格特点、现场情况，选择适合自己的角色，是领导者还是参与者。当团队中有比自己适合的领导者时，可以把领导权让给他，自己积极配合，一个积极的参与者同样能在考核中得到高分。

其次，考生要把握好自由讨论的技巧。例如，学会对话题进行多角度、多层次分析，包括外部和内部原因、主要和次要原因、历史和现实原因等，打开了思路，考生才能有话说。

如果对抽到的问题比较有把握，考生可以先发制人，抢先亮出观点，这样不仅给考官留下深刻的印象，还可能引导其他考生的思考方向。

考生应学会倾听，摄取他人观点中对自己有用的信息。

考生应积极发言，争取多次发言，每次发言简短有力。同时，注意把握发言的时机，可以运用先肯定后转折的技巧，先对其他考生的发言予以肯定，使对方处于轻松、易于接受信息的心理状态，再委婉地说出自己的反对意见。

考生要控制好自己的情绪，切忌因为与他人观点不一致而针锋相对、恶言相向，要始终保持平和的态度，有礼有节。

在讨论过程中，考生可以随着讨论的深入而改变自己的观点，但必须对自己的新观点进行明确说明，切忌做没有主见的"墙头草"，只是对其他人的观点简单附和、随意追随。

最后，抓住总结陈述的机会，为自己的表现加分。目前，总结陈述的主要模式是由小组推选出一个人来总结陈述。如果考生被推举出来进行总结陈述，应将小组讨论结果进行整合归纳，条理清晰、声情并茂地向考官汇报小组讨论结果。

需要提醒的是，在整个讨论中，考生务必不要对考官察言观色，而要把注意力集中在小组的讨论上。

四、面试考查考生的思维能力

升学面试重点考查的是考生的思维能力。从近年的面试题看，着重考查考生的逻辑思维能力、辩证思维能力、批判性思维能力，强调思维的深刻性。

1. 逻辑思维能力

逻辑思维，即以问题搭建思维框架。回答问题可分为三个环节，即"是什么"（问题阐释），"为什么"（原因分析），"怎么办"（措施分析），从而条理清晰、有深度地辨析问题、解决问题。

面试真题：屠呦呦获得诺贝尔医学奖，但不如黄晓明的婚礼受人瞩目；王宝强与马蓉离婚案霸屏数周，几乎遮盖了奥运会的光芒。对此，你怎么看？

先回答"是什么"（问题阐释）。当下是娱乐至上的时代，几乎一切均以娱乐为中心，而其他值得关注的社会现象，往往被娱乐明星的光芒遮盖。

再回答"为什么"（原因分析）。从媒体层面看，新闻的传销量、点击率、收视率成为评判媒体优劣的标准；媒体人欠缺职业良知、职业精神，迎合低俗口味，一味媚俗，本末倒置。从社会层面看，商品经济背景下，人们生活节奏快，心态浮躁；大众的人文素养、科学精神缺失，从而滋生猎奇的心态、对他人隐私的偷窥欲。

最后回答"怎么办"（措施分析）。就媒体而言，不能过度商业化，应端正新闻态度，倡导和践行社会主义核心价值观。就社会而言，应摒弃娱乐至上的不良风气，提高大众的人文素养、科学精神。对此，我们也有责任，应该从我做起。

2. 辩证思维能力

辩证思维，即"两点论"，既要看到好的一面，又要看到不好的一面。

面试真题：假如用一种植物比喻中国人的国民性，你会选择什么？为什么？

可以选择草。用歌曲《小草》的歌词为证，"没有花香，没有树高，我是一棵无人知道的小草"，这符合中国人比较缺乏个性、不追求"敢为人先"的特点。"从不寂寞，从不烦恼"，中国人往往安于现状，比较缺乏忧患意识。但是，"你看我的伙伴遍及天涯海角"，中国人的生命力却特别顽强，绝不是异族敌国可以侮灭的。这样的思辨分析，既指出中国国民性的不足，又看到可贵之处。

3. 批判性思维能力

所谓批判性，不是一概否定，而是分析判别，强调反省、质疑、反驳。

面试真题：有一句名言"细节决定成败"，你怎么看？

一般说来，"细节决定成败"是一个伪命题。决定成败的不是细节而是"大节"，是全局，是战略。比如，打败日本侵略者，凭什么？凭的绝不是什么细节，而是中国人民14年的浴血奋战。再如，我们今天能参加面试，凭什么？凭的绝不是什么细节，而是优异的考试成绩以及优秀的综合素质。由此可见，"细节决定成败"是站不住脚的，如果要让它成立，那也得附带许多偶然的条件。

4. 思维的深刻性

思维的深刻性，就是要把握思维对象的本质。事物的本质是隐蔽的，是通过现象来表现的，必须透过现象掌握本质。

面试真题：如果孔子和老子打架，你会帮谁？

可以回答帮老子。老子主张清静无为，孔子主张积极入世。因此，老子不会打孔子，而孔子会打老子。不过帮老子并不是帮老子打孔子，孔子主张"中庸"，他打老子，下手不会很重。而我会劝告孔子，"君子动口不动手"，动手打人有损教育家的风范。然后建议二位文化宗师珍惜春秋时期百家争鸣的大好局面，握手言和，共建中华文化。

也可以说帮孔子。老子主张绝圣弃智，否定事物的区别，而孔子为了教育老子，会一边打一边说："打就是不打！"当然，我不会帮孔子打老子，我会告诉老子："君子之过也，如日月之食焉。过也，人皆见之；更也，人皆仰之。"然后建议二位文化宗师珍惜春秋时期百家争鸣的大好局面，共建中华文化。

此题似乎是"神题"，有点搞笑，实质是考查我们对儒家文化和道家文化的了解，这就是透过现象看本质，体现了思维的深刻性。

五、做好面试的心理准备

考生在考场上出现紧张、焦虑的情绪是正常的。但有些考生因为过度紧张、自信心不足而出现心慌、出汗、头脑空白、词不达意等情况，则可能影响面试的正常发挥，那就得不偿失了。因此，面试前，考生应做好必要的心理准备。

1. 养成良好的生活习惯

在紧张的备考阶段，考生应保持良好的生活习惯，让自己始终处在生活规律、张弛有度的状态，从而放松身心。例如，坚持体育锻炼，注意合理的营养搭配，按时作息，保证充足睡眠，紧张的学习之余听听音乐，和朋友聊聊天，做到劳逸结合等。

2. 通过反复练习，建立自信心

考生在备考阶段要反复进行面试的模拟演练，做好知识储备，矫正不恰当的言行，做到心中有数，自信心自然就增强了。

同时，加强考生在日常生活中的自信心训练，例如，每次上课发言尽量第一个举手；每次回答问题都声音洪亮等。并经常进行积极的自我暗示，例如，"我很擅长与人沟通。""我知道我要讲什么，我早就准备好了。"

在面试过程中，考生可以通过以下方式来建立自信心，例如，昂首挺胸，保持微笑，发言之前深吸几口气，不要急于开口，先环视考官，寻找一个亲切的面孔，然后大声发言。

3. 做好面试前的情绪调控

面试前，考生要提前熟悉考场环境。面试当天，提前半小时到场即可，避免因为找不到考场或者等待面试时间过长等而造成紧张气氛。

面试前，考生可以听听音乐、看看漫画、欣赏一下风景，或者小口地喝点水，与他人闲聊几句，分散一下对紧张情绪的注意力。进入考场前，考生可以做几次深度腹式呼吸，有助于缓解紧张，稳定情绪。

请扫描书上二维码
阅读欣赏
▼
15 岁中国女孩，凭借什么扭转美国面试官的刻板印象？（节选）

【生涯实践】

某中学的面试题集锦，你能答出几道题呢？

1. 学习高分是不是就是高能？
2. 最尊敬的科学家。
3. 对自己小学校训的理解。
4. 文科和理科是否有关系。
5. 奔跑和行走，哪种淋的雨更多。
6. 中国近期发展对世界的影响。
7. 学习是过程重要还是结果重要。
8. 生态环境建设和社会经济发展的关系。
9. 中美贸易战对当前社会生活的影响。
10. 论学习效率与学习计划的关系。
11. 简述第二次世界大战历史。
12. 说一说目前为止受到最大挫折的一件事情。
13. 老师让用英文把刚才说的复述一次。

14. 辩论：文理分科好还是不好。

15. 竞技特长和学习的冲突。

16. 中国在国际市场上的地位。

17. 对打黑除恶的看法。

18. 对范某某偷税的看法。

19. 初中生上晚自习的优劣。

20. 初中生住集体宿舍的优劣。

21. 对追星的看法。

22. 辩论题：自律和他律。

23. 国庆小长假是利大于弊，还是弊大于利。

24. 番茄炒鸡蛋怎么做。

25. "双十一"购物到底是节约还是浪费。

第六章

健康生活，美好未来

　　世界卫生组织对"健康"的定义是：健康不仅是躯体没有疾病，还要具备心理健康、社会适应良好和有道德。换言之，一个健康的人应该是身体素质和心理素质和谐发展的人。

　　我们要加强健康管理，形成坚持运动、合理膳食、规律作息等健康生活方式，做自己健康的第一责任人，对自己的健康负责，以良好的身体素质巩固人生的基石。

　　我们也要学会调控自己的情绪，保持阳光、开朗的精神面貌，平和、稳定的情绪状态，建立和谐的人际关系，培养良好的抗挫能力，以豁达、坚韧、不屈、进取的精神面对人生的起起落落，促进人格的完善、心灵的成长，以健康的心理素质筑牢生命的围墙。

第一节　健康身体，从健康生活习惯做起

忽略健康的人，就是等于在与自己的生命开玩笑。

——陶行知

【生涯知识】

一、健康是生命的基石

一位著名的经济学家提出过这样一个观点：健康相当于"1"，拥有健康，人们就可以没有后顾之忧地去创造财富，成就事业，拥抱爱情，享受生活，如同在"1"后面不断添加"0"，10 000 000……只要有"1"在，后面就有加上无限"0"的可能，就像财富在不断增值一样。但是，如果"1"没有了，后面所有"0"都不再有任何意义，一切都将化为乌有。

这就是"健康"独一无二的价值。健康是我们最大的财富，也是我们最大的福气。拥有健康，我们才拥有成就事业的能力；拥有健康，我们才拥有享受生活的资本；拥有健康，我们才能拥有一切。

"健康"的定义广泛，本节主要探讨身体健康。对于处在快速成长阶段的中小学生来说，提高身体素质，保持强健体魄是第一要务。

健康的身体是孩子成长和发展的根本保障，是高效学习的基本前提，没有健康，再好的学习方法也无用武之地。我们应坚持健康生活习惯，努力提高个人身体素质，用"健康"筑牢个人成长与成功的基础。

二、新冠肺炎疫情向我们发出了"健康"警报

2020 年，新冠肺炎突如其来，横扫全球，严重威胁人们的健康和生命。来势

汹汹的疫情对我们的健康观念是一场深刻的洗礼，我们不得不重新认识"健康"的重要性。不仅仅是这次疫情，还有很多传染病、慢性病的肆虐，也主要是我们的健康意识淡薄、健康素养偏低、健康管理能力不足所致。

这次疫情向我们发出了"健康"警报，要求我们树立正确的"健康观"，明确"每个人是自己健康的第一责任人"，在日常生活中主动进行健康管理，培养健康生活习惯，保持"合理饮食、适度运动、规律作息、戒烟限酒、心理平衡"等健康生活方式，做好"勤洗手、戴口罩、常消毒、多通风"等日常卫生清洁工作，做到对自己的健康负责，对自己的生命负责。

三、抓住成长关键期

当孩子进入青春期，将迎来一个非常重要的长高黄金期。对于女生来说，其身高突增期是骨龄 11~13 岁，女生在这一阶段长得最快。整个青春期，女生身高每年可增长 5~7 厘米，到骨龄 17.3 岁左右，女生的骨缝就会闭合。而男生的身高突增期是骨龄 13~15 岁，整个青春期，男生的身高每年可增长 7~9 厘米，到骨龄 18.4 岁左右，男生的骨缝闭合，停止长高。

也就是说，抓住这个长高黄金期，孩子将有机会达到自己的理想身高。一旦错过了这个时期，孩子的骨缝闭合，想要长高就很难了。

出众的身高能够让孩子赢得更多青睐，也有利于增强孩子的自尊与自信。另外，身高也是大学部分专业的一项"硬性指标"，如果孩子的身高不够，可能会错失心仪的专业和大学。例如 2018 年，"抗震小英雄"林浩参加中央戏剧学院艺考，因为身高未达到学校要求而被淘汰。

孩子的身高虽然受到父母身高的直接影响，但后天的科学干预仍然能够帮助孩子往上"窜一窜"。因此，孩子和家长千万不要错过长高的黄金期，在日常生活中要加强孩子的健康管理，注意运动、饮食、睡眠等方面的协同作用，实现科学长高。

四、培养孩子的健康生活习惯

1. 运动，是一种不可或缺的生活方式

说到运动，很多孩子可能会说："我每天功课那么多，哪有时间运动？""与

其运动，不如多睡会儿觉。"事实上，运动是最好的休息，它能够让我们活动筋骨，恢复体力，并转换大脑兴奋点，让我们的精气神迅速恢复到高峰状态，以更好的状态投入学习。

2020 年 10 月，中共中央办公厅、国务院办公厅印发《关于全面加强和改进新时代学校体育工作的意见》，提出"中考体育要达到和语数外同分值水平""着力保障学生每天校内、校外各 1 个小时体育活动时间，促进学生养成终身锻炼的习惯"。国家通过中考考核的强制手段，要求每个孩子都要掌握基本的运动技能和良好的运动习惯。而拥有专项运动技能的孩子更有机会在中考考核中凭借体育高分拉开与其他考生的差距，增加考取名校的概率。可见，未来体育成绩还可能成为孩子竞争名校的敲门砖。

热爱运动的人也热爱生活。当我们沉浸在运动中，大脑会产生多巴胺、血清素、正肾上腺素，这些神经递质能够促使我们心情愉悦、精神亢奋，帮助我们调节情绪，促进身心健康，促使我们成为人格健全、灵魂丰满的人。因此，运动不是生活的负累，而是真正对我们一生有益的生活方式。

孩子可以根据自己的年龄、兴趣、体质情况等，选择 1~2 项运动，每天运动 30~60 分钟，长期坚持下去，身体素质会越来越好。如果孩子觉得一个人运动比较枯燥，难以长期坚持，不妨结交几个有共同运动爱好的伙伴，结伴运动，乐趣自然就多了。运动伙伴可以是父母、亲戚、朋友等，大家一起制订和执行运动计划，彼此鼓励、相互监督，有利于消除畏难、羞怯等心理障碍，更好地坚持运动习惯。

2. 均衡营养，补充成长所需各种元素

人体的生长发育情况，很大程度上取决于入口的食物质量。孩子想要长得高、长得壮、少生病，就必须遵循中国居民平衡膳食宝塔（图 6.1），保证营养均衡，在饮食上应注意荤素搭配、有粗有细、食物品种尽量多样化。

一是补足钙。研究发现，处在生长发育阶段的孩子每多吸收 3 万毫克的钙质，身高便可多长 1 厘米。含钙丰富的食物有：牛奶、鸡蛋、鱼类、贝类、豆制品、芝麻酱等。

二是补充蛋白质。处于生长发育阶段的孩子，对蛋白质的需求量比成人高得多。富含蛋白质的食物有：瘦肉、鱼、虾、动物内脏、鸡蛋、牛奶、豆制品等。

三是维生素和微量元素不可缺。例如，铁是合成血红蛋白的必需物质；锌可以促进人体生长发育；维生素 A 可以增强人体免疫力，维持正常视力等。孩子应多吃蔬菜、水果、海产品，并适量吃坚果类食物。

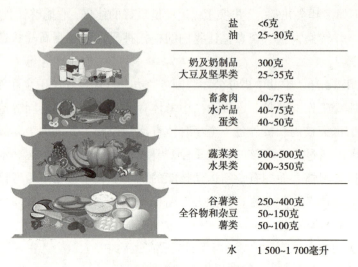

盐	<6克
油	25~30克
奶及奶制品	300克
大豆及坚果类	25~35克
畜禽肉	40~75克
水产品	40~75克
蛋类	40~50克
蔬菜类	300~500克
水果类	200~350克
谷薯类	250~400克
全谷物和杂豆	50~150克
薯类	50~100克
水	1 500~1 700毫升

图6.1　中国居民平衡膳食宝塔（2016）

此外，孩子应有意识地改掉一些对生长发育不利的饮食习惯，例如，肉食吃太多，会造成膳食总蛋白质过剩，导致钙流失；不吃粗粮，会影响钙和维生素 D 的吸收；吃得太咸，会导致体内的钙流失；碳酸饮料喝太多，易发生骨折等。

3.睡得好，才能长得快

研究表明，孩子的身高70%取决于父母基因，30%取决于后天。在这30%的后天因素中，睡眠对身高的影响最大，原因就在于睡眠中会分泌出生长激素。而生长激素分泌最旺盛的时间段有两个：一是晚上9:00—凌晨1:00；二是早晨5:00—7:00。

另外，据有关调查表明，孩子的睡眠与他们的智力发展紧密相关。那些每晚睡眠少于 8 小时的孩子，有 61% 学习跟不上，39% 成绩平平。张文宏医生建议，小学生要保证 10 小时的睡眠时间，初中生要保持 9 小时的睡眠时间。因此，小学生最好在晚上 9 点上床睡觉，初中生最好在晚上 10 点上床睡觉，保证充足睡眠。

孩子不仅要睡得早，还要睡得好。为了提高孩子的睡眠质量，孩子可以在睡前吃一些助眠食品，如牛奶、核桃、柑橘等。同时，改掉一些不良的睡眠习惯，如睡前不宜长时间玩手机或其他电子产品；不宜喝茶、喝咖啡；不宜做题，不宜看恐怖片或娱乐节目等。

4.注意卫生小细节

（1）勤洗手

预防疾病最简单的方法就是勤洗手。孩子外出回来、打喷嚏后、饭前便后、接触宠物后都要尽快用肥皂（或洗手液）和流动水洗手。张文宏医生明确提出要"洗手超过二十秒"，并风趣地解释道："当你唱《祝你生日快乐》这首歌两次，基本上就达到二十秒的水平了。"

（2）注意用眼卫生

孩子在书写、阅读时，要注意保持正确的坐姿，切忌"葛优躺"。正确的坐姿要求注意保持"一寸一拳一尺"的姿势：握笔的手指离笔尖一寸，胸口离桌一拳，书本离眼睛一尺。孩子连续读写时间不宜过长，小学生最好不要超过 20 分钟，中学生最好不要超过 40 分钟，中途休息 10 分钟，通过向远处眺望或做眼保健操的方式，让眼睛得到放松和休息。

预防近视最有效的办法是进行户外运动，让眼睛得以沐浴阳光。因此，孩子每天应进行 1~2 小时户外活动。同时，多吃有益眼睛健康的食物，如缓解眼睛干涩的芥菜、促使眼睛明亮的菠菜、缓解眼睛疲劳的番薯、预防眼睛老化的蛋黄、提高视力的蓝莓等。

（3）使用"公筷""公勺"

唾液和食物传播是人际病毒传播的主要途径。因此，医学专家倡导人们实行家庭分餐制或使用公筷、公勺，预防"病从口入"。孩子应从小养成分餐或使用公筷、公勺的习惯，积极担任家庭分餐制的监督者和执行者，帮助父母把食物分到每个人的餐具中，各人独自用餐，或者使用公筷、公勺来给自己或他人夹菜，养成健康卫生的用餐习惯。

> 请扫描书上二维码
> 阅读欣赏
> ▼
> 84 岁仍奋斗在一线！钟南山院士的运动哲学（节选）

【生涯实践】

健康生活习惯，你做到了吗？

在 2020 年《开学第一课》的课堂上，复旦大学附属华山医院感染科主任为即将迈入新学年的学生们送上了十大"少年儿童卫生健康宝典"，将健康生活习惯浓缩于 10 句话中：

1. 戴口罩是保护自己也是保护他人。
2. 洗手要像做作业一样认真。
3. 打喷嚏、咳嗽要用纸巾或胳膊肘挡住嘴。
4. 聚餐用公筷，餐具不混用。

5. 不摸来路不明的小动物，手脏不要摸自己。

6. 早餐要吃好，多吃高蛋白。

7. 不过度用眼，眼睛累了多远眺。

8. 坚持锻炼，保持合理体重。

9. 每天睡足一个香甜的好觉。

10. 健康成长比成绩更重要。

思考：

1. 上述十大健康生活习惯，你做到了哪几条？对你的健康和生活有怎样的影响？

_____

_____

2. 上述十大健康生活习惯，你觉得很难做到的是哪几条？原因是什么？

_____

_____

3. 你打算如何培养自己的健康生活习惯，请写出你的具体计划，并将你的计划交给父母，请他们监督你的行动。

_____

_____

第二节

情绪管理，不做情绪的仆人

【生涯名言】

　　能控制好自己情绪的人，比能拿下一座城池的将军更伟大。

——拿破仑

【生涯知识】

一、认识情绪

看图游戏：

图 6.2　　　　　　图 6.3

（1）你分别从图 6.2、图 6.3 中看到什么？

（2）图 6.2 和图 6.3 之间有什么关系？

　　生活中的很多问题，就像这个游戏一样，我们从某一个角度看，可能百思不得其解，但是换一个角度看，也许会发现别有洞天，令人豁然开朗。我们的情绪也是如此，当我们在某种不良情绪中钻牛角尖儿，不良情绪会持续发酵，让我们的状态一落千丈，甚至一蹶不振。如果能够尝试换个角度去思考问题，也许会有"柳暗花明又一村"的惊喜，让我们得以从低落的情绪状态中解放出来。这就是情绪调控的作用。

情绪，是对一系列主观认知经验的通称，是人对客观事物的态度体验以及相应的行为反应，一般认为，情绪是以个体愿望和需要为中介的一种心理活动。我们比较熟悉的情绪变化有喜、怒、哀、乐、平静、焦虑、自豪等。情绪就像染色剂，给我们的学习和生活染上各种色彩，让我们的人生变得多姿多彩。

现实生活中，我们常常追求积极、快乐的情绪，却对"生气""焦虑""恐惧"等消极情绪非常排斥。事实上，情绪不分好坏，无论是积极情绪还是消极情绪，都是我们最真实的情感体验。而适度的消极情绪对我们的成长也有促进作用。例如，考试前的紧张情绪，能够激励我们去努力复习功课；面试失败之后的伤心、愤怒，能够转化为奋发图强、追求成功的力量……心理学研究表明：情绪对于孩子正在发育的大脑至关重要，每种情绪都有自己的作用，它们组合在一起形成一个人的完整人格。

相反，如果我们长期处于消极情绪中，会严重影响自己的身心健康，还会限制自己的潜能开发。例如，我们总是生气，容易造成肝脏受损；我们总是郁郁寡欢，会影响智力发育，导致记忆力减退、判断力下降。如果消极情绪得不到及时的纾解，就像被堵住的下水道，久而久之，消极情绪越积越多，就会对我们的性格、心理造成不可逆转的伤害。

因此，我们必须学会调控自己的情绪，培养驾驭情绪的能力，做情绪的主人，对自己的情绪负责，这是现代情商教育的重要内容，也是"高情商"的具体表现。

二、中小学生的情绪特点和影响因素

1. 中小学生的情绪特点

处于小学阶段的学生，认知能力虽然快速发展，但仍然不成熟，对一件事情的理解比较表面化、单一化，在行动上比较随心所欲，情绪上也比较感性、冲动。

当学生进入小学高年级，特别是进入初中阶段后，由于青春期的到来，学生的生理、心理都发生着剧烈变化，独立意识逐渐觉醒，既渴望独立又离不开父母的照顾，既想与他人倾诉又害怕心事被看穿，内心极度矛盾、敏感。这让学生的情绪起伏较大，宛如"疾风骤雨般"，频繁地在情绪高峰和情绪低谷之间切换，一会儿兴致高昂、喜笑颜开，一会儿又变得沮丧低落、大发脾气，可以说是"喜怒无常"，让人摸不着头脑。

学生在情绪上犹如一匹脱缰的野马，一旦得不到有效调控，或者控制得不及时，就容易引发很多心理问题，严重的甚至会威胁到学生的生命。近几年，我国中小学生的自杀率呈现逐年增长趋势，虽然学生自杀的原因多种多样，但都有一个共同点，那就是情绪的失控。

2. 影响学生情绪的主要因素

通常情况下，影响学生情绪的主要因素分为内部因素和外部因素。内部因素主要是学生自身的情绪调控能力。如果学生不懂得如何宣泄、转移、释放情绪，就会在内心积压大量负面情绪，严重影响其正常的学习和生活，甚至可能导致情绪失控，做出一些过激行为。外部因素主要是学校情绪教育的缺失，家庭对孩子情绪问题的忽视或错误引导，同学、朋友的非议、孤立及其他不友好的表现等。

例如，一些中小学生存在的厌学情绪，其中一个重要原因是家长对孩子学习成绩的高期待、高焦虑，转化成了对孩子的高压力、高控制，这种沉重、压抑的氛围长期弥漫在孩子身边，很容易引起孩子的反弹情绪与叛逆行为。特别是当孩子感觉无论自己怎么努力，父母仍然不满意时，学习带来的挫败感和自责感，让孩子感觉到学习过程痛苦而无趣，继而催生了深深的厌学、拒学情绪。

三、情绪调控有"妙招"

情绪的英文是 emotion，有一种解释是 emotion=energy in motion，即情绪是流动的力量。由此可见，我们管理情绪，不是要强行压制它，而是要给予它一个出口，让它流动起来，释放出去。这就要求我们必须掌握情绪调控的三大步骤：觉察情绪、接纳情绪、调控情绪。

1. 觉察情绪

我们可以尝试将自己每天的情绪反应记录下来，具体内容包括情绪类型、时间、地点、行为反应、原因、影响等。然后，每个星期对自己本周的情绪变化做一个总结和反思，想一想自己的情绪反应是否得当，为什么会有这样的情绪？这样的情绪造成了怎样的后果和影响？如果情绪造成了负面影响，今后应该如何控制此类不良情绪的发生？你认为比较合理的反应方式是什么？等等。例如：

情绪类型：生气。

行为反应：骂人、打人。

影响：同学不理我了。

合理的反应方式：告诉对方自己很生气，以及自己生气的原因。

当我们坚持这样的情绪记录练习，就会对自己的情绪变化越来越敏锐、清晰，也为我们有效调控情绪打下良好基础。

2. 接纳情绪

觉察自己的情绪后，我们还要学会平静地接纳自己的情绪，包括积极的情绪和消极的情绪。我们要认识到，消极情绪，包括"生气""忧郁""悲伤"等都是人的正常情绪，不应否认消极情绪的存在，而是要去了解、接纳它，学习与它相处，这远比压抑、否认有益得多。

如果我们能够接纳自己或他人的消极情绪，就会少一些对自己的贬低，少一些对他人的抱怨，也不会深陷消极情绪的泥沼，茫然无措，更不会沦为消极情绪的奴隶，任凭它的摆布。因此，我们要正视消极情绪的存在，甚至和它做朋友，学会用积极的态度和理性的思维来看待问题、思考问题，继而积极寻找解决问题的办法。

3. 调控情绪

（1）情绪 ABC 疗法

情绪 ABC 疗法是心理学家阿尔伯特·埃利斯创建的，他认为引起情绪反应或行为后果（C）的原因并不是事件（A）本身，而是人们对事件的不合理信念（B），即人们对事件的想法、看法或解释（图 6.4）。

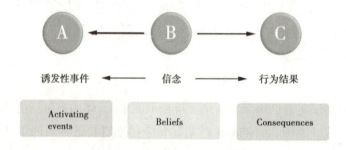

图 6.4 情绪 ABC 理论示意图

正是由于人们的一些不合理的信念，才使我们产生情绪困扰。例如：

事件（A）	想法（B）	情绪反应（C）
我被老师批评了	太倒霉了，老师一定不喜欢我了。	沮丧、难过
我被老师批评了	是我做错了，下次一定改正。	平静、振作

由此可见，解决情绪问题的有效方法是找出自己不合理的想法，将它转换成积极、正向的思维方式，继而顺利转换心情，实现情绪大反转。例如：

事件（A）：考试没有通过。

不合理的想法（B）：是我太笨了、太没用了。

情绪反应（C）：难过、懊恼。

转变为正向思维：一定是我还有些知识没搞懂，得赶紧去补上。

情绪反应（C）：振奋、积极。

（2）给自己一点独处的时间

研究发现，和花大量时间与朋友交往的学生相比，那些在空余时间有三分之一或一半时间是在独处中度过的学生，抑郁程度较低，社会适应及心理适应水平较高。

我们有结交朋友的愿望，也有独处的需要。特别是当我们受到新环境或者不良情绪的冲击时，有必要找个没有人的地方，冷静一下，喘口气。这就是我们的"积极暂停区"。所谓"积极暂停区"，是一个有助于我们放松心情的地方，可以是自己的卧室，或是某个自己熟悉的、安静的场所，例如图书馆、咖啡厅等。我们可以到"积极暂停区"去，为自己留出时间和空间来整理情绪，让情绪"降温"，避免冲动行为，也可以在那里做一些自己喜欢的事情，转移对不良情绪的注意力，如读书、听音乐、冥想、小憩等。

（3）适度宣泄法

当我们遇到情绪困扰时，可以向自己信赖的家人、朋友倾诉一番，诉说自己的烦恼、困惑，寻求他人的安慰和帮助，当我们把心事说出来时，心中的郁结往往就纾解大半了。我们也可以痛快哭一场，让自己的负面情绪跟着眼泪一起倾泻而出，尽情释放。有些问题长时间憋在心里会让我们不堪重负，容易导致情绪失控，一发不可收拾，只有将其合理宣泄出来，才能保证我们的身心健康发展。

（4）自我暗示法

清晨起床，我们可以对着镜子，大声地对自己说一句："我一定行！"这样精力充沛、自信满满的一句话能够为我们提供一整天的正能量，让我们很好地抵御各种消极情绪。我们可以经常对自己进行积极的自我暗示，赞美自己、鼓励自己、肯定自己，这对于调整自己的心态、情感，有着非常积极的作用。我们可以把积极的话语写出来，贴在墙上，让自己随时可以看见，随时可以大声读出来。例如：

请扫描书上二维码
阅读欣赏
▼
心情的形状

我十分健康、快乐，我喜欢做我自己。

我十分健康、快乐，我喜欢做我自己。

我很漂亮，尤其是微笑的时候最美。

数学考试没什么难的，我接受挑战，我一定能行。

不论我处在任何劣势的地位，我终有反败为胜的一天。

……

【生涯实践】

换个想法，换个心情

当你面对下面的事件，你通常会有怎样的想法，产生怎样的情绪？这些不合理的想法能否转变成正向、积极的想法？你的情绪会产生怎样的变化？

事件一：被父母批评

通常想法：＿＿＿＿＿＿＿＿＿＿＿＿＿＿＿＿＿＿＿＿＿＿＿

情绪：＿＿＿＿＿＿＿＿＿＿＿＿＿＿＿＿＿＿＿＿＿＿＿＿＿

积极的想法：＿＿＿＿＿＿＿＿＿＿＿＿＿＿＿＿＿＿＿＿＿

情绪：＿＿＿＿＿＿＿＿＿＿＿＿＿＿＿＿＿＿＿＿＿＿＿＿＿

事件二：自行车丢了

通常想法：＿＿＿＿＿＿＿＿＿＿＿＿＿＿＿＿＿＿＿＿＿＿＿

情绪：＿＿＿＿＿＿＿＿＿＿＿＿＿＿＿＿＿＿＿＿＿＿＿＿＿

积极的想法：＿＿＿＿＿＿＿＿＿＿＿＿＿＿＿＿＿＿＿＿＿

情绪：＿＿＿＿＿＿＿＿＿＿＿＿＿＿＿＿＿＿＿＿＿＿＿＿＿

事件三：和同学吵架了

通常想法：＿＿＿＿＿＿＿＿＿＿＿＿＿＿＿＿＿＿＿＿＿＿＿

情绪：＿＿＿＿＿＿＿＿＿＿＿＿＿＿＿＿＿＿＿＿＿＿＿＿＿

积极的想法：＿＿＿＿＿＿＿＿＿＿＿＿＿＿＿＿＿＿＿＿＿

情绪：＿＿＿＿＿＿＿＿＿＿＿＿＿＿＿＿＿＿＿＿＿＿＿＿＿

事件四：长胖了

通常想法：＿＿＿＿＿＿＿＿＿＿＿＿＿＿＿＿＿＿＿＿＿＿＿

情绪：＿＿＿＿＿＿＿＿＿＿＿＿＿＿＿＿＿＿＿＿＿＿＿＿＿

积极的想法：＿＿＿＿＿＿＿＿＿＿＿＿＿＿＿＿＿＿＿＿＿

情绪：＿＿＿＿＿＿＿＿＿＿＿＿＿＿＿＿＿＿＿＿＿＿＿＿＿

第**三**节　人际关系管理，学会沟通与交友

【生涯名言】

　　人生离不开友谊，但要得到真正的友谊不容易；友谊总需要用忠诚去播种，用热情去灌溉，用原则去培养，用谅解去护理。

——马克思

【生涯知识】

一、良好的人际关系对我们的人生意义非凡

　　我国自古以来便重视个人与他人、个人与社会的良好关系。《礼记·学记》里说："独学而无友，则孤陋而寡闻。"意思是如果学习中缺少朋友之间的交流，就会导致见识浅薄，强调良好的人际交往能够增长人的见识。

1. 良好的人际关系能促进个人身心健康

　　人类的社会属性和群居属性，决定了人际交往的必要性和重要性。我们需要通过人际交往获得情感、理解、认可与支持，减少内心的孤独感和失落感。如果我们的人际交往的需要得不到满足，就会引发一系列的消极情绪反应，如孤僻、自卑、挫败、迷茫、失望、焦虑等，这样很容易出现心理问题。另外，如果我们长期处于不良的情绪状态，还会催化各种疾病，严重威胁我们的身体健康。因此，良好的人际关系是我们身心健康的基本保证。

2. 良好的人际关系有助于自我认识

　　我们可以从老师、家长、朋友的态度和评价中去了解自己是一个怎样的人，包括自己的个性特点、兴趣爱好、行为习惯、思想品德等，还可以发现自己的优点和不足，从"他评"的角度，更全面地认识自我，对自己准确定位，以便更好地进行自我规划和自我管理，不断调整和完善自我，成为更受欢迎、更优秀的人。

3. 良好的人际关系激励个人的竞争意识

我们在和朋友相处时，除了沟通情感、互吐心事、互相帮助外，还可以在学习和成长中展开你追我赶的竞赛，形成良性竞争，由此产生奋发向上的力量，实现共同成长。

我国羽毛球名将林丹和马来西亚运动员李宗伟既是朋友，也是竞技场上最强劲的对手，人们总是喜欢用"瑜亮之争"来形容两人的每一场对决。2016年里约奥运会上，李宗伟终于打破世界大赛不胜林丹的魔咒，战胜了林丹。赛后，两人紧紧拥抱，并交换了球衣。

4. 良好的人际关系帮助个人学习社会规范

我们可以在与朋友的交往过程中，观察小伙伴的言行，从中了解到哪些事情是被允许的，哪些事情做了是要受到惩罚的，由此掌握一些必要的社会规范。例如，我们了解到一个小伙伴做了某件事受到长辈的指责或处罚，便知道这种行为是不被允许的；如果小伙伴做了某件事情得到了表扬或奖励，我们便知道这种行为是被允许的，而且这种事情还可以多做。我们在与同伴交往中，能够以同伴为镜，学会遵守社会公约和行为规范，学会更好地适应社会。

5. 良好的人际关系帮助个人获得事业和人生的成功

心理学家曾经对一个实验室的工作人员进行追踪调查，发现他们普遍都有高智商和丰富的学识，但一段时间以后，却出现了一些人成绩斐然，而另一些人成绩平平的明显差异。主要原因在于，前面一批人更善于与人建立和谐的人际关系。而哈佛大学也曾做过调查，发现一个人的成功80%靠情商、靠人际关系。那些人际交往能力较弱的人，即使很有学问，也很难获得成功。

二、学会与老师交往

老师是传道授业解惑者，是我们人生道路上的点灯人和引路者。我们的智力开发、品行塑造、习惯养成等，都得益于老师的悉心教导和耐心劝诫。然而，随着年龄增长，学生和老师的有效沟通越来越少。学生和老师之间产生交流障碍和情感隔阂的原因有很多，有的学生觉得老师管得多，"真烦"；有的学生则单纯因为不喜欢某个老师，就不愿意和该老师多交流，甚至讨厌上该老师的课；有的学生因为不被老师理解，心里不痛快，继而与老师疏远了。

1. 我们要学会尊重、信任老师

平时，我们遇到老师要主动问好，得到老师的帮助要主动说"谢谢"，在有礼有节的交往中拉近自己和老师的距离。同时，相信老师是我们学习、成长的益友，老师所做的一切都源于对我们的人生负责，源于对我们深沉的爱。我们在日常学习生活中应多找机会和老师交流，和老师积极探讨自己在学习或生活中遇到的困难，敞开心扉分享自己的心事，主动寻求老师的帮助，让老师能够从各方面了解我们、帮助我们。

2. 我们要学会理解老师

老师和我们一样，在生活中扮演着各种角色，除了要完成自己作为老师的本职工作，还得抚养子女、照顾老人等，他们精力有限，在工作中难免会存在这样、那样的失误。如果老师在教育我们的过程中出现了失误，或者对我们产生了误解，我们不应冲动地顶撞老师，或者负气离开，而是要理解老师，体谅老师的辛苦，同时耐心向老师解释误会，寻求老师的谅解、支持和帮助。要相信，如果我们需要老师的帮助，老师一定会为我们伸出援手，也愿意和我们化解矛盾和误会，帮助我们解决困惑和难题。

3. 我们要学会欣赏、感恩老师

我们不应以个人喜好来评价老师，这既是不礼貌的行为，也不利于自己的学习和成长。例如，我们不能因为不喜欢某位老师的长相、行为习惯或者讲课方式，就排斥上这位老师的课，继而影响听课效果和学习效率。每一位老师都有自己的特点和优势，我们要善于发现和学习老师的过人之处，虚心向老师学习。

我们还应感谢老师日复一日的辛勤付出，感谢老师以博大的胸怀包容我们的叛逆、过错。正如居里夫人所说："不管一个人取得多么值得骄傲的成绩，都应该饮水思源，应当记住是老师为他的成长播下最初的种子。"在教师节等重要节日，我们可以精心准备小礼物，向老师表达谢意。

三、学会与父母沟通

《少年儿童研究》杂志上曾介绍一所小学做的"对爸爸妈妈哪些地方不够满意"的调查，统计显示，孩子对爸妈不够满意的地方有58项之多，比如：动不动就发脾气；不了解我的心；要求太严，标准太高；不接受我的意见；说话不算数；当我想做自己的事时，他们总不让等。孩子对父母教育方式的不认同、不理解是造成亲子沟通障碍的重要原因之一。

然而，无论父母的教育理念、教育方法是否正确，他们仍然是这个世界上最爱我们的人。当我们抱怨父母霸道、啰唆、多事时，觉得父母落伍了，不愿与父母沟通时，有没有想过父母的心情？如果不是因为爱我们，父母何必如此操心？

我们应该试着站在父母的角度去想问题，理解父母的苦心，即使不认同父母的某些做法，仍然要感恩父母为我们付出的一切。然后，主动和父母沟通，让父母明白自己的真实想法，通过真诚交流，努力让父母理解我们的观点和态度，争取得到父母的支持和帮助。

例如，某学生期中考试成绩不理想，马上要开家长会了，他担心父母在会上知道这件事后会狠狠批评他，搞不好自己还会跟父母吵起来。为了避免冲突，该学生在开家长会前就主动找父母沟通，先是向父母承认自己这次考试失利，真诚地和父母说"对不起"。然后，仔细分析自己考试失败的原因，并提出了自己今后的学习目标和改正方案，请父母监督和帮助自己。父母听了该学生的话，知道他已经认识到自己学习上的不足，而且下定决心要改正了，心里十分欣慰，也不再生气，平静地去参加了家长会。

另一方面，家长也应该学会和孩子沟通。因为沟通是双向的，单靠孩子一个人努力是不够的。在与孩子沟通交流时，父母应把孩子当成和自己处于平等地位的独立个体来看待，切忌摆出高高在上的姿态，更不能用命令、威胁、恐吓等方式和孩子沟通，要尊重孩子的隐私，认真倾听孩子的想法和意见，在平等对话的基础上给予孩子必要的建议和指导。父母懂得尊重孩子，孩子才会信任父母。

四、学会交友

1. 交友原则

（1）尊重与信任

孟子云："爱人者，人恒爱之；敬人者，人恒敬之。"每个人都有友爱和受尊敬的需要。与人交往时，我们一定要学会尊重他人，以平等、真诚的姿态与人交流和相处，对方感受到尊重，自然就会对我们产生好感，愿意与我们继续往来。相反，如果我们以高高在上、盛气凌人的架势与人交往，对方会感到自尊心受伤害而拒绝与我们交往，甚至可能引起矛盾冲突。

朋友之间最讲究信任与忠诚，而信任破裂往往是导致友谊结束的原因，如不能保守秘密、不能履行承诺、说谎骗人等。因此，在与人相处时，我们不要轻易承诺，一旦承诺就应一诺千金，说到做到，即使最后没有完成诺言，也要认真向对方解释清楚。此外，切忌在背后议论他人、搬弄是非或说人坏话。祸从口出，不负责任的言语往往会倾覆友谊的小船。

（2）学会倾听与交流

英国杰出的戏剧家莎士比亚曾说：“上帝赐给我们两只耳朵、一张嘴，很明显是教我们‘听’比‘说’更重要。”如果我们想要成为一个善于沟通交流的人，首先要学会做一个善于倾听的人。我们可以在倾听中学到许多知识、经验和技能，进而增长自己的能力。而我们认真倾听的态度，常常能够给倾诉者带来释放压力后的愉悦感受，能够赢得对方由衷的喜爱和尊重之情，更容易被对方接纳，赢得对方的友谊。

（3）学会合作与互助

当代社会需要富有合作精神、具备合作能力的人才。一个人能否成功，很大程度上取决于他能否与人合作。我们可以与小伙伴结成合作小组，开展合作学习，互相帮助、互相监督、共同成长。

另外，我们在日常生活中也要经常关心、帮助他人。人际关系就像一面镜子，你对它微笑，它也对你微笑；你敌视它，它也敌视你。所以你帮助他人，他人也会帮助你。热心肠的孩子往往能收获更多的友谊。知心姐姐卢勤曾说过这样一个故事：

> 一个上海小男孩和一个安徽金寨的男孩结成了“手拉手”小伙伴，他们一直以书信形式交流。有一次，上海男孩给安徽男孩寄去了一张彩色照片，并希望小伙伴也寄一张照片给他。过了很长时间，安徽男孩终于回信，却给他寄来了一张黑白照片，他顿时感到很失望。但当他读了安徽男孩的信后，心里很震惊，原来安徽男孩家乡没有照相馆，他和妈妈干了好几天的活，跑了七八十里山路，才到县城的照相馆照了一张相。上海男孩很后悔自己的请求，从那以后，他学会了珍惜、节约自己的东西，还常常把自己节省下来的文具寄给小伙伴。

这个故事让我们看到，一个孩子在与人交往中找到了自己的责任，在帮助他人中找到了成长的快乐和意义。

2. 正确择友

朋友是我们除了亲人以外，与自己关系最亲密的一种人际关系，拥有一个阳光、乐观、健康、向上的朋友将是我们一生的幸事。因此，我们在结交朋友的时候，要树立正确的交友观，并且慎重择友，以防误交损友。

一方面，我们结交朋友时不应受到身份、地位、财富等外在事物的影响。我们应从小学会和不同类型的人相处，这样我们对这个世界的了解会更全面，未来也能更好地适应社会。李嘉诚的两个儿子小时候读的是顶级名校，却经常挤巴士上下学。李嘉诚认为，孩子在巴士上能够见到不同阶层、不同职业的人，看到最平凡、最真实的生活。而坐在私家车里，什么也看不到，什么也不会懂。

另一方面，我们应结交对自己人生有益的知己好友。资深教师方舟认为青少年应该这样"择友"："他不一定是学习成绩最好的，但一定是热爱学习的，拥有良好学习习惯的；他不会上课时拉着你说话，课余时拉着你玩，甚至带你逃课去玩游戏，而是经常与你探讨学习方法、学习技巧，与你共同学习、共同进步。"也就是说，我们不一定非要选择学习成绩好的人做朋友，因为学习成绩不是衡量一个人的唯一标准。但是我们一定要结交品行端正、热爱生活、积极进取的朋友，他会成为我们无话不说的知己，也会成为催促我们力争上游的益友。

同时，我们要警惕，尽量避免结交品行恶劣的朋友，例如好吃懒做的朋友、口蜜腹剑的朋友、偷奸耍滑的朋友、言而无信的朋友等，结交这样的朋友会阻碍我们形成正确的人生观、价值观，影响我们的学业，甚至毁掉我们的前途。

3. 学会和异性交往

在与人交往过程中，我们不可避免地会和异性同伴交往，这是我们身心成长中不可或缺的内容。这个时候，我们不应存在"她是女的，我们不跟她玩""跟男孩子有什么好玩的"这一类狭隘、庸俗的交友观。事实上，和异性同伴的正常交往，对我们的成长是非常有益的。我们可以从异性朋友身上学到异性的优势特点，在智力、性格等方面互补互助。例如，男生可以学习女生做事耐心、细心的品质，女生可以在男生的影响下形成豁达、豪爽的个性；女生可以在男生的帮助下提升逻辑思维能力，男生可以向女生学习如何条理清晰、感情丰富地进行语言表达等。

因此，我们在与异性交往时应保持落落大方、稳重得体的态度，应像与同性伙伴交往一样真诚、自然。另外，我们也要学会正确把握异性交往的尺度，应与多个异性保持平等、广泛的交往，积极参加有男生、女生同时参与的集体活动，在群体中与异性交往，能够有效避免紧张、羞怯等情绪，也更容易自然地与异性交往，建立良好的异性友谊。

请扫描书上二维码
阅读欣赏
▼
马克思与恩格斯
的友情

【生涯实践】

给爸爸 / 妈妈的一封信

你想拥有温馨、和谐的亲子关系吗？你想和爸爸 / 妈妈成为知心朋友吗？你可以写封信和爸爸 / 妈妈说说心里话，信的内容可以参考以下几点：

1. 分享一件让你感触较深的成长故事，聊一聊爸爸 / 妈妈在其中扮演的角色、做过的事情，以及自己的感受和心情，感谢爸爸 / 妈妈对你的爱与付出。

2. 描述一下你心目中的爸爸 / 妈妈的形象，谈一谈你最欣赏、最敬佩他（她）的地方。

3. 如果你和爸爸 / 妈妈曾经有激烈冲突，说一说当时的情况，以及自己的真实想法，请求得到爸爸 / 妈妈的理解和原谅，并告诉爸爸 / 妈妈，你永远爱他（她）。

4. 如果你曾经让爸爸 / 妈妈失望，那么向他（她）承认错误，请求原谅，并告诉他（她）你打算怎样改正错误，弥补不足，做一个更好的自己。

5. 委婉地告诉爸爸 / 妈妈，你希望今后他（她）怎么对待你，怎么与你沟通。

第四节 抗挫力管理，塑造强韧的内心世界

【生涯名言】

> 卓越的人的一大优点是：在不利与艰难的遭遇里百折不挠。
>
> ——贝多芬

【生涯知识】

一、勇敢挑战失败，我能行！

著名儿童诗人金波作词的歌曲《我能行》道出了青少年勇敢面对挫折的心声。

"如果面前有一座山峰，我们就勇敢去攀登；如果遇到一场暴风雨，我们就是翱翔的雄鹰。跌倒了，爬起来，说一声，我能行！骨头变得更硬；失败了，不气馁，说一声，我能行！再去争取成功。我能行，有信心；我能行，更坚定；我能行，去开创新的人生。"

人生路上，并不总是阳光灿烂、一路凯歌，更多的是暴风雨、荆棘丛、坑洼路，我们不得不跌跌撞撞前行，有时候还会摔得鼻青脸肿，头破血流。当生命中的狂风暴雨袭来时，我们能昂起头，不屈地大喊一句"我能行"吗？

挫折与失败犹如一场人生的考题，能否通过考验，很大程度上决定了我们的人生方向和结局。有的人在挫折与失败面前，表现得豁达、理性、积极、不屈，把失败当作成功的垫脚石，越挫越勇，磨炼了意志力和能力，一步步由青涩懵懂走向成熟稳重，最终收获人生的成功。正如爱迪生所说："失败也是我需要的，它和成功一样对我有价值。"

相反，有的人在面对挫折与失败时情绪崩溃、一蹶不振，甚至走上轻生的不归路，这就是我们常说的"轻轻一碰就碎的玻璃心"。对于这样的人来说，再小的挫折也是一场灾难，他们长期陷于对失败的恐惧和不安中，在困难面前习惯退让，唯恐失败，跌倒了就很难爬起来，自然离成功越来越远，最后只能归于平庸，与光明的前途失之交臂。

人生不如意之事十之八九，失败才是生活的常态，而成功正是源于一次次的失败。相信没有人愿意做人生的逃兵和懦夫，如果想要勇敢面对挫折与失败，把挫折与失败当作前进的动力，关键在于培养抗挫力，也就是逆商。

逆商指的是人面对挫折、摆脱困境、超越困难的能力。心理学家认为，在智商相当的情况下，逆商对一个人的成功起着决定性作用。

孟子曰："天将降大任于斯人也，必先苦其心志，劳其筋骨，饿其体肤，空乏其身，行拂乱其所为，所以动心忍性，增益其所不能。"每一次挫折和失败，既是一次磨难，更是一次机遇。我们内在的潜能与生命力在磨难中才能真正被激发出来，让我们得以不断完善自我、超越自我、成就自我。苦难如同竖在我们面前的栏杆，栏杆越高，我们跳得也越高。只要我们勇敢面对，不被拦在面前的栏杆吓倒，就能克服困难，取得更高的成就。这就是著名的跨栏定律。可以说，逆商水平的高低、抗挫能力的强弱，决定了我们一生成就的大小。

二、培养抗挫力

1. 合理归因

请你回想某一次自己考试失利的经历，当时你认为主要是什么原因导致了自己的失败？

A. 试卷太难了　　　　　　　　　　　B. 这次运气不好

C. 我的学习能力不行，很多知识不懂　　D. 我还不够努力

当你为这次考试失利找到了某种原因时，你内心的感受是怎样的？这对你后来的学习有怎样的影响？

通过思考会发现，我们对失败的归因直接影响了我们面对挫折时的心态，以及应对挫折时采取的行为。如果我们把考试失败的原因归结于试卷太难或运气不好等外部因素，这会减轻我们的挫败感和内疚感，但由于试卷难度和运气都是不可控因素，这对于我们改变失败的局面没有什么帮助。如果我们把考试失败的原因归结于个人能力和努力程度等可控因素，虽然会感到一些沮丧和失落，但可以有效调动我们的主观能动性，让我们相信只要经过努力，学习能力可以得到提升，落下的知识可以补上，在学习上付出更多的努力，就有机会获得成功。这样，我们就能迅速从负面情绪中挣脱出来，重新投入积极、主动的学习。

因此，想要提高抗挫力，我们要学会对事情的成败进行合理归因。心理学家韦纳认为，一个人遭遇失败时，常常把失败的原因归结为 4 个方面：能力、努力、任务难度和运气。其中，我们最容易控制的就是努力程度。当我们把失败归因于努力程度不够的时候，我们对自己的失望和谴责就会大大减少，我们可以告诉自己：这次失败只是因为我努力不够，一时的失败并不能说明什么，我会更加努力，提高自己的学习能力，相信下一次我一定能成功。

另一方面，合理归因也要求我们就事论事，单纯就某次失败进行理性的、合乎实际的分析，找到导致这次失败的主要原因，并有针对性地寻找解决方案。我们在进行失败归因时一定要清醒地认识到：这次失败只是一次独立、单一的事件，并不代表我什么都不行，更不代表我永远都会失败。切忌用以偏概全、全面否定自己的心态来看待某一次失败。

2. 自己的事情自己做

我们可以在日常生活中培养自己的抗挫力，自己的事情自己做，不依赖父母，不怕吃苦受累，从生活小事上一点一滴锻炼自己的能力和意志，让"挫折""困难""失败"等情况逐渐常态化，那么我们面对挫折时就不会那么惊慌失措，也不那么容易受打击。

例如，我们要坚持做家务，打扫卫生、洗衣服、做饭等，通过劳动、流汗，感知生活有诸多"困难"，体会父母的辛劳、生活的不易。当我们遇到问题时，要想办法自己解决，不断提高自己的生存能力和解决问题的能力。

真正的自信和能力大多是在我们一次又一次独立做事、独立解决生活难题的过程中获得的。如果我们能够处理好自己的生活小事，那么，在遇到各种成长大事时，就能更自信、更勇敢、更从容地应对。

3. 积极的自我暗示

当我们遭遇失败，心情沮丧时，不妨放开喉咙大喊几声："我能行！""我一定会成功！"在放声呼喊中释放消极情绪，在积极的自我暗示中获取"从头再来"的勇气和力量。

我们也可以使用表情、语言进行自我暗示，例如，每天早晨起来，都对着镜子中的自己微笑，给自己一个灿烂的笑容，可以照亮一整天的心情。

我们还可以使用想象暗示，尽情想象自己是最漂亮、最优雅、最聪明、最豁达……的人，想象自己获得成功时咧嘴大笑的样子、和朋友欢呼庆祝的样子、父母向自己竖起大拇指的样子等，通过天马行空的想象，让自己自信一点，再自信一点，不再畏惧那微不足道的失败，相信自己能做得更好，相信成功终将属于自己。

4. 阅读伟人传记

自古英雄多磨难，世界上大多数成就斐然的人，都是历经磨难而成才的。我们可以经常阅读伟人传记或名人故事，了解他们的人生经历，从中明白人的一生就是一个不断挑战困难、战胜挫折的过程。例如，伟大的文学家曹雪芹一生命运坎坷，晚年时更是家徒四壁，"举家持粥度日"，但命运没有将他击倒，他就在四面漏风的屋子里用了多年时间，写出了文学巨著《红楼梦》。

当我们读了伟人的故事就会发现，和伟人比起来，我们遇到的困难和挫折实在算不了什么，而伟人顽强对抗命运的精神，将激励我们勇敢面对人生中的风风雨雨。

三、战胜挫折，离不开父母的陪伴与支持

当孩子遇到挫折和失败时，父母的一句"跌倒了，我知道你疼"是对孩子最大的安慰。然后，再对孩子说一句"跌倒了，爬起来"就是对孩子最大的鼓舞。因此，孩子在迎接挫折挑战时，离不开父母的陪伴与支持。

1. 家长允许孩子发泄其"挫败"的情绪

当孩子因为害怕而退缩，因为失败而自责时，家长应接纳孩子的痛苦、后悔、自责等负面情绪，允许他通过哭泣、大喊等方式把情绪释放出来。这时候，家长只需安静陪伴在孩子身边，等待他平静下来。孩子的消极情绪得到有效纾解后，才有力量去对抗挫折。

在女儿芭蕾舞比赛失败后，吴尊陪着女儿 NeiNei 一起流泪。他没有急于对女儿说教，也没有嫌弃女儿"为一点事情就哭哭啼啼"，他感受到并理解女儿此刻的失望、痛苦，默默陪伴女儿，让她尽情发泄心中的郁闷情绪。

2. 家长要肯定孩子付出的努力和取得的收获

如果只看到失败的结果，那这次的经历对孩子来说是毫无价值的。家长应引导孩子看到自己在这次失败经历中付出的努力和得到的收获，让孩子知道：失败并不可怕，有时候经历失败是为了帮助我们更好地成长。

吴尊在微博上谈到女儿为了这次芭蕾舞比赛没日没夜地苦练，并说："她今天的表现是她有史以来最好的一次，在我心目中，NeiNei 已经很值得爸爸骄傲了。"吴尊在言谈中充满了对女儿的肯定和鼓励，他并没有因为女儿的失败而生气，相反，

他为女儿的表现感到骄傲。他还跟 NeiNei 分享自己少年时期篮球比赛失利的故事，引导女儿明白：有时候过程比结果更重要。

3. 父母要引导孩子分析失败的原因，积极寻找解决问题的办法

孩子应在父母的帮助下，对自己的失败经历进行冷静分析，反思自己的过失与不足，找到接下来努力的方向和方法，这样才能有效克服心中对失败的恐惧，顺利走出失败的阴影，才会拥有"再试一次"的勇气和决心。

请扫描书上二维码
阅读欣赏
▼

霍 金

在爸爸吴尊的耐心引导下，NeiNei 不再哭泣，而是从失败中收获了成长。没过多久，NeiNei 参加了另一场芭蕾舞比赛，这次比赛，她还是输了，但她却没有哭，而是在自己的 Ins 上写下了这样一句话："Sometimes we win，sometimes we learn new things，AND I DID！"

【生涯实践】

逆商水平测试

当你遇到以下情况时，你通常会有怎样的反应？请根据自己的实际情况，从下面表格的应对方法中选择一个答案。

情景	选择	应对方法	得分
碰到令人担心的事时	A	无法安心学习	
	B	照做不误	
	C	两者之间	
碰到讨厌的对手时	A	感情用事，不计后果	
	B	能控制感情，应对自如	
	C	两者之间	
失败时	A	放弃，不再尝试	
	B	再接再厉继续寻找成功的机会	
	C	两者之间	
学习进展慢时	A	焦躁、烦恼、无法思考	
	B	冷静思考，寻求解决方法	
	C	两者之间	

续表

情景	选择	应对方法	得分
学习疲劳时	A	放弃学习	
	B	坚持继续学习	
	C	两者之间	
学习条件恶劣时	A	无法学习	
	B	克服困难创造条件	
	C	两者之间	
感到绝望时	A	放弃目标和努力	
	B	振奋精神，寻找希望	
	C	两者之间	
碰到难题时	A	沮丧，失去信心	
	B	想办法解决	
	C	两者之间	
接到很难完成的任务时	A	寻找理由，放弃任务	
	B	千方百计尽量做好	
	C	两者之间	
困难落到自己头上时	A	怨天尤人	
	B	欣然接受现实，努力克服困难	
	C	两者之间	

评分标准：选择 A 记 0 分，B 记 2 分，C 记 1 分。把各题得分相加即为总分。

你的得分是：_____分。

测评结果解读：

总分在 17 分以上，说明你的心理承受力或抗挫力很强。

总分在 13~16 分，说明你的心理承受力或抗挫力良好。

总分在 10~12 分，说明你的心理承受力或抗挫力一般，应在日常学习、生活中进一步提升抗挫力。

总分在 9 分以下，说明你的心理承受力或抗挫力较弱，很容易被外界压力困扰，需要有针对性地训练抗挫力，提高心理承受力。

第七章

学会学习，敢于创新

我们正处在人生最美好的年华，精力充沛，元气满满，我们需要不断积蓄成长的能量，以期未来能从嗷嗷待哺的雏鸟，蜕变为振翅高飞的雄鹰，扶摇直上九万里。

当下努力，未来可期。从现在开始，我们要分秒必争，合理、高效地利用时间，养成良好的学习习惯和阅读习惯；勤于思考、敢于批判，努力突破思维定式，提高创新思维能力；积极练笔和练口，做到思维上有创新，语言上有创意，学会自由地、有个性地表达，努力成长为具备终身学习理念与能力的、适应时代发展需要的优秀人才。

第一节 培养学习习惯，好习惯是高效学习的根本

教育就是培养习惯。

——叶圣陶

【生涯知识】

一、让学习成为一种习惯

习惯，是指积久养成的生活方式。通俗地说，习惯就是某种规律的、习以为常的行为，例如，我们养成了每天锻炼半小时的习惯，只要有一天没锻炼，就浑身不自在，只有把"锻炼半小时"这件事做了，我们才感觉舒坦。好习惯会让人不由自主地去学习、去工作、去锻炼、去做家务……因为习惯了，我们不用别人催促、斥责，就会自动自发、轻松省力地付诸行动；因为习惯了，我们不再觉得天天做某件事情是麻烦、是负担，反而把它当作和吃饭一样的自然而然的事情。这就是习惯的力量，它看不见、摸不着，但它能使事情变得省力、省心、高效、便捷。

作为一名学生，我们最关心的是学习，最应该培养的是良好的学习习惯。所有的高效学习方法都是通过良好的学习习惯来体现并巩固下来的。魏书生曾对他教过的近千名学生进行分析，发现对于 90% 的学生来说，学习好坏，智力因素只占 20%，非智力因素占 80%，而在非智力因素中，学习习惯又占据了重要位置。他教过的优等生，都具有良好的学习习惯。

良好的学习习惯有很多，本节仅列举其中几种中小学生必备的、对其学习能力发展影响较大的学习习惯以供参考。

二、培养坚持制订学习目标的习惯

一般来说，人的行为主要来源于两种动机：一种是外部动机，如希望获得他

人认可，获得奖励或避免惩罚等。第二种是内部动机，源于内在的兴趣、好奇心、目标理想等。小学中低年级学生受年龄、认知能力等限制，在学习上常常受物质奖励、渴望获得他人赞美等外部动机的影响。进入小学高年级或初中后，学生的自我意识逐渐觉醒，开始思考"我为什么要学习"，外部学习动机减弱，内部学习动机增强，学生的学习行为越来越受目标驱动。因此，我们要积极探索自己的学习目标，以目标为导向，形成"我要学"的内部动机，激发源源不断的学习热情与动力。

一方面，我们要探索自己的人生理想，把当下的学习和未来的理想联系起来。有了奋斗的目标，我们才能拥有持久的学习动力，才能加快前进的步伐。

另一方面，我们要坚持制订学习上的中短期目标，用以指导我们当下的具体行动。人生理想，光喊口号是很难实现的。想想我们曾经的豪言壮语"我要考上北大""我要当工程师"……但是，我们想过考北大需要具备哪些条件和能力吗？我们现在应该做什么？怎么做？一个接一个问题砸下来可能会让我们从雄心勃勃瞬间变得一脸茫然。

因此，我们要从自己的学习情况出发，制订清晰、明确的中短期学习计划，包括初中三年目标、学年目标、学期目标、月目标、周目标、日目标等。在制订学习目标时，我们要遵循目标设定的 SMART 原则：

（1）Specific（S）：明确的。即目标要尽量说得具体，不要含糊不清或太广泛。

（2）Measurable（M）：可以量度的。指验证目标的数据是可以获得的。

（3）Achievable（A）：实际可行的。最具吸引力的目标是"跳一跳就能够得着"的目标。

（4）Rewarding（R）：有足够满足感的。

（5）Time limited（T）：有时间限制的。在时间限制下，我们才能果断行动，加速前进。

例如，我的目标是一个月内完成一本数学习题集，具体计划是每天做 3 题，每天晚上 7 点钟开始做题，一小时内完成。

三、培养坚持预习、听课、复习"三步走"的习惯

课前预习、课堂听讲、课后复习，是最基本、最经典的学习习惯。一位清华大学学子分享他的学习方法时说："我深信学习的路上没有捷径可走。我的学习

大致可分为这样几个次序：课前坚持预习、课上笃志听讲、及时拾掇笔记、分段梳理总结。就是这些看起来再普通不过的学习习惯，却帮助我在学习过程中一直保持着不错的成绩。"

1. 课前预习

每天晚上写完作业，我们都应抽一点时间预习第二天的功课。了解新课的主要内容，找出新知识的难点与重点，带着问题上课，效率更高。我们最好根据老师的要求来预习，事先问问老师该怎么预习，预习方式要与老师的课堂计划配套。

预习的方法有很多，如尝试预习法、鸟瞰预习法、提纲预习法等，我们可以通过反复实验，选择适合自己的预习方法。例如，尝试预习法是将新知识大致浏览一遍后，合上书本思考：这一课学了什么新知识？新知识与旧知识有什么联系？哪些问题没搞懂？回忆过后，尝试完成课后思考题或练习题，不会做就停下来分析一下原因，调整预习方法再预习一遍，再尝试作答，将实在不理解的地方标注出来，以便上课的时候有侧重地听讲。

2. 课堂听讲

上好一节课，比我们私下学习几小时更有用。

首先，我们要保证上课全程注意力高度集中，不错过老师讲的每一个知识点。

其次，我们要带着问题上课，特别是预习时发现的知识重点与难点，这样听课更有针对性，也更专注。

然后，我们要紧跟老师的思路，如果遇到听不懂的地方，先记下来，课后再解决，然后跟随老师进入下一个问题的解答过程，以免错过了老师的思路，后面的知识就更难听懂了。

最后，我们要学会做笔记。我们从小学开始就应该学会记一些简单的笔记，进入初中后，笔记更是在我们的学习中发挥着重要作用。我们的笔记应着重记下这些内容：老师的讲课提纲或解题思路、课上没听懂或有不同看法的问题、老师对知识点的总结性话语等。

3. 课后复习

德国心理学家艾宾浩斯的"遗忘曲线"告诉我们，学习中的遗忘是有规律的。在记忆的最初阶段，遗忘的速度很快，后来逐渐减慢，过了相当长的时间，几乎就不再遗忘。根据遗忘规律，我们需要及时复习、定期复习，才能把知识真正变成自己的财富。

我们应形成有规律的复习习惯，例如，课后及时复习，巩固新知识；每周对一周内所学知识进行一次总复习，查漏补缺；每个月月末将一个月所学知识进行一次全面梳理，把所学知识串起来，形成知识体系。

四、培养良好的记忆习惯

千百年来，人类积累下来的知识财富丰富到让人难以想象，我们必须形成良好的记忆习惯，学会高效记忆，坚持反复记忆，把各门学科重要的知识架构、知识点等牢牢记住，这是我们灵活运用知识、积极创新知识的前提和基础。

1. 遵循记忆遗忘规律，强化记忆

德国心理学家艾宾浩斯经过试验发现，我们记住的内容 20 分钟后就会忘记 42%，1 小时后就会忘记 56%，9 小时以后遗忘的内容更是达到 64%。这就要求我们遵循记忆遗忘规律，在遗忘率高峰到来之前，重复记忆所学知识，达到巩固记忆的目的。我们每天晚上复习和记忆了当天所学知识后，应在第二天早晨起来后，及时复习前一晚的记忆内容，这样可以很容易唤醒沉睡的记忆，加深对所记知识的印象。

另外，我们也可以用"考自己"的方法，来中断记忆的遗忘过程。例如，复习课文时，我们可以时不时合上课本，问问自己课文讲的是什么，用自己的话解释一遍，这样做相当于给大脑下战书，大脑就会努力去加深记忆痕迹，对所学知识的记忆就会更加清晰、深刻。

2. 根据自己的学习通道类型选择记忆法

每个人都有自己的优势学习通道，例如，有的人擅长辨别不同的声音，对语言、声音等方面的接受能力和理解能力较强，通过听来学习新知识的效果最好，属于听觉型学习者；有的人对视觉刺激比较敏感，善于用眼睛来观察事物，阅读学习材料，属于视觉型学习者；有的人喜欢接触和操作事物，对于自己能够动手参与的认知活动比较感兴趣，属于动觉型学习者。

我们应选择能发挥自己优势学习通道的记忆方法，形成良好的记忆习惯。例如，听觉型学习者可以把难以记忆的长篇课文按照一定旋律编排成曲，利用旋律和节奏来帮助记忆，也可以大声朗读需要记忆的知识，提高记忆效率；视觉型学习者可以通过绘制思维导图、观看影像资料和图片资料等方式来记忆知识；动觉型学习者可以操作数学道具来记忆数学概念，通过做小实验来加深对物理、化学知识的理解与记忆等。

3. 遵循大脑的喜好来记忆知识

我们的大脑在工作时有一些特殊的"喜好"，如果我们能"投其所好"，将会达到事半功倍的记忆效果。例如，大脑喜欢分类，按照一定顺序排列、组合、归类的事物，更容易让大脑记住；大脑喜欢联想，把看起来毫无关联的事物通过联想联系起来，或者编成生动的故事，有利于我们快速记忆；大脑喜欢生动、夸张、有趣的图形，将文字材料转换为直观的图形，或者知识结构图，能大大提高记忆效率。

五、培养做事专注的习惯

良好的专注力能够使我们全身心投入学习，观察时能细致观察，思考时能深入思考，从而大大提高学习效率。据调查，凡是专心做事的人，往往成绩卓著；而时时分心的人，很难得到满意的结果。无论是学习、做事，还是玩耍、游戏，我们都应有意识地培养自己的专注力，养成专心致志的习惯。

1. 安排专门的家庭学习时间

我们可以和父母商量，每天晚上规定一个时间段作为专门的学习时间。这个时间段内，把家里的大灯关掉，书桌前的台灯打开，大家都在自己的桌前专心做自己的事，例如，我们专心写作业、读书，爸爸处理公务，妈妈计算家庭账目。大家彼此监督，相互鼓励，专注地完成自己的任务。

2. 在生活中训练专注力

我们也可以从生活点滴小事中训练自己做事专注的习惯。例如，玩游戏的时候全心投入地玩，不去想游戏以外的事；和父母说话时，仔细听对方说，认真给予回应，不做其他无关的事；睡觉的时候，安安静静地躺好，不说话、不乱动；做家务的时候，不听音乐、不闲聊，把注意力集中到家务活上等。

3. 学会排除干扰

心理学家经过研究发现，注意力不集中常常是因为我们在学习时容易受到三种干扰：外部环境干扰、心理状态干扰、目标因素干扰。

外部环境包括噪声、光线、空气质量等，以及父母的唠叨。学习前，我们应该检查自己所处的环境，排除相关干扰，例如，保持学习场所的安静，把书桌上与学习无关的东西收拾起来，请父母不要来打扰等。

心理状态指我们内心因为各种原因而无法平静地学习。学习前，我们可以通过冥想、深呼吸等方式，让自己的身体放松下来，尝试清空内心各种无关的情绪、念头，告诉自己，任何烦恼都等学习任务完成后再来思考和解决。

目标因素是指我们对学习目标缺乏清晰的认识，不知道这个学习任务有多重要，需要在多长时间内完成，如果不完成会有怎样的影响等。我们可以用纸笔写下每天的学习任务和完成时间，以及不完成目标应受到的处罚，"白纸黑字"地提醒自己集中精神完成学习目标。

六、培养勤于思考的习惯

科学实践表明，人的大脑越用越聪明，如同我们的身体一样，只有不断锻炼才会越来越强壮。在学习过程中，我们不仅要理解、吸收、记忆知识，更要积极思考、大胆质疑，勇于提出问题，敢于挑战权威，让我们的思维能力得到充分锻炼。

1. 学会独立思考

一位家长分享他的孩子在国外上小学的经历。有一次，老师布置了一道家庭作业，写一篇介绍自己祖先生活的国度的文章，要求概括这个国家的历史、地理、文化等。10 岁的孩子兴致勃勃地到图书馆查资料，忙碌了几天后，他完成了一本 20 多页的小册子，从九曲黄河到象形文字，从丝绸之路到五星红旗，内容丰富到令人咋舌。他还把这篇文章分出了章与节，并在文章最后列出了参考书目。拿着这本小册子，孩子成就感满满。这个学习过程让他开阔了眼界，活跃了思维，他的收获远比一本小册子的内容多得多。

这就是独立思考、勤于思考的价值。当我们遇到学习难题时，不要急于向老师、父母寻求帮助，更不要贪图省事而直接向老师、父母要答案。我们要学会独立思考，用自己学过的知识、看过的书或者重新查阅相关资料等方法去寻找答案，这类似于寻宝游戏，每一步探索都有机会发掘出不一样的知识和技能。当我们想尽办法找到答案时，我们得到的不仅仅是一道题的结果，更有旁征博引的知识，以及满满的成就感。

当然，我们独立思考也要讲究方法和效率，例如，由已知推理未知，层层深入分析，看看自己究竟在哪个环节卡住了，也许是基本定理没理解清楚，或是知识储备不够，或是现有思路不通等。如果你能想到的办法都用了，思考了一段时间还不得要领，可以考虑向他人请教，切忌"钻牛角尖"，陷入思考的死胡同。

2. 学会举一反三

有时候，我们会遇到这样的尴尬：明明觉得自己已经完全弄懂了某个知识点的含义和应用方法，但是遇到该知识点的变形题或一些灵活性强的题目，却束手无策。这时候，我们会感觉自己反应慢、思路窄，好像思维僵化了一般。这就需要我们多进行举一反三的训练，提高思维的灵活性。

我们在做题时，不要满足于一种解题思路，可以尝试用不同的方法来解同一道题。或者根据这种题型，选择类似的题目，以及在此基础上变通的题目进行反复练习，尝试从不同角度来分析问题，增加解决问题的多种思路，提高该知识点的应用能力，达到举一反三、触类旁通的效果。

3. 学会反思

每天晚上完成作业后，我们都应该花十分钟的时间来反思当天的学习情况，包括是否完成当天的学习目标，每一门学科的新知识是否掌握，还存在哪些疑难问题，打算如何解决这些疑难问题，等等。然后根据当天的学习情况，拟订第二天的学习计划。

另外，我们应该为每一门学科准备一个错题本，把作业、练习、考试中的错题收集起来，定期翻阅和反思，思考自己当时为什么会做错，是否已经掌握了正确的解题思路和方法，遇到同类型题目时我们能做对吗，如何进一步巩固错漏的知识点，等等。在反思与实践中，逐个解决知识难点，进一步巩固知识。

请扫描书上二维码
阅读欣赏
▼
从小爱思索的
爱迪生

【生涯实践】

盘点你的学习习惯

1. 阅读与思考

李嘉诚自 1999 年被福布斯评为全球华人首富以来，几十年间不管风云如何变幻始终笑傲商界。从早年创业到现在，他有两个习惯一直保持着：一是睡觉之前一定要看半小时的书，了解前沿思想理论和科学技术，据他自己称，除了小说，文、史、哲、科技、经济方面的书他都读。书看到精彩处，他会舍不得放下，直到把文章看完才肯关灯上床。另一个习惯是晚饭之后一定要看二十分钟的英文电视，不仅要看，还要跟着大声说，这样做主要是李嘉诚怕跟不上社会的潮流，同时也能提高自己的英文能力。

思考：你从李嘉诚的学习习惯中受到怎样的启发？

2. 盘点你的学习习惯

（1）在你的学习经历中，良好的学习习惯有哪些？不良的学习习惯有哪些？

_____

_____

（2）请你描述一次成功的考试经历，谈一谈这次成功与你的学习习惯有怎样的关系？

_____

_____

（3）你打算如何改掉不良的学习习惯？请写出具体的行动计划。

_____

_____

【生涯名言】

世界上最快而又最慢，最长而又最短，最平凡而又最珍贵，最易被忽视而又最令人后悔的就是时间。

——高尔基

【生涯知识】

一、管理好时间，就是提高生命质量

1. 认识时间

一分钟你能做什么？

也许你会回答：一分钟能做一道数学题；一分钟能写 10 个汉字；一分钟能记 2 个单词；一分钟能收拾好书桌；一分钟能把卧室扫干净……

一分钟很短，能做的事有限。我们的生命正是由无数个一分钟组成，如果不懂珍惜这短短的一分钟，我们可能会错失大把的生命，再也追不回来。如果我们珍惜每一分钟，学会化零为整，那么我们可以利用这无数的一分钟做很多事情。

关于"时间"的概念，《现代汉语词典》的定义为："物质运动中的一种存在方式，由过去、现在、将来构成的连绵不断的系统，是物质的运动、变化的持续性、顺序性的表现。"时间具有四个显著的特质。

①供给不变性。时间的供给量是不变的，无论贫富、长幼，每个人每天只有 24 小时。

②不可存储性。时间一旦失去，就永远不会再回来。

③不可替代性。时间是不可缺少的基本资源，是其他任何事物都无法代替的。

④伸缩性。我们在占用时间的数量上是相等的，但在利用时间的效率上是不等的。

2. 我们的时间去哪儿了

受年龄、认知等限制，部分中小学生缺乏时间观念，自律能力比较薄弱，容易受到外界事物的干扰和诱惑，随意挥霍时间。据了解，中小学生通常把时间浪费在以下方面：

①找东西。我们常常会把大量时间浪费在寻找乱放的东西上面。

②懒惰。这是很多人的通病，过度懒惰将使人一事无成。

③拖延。做事拖拖拉拉，注意力不集中。

④畏难、逃避。遇到某项有难度的任务，习惯一拖再拖，逃避不作为。

⑤受其他人或事的干扰。例如，写作业中途被朋友叫去打球；被电视、电脑游戏吸引等。

⑥惋惜过去。总是想着过去犯的错误或失去的机会，止步不前。

⑦白日做梦。空想未来，却没有什么具体行动。

⑧对问题缺乏理解就匆忙行动。在未获得对一个问题的充足信息或未对问题进行充分思考之前就匆忙行动，以至于常常需要推倒重来，浪费了许多时间。

3. 管理时间，就是管理生命

时间是最稀缺的资源，失去了就不再有，错过了就难复得。我们必须从小学会管理自己的时间，提高学习与做事的效率，增添生活乐趣，提高生活质量，让我们的生命充实而精彩。

剑桥大学学生 Paige 不仅是一位学霸，还是一位坐拥 13.4 万粉丝的学习博主，经常和粉丝们分享自己的剑桥学习生活。Paige 每天晚上都会做好第二天的时间规划，早晨 7 点多起床，按照学校课程表奔赴各个教室上课，其余的时间，要么在自习室做题，要么在宿舍看书，晚上 12:30 左右准时睡觉。这是她学习生活中最普通的一天，每天都如此坚持完成学习任务，坚持自主学习。

而在假期，Paige 并没有疯玩，而是提前做好学习计划，有条不紊地学习。同时，她积极参加各种社会实践活动和社交活动，例如，她参加了剑桥传统赛艇队，有空时会和队友一起划赛艇，她还喜欢滑雪、打高尔夫、攀岩，或者外出旅游、参加舞会、参加职业体验等。她可不是"四体不勤，五谷不分"的书呆子，各种家务活都十分拿手，她会把自己的房间收拾干净，物品摆放整齐，还会做饭。Paige 通过科学的时间管理，把自己的学习和生活安排得井井有条、丰丰富富，她认真把握好生命的每个时刻，坚持做有意义、有价值的事。

二、培养良好的时间管理能力

1. 树立正确的时间管理观念

我们常常随意挥霍时间，虚度光阴，说到底是缺乏正确的时间观念，没有意识到时间的宝贵和价值。我们应多读古今中外成功人士珍惜时间、管理时间的书籍，了解到时间是一种非常有限的宝贵资源，由此树立正确的时间观，形成珍惜时间、节约时间的意识。同时，我们应在日常生活中养成珍惜自己和他人时间的良好习惯，例如早上不赖床、上学不迟到、按时赴约、不随便爽约等，做一个守时、惜时的人。

此外，我们要懂得，时间是需要管理的。我们的时间就像一块蛋糕，谁都可以来分一点，我们不控制时间，别人就会来控制它。因此，我们要增强时间管理意识，从自身实际情况出发，合理分配时间，提高学习效率与生活质量。

2. 分清事情的轻重缓急，优先做重要的事情

利用好时间最重要的原则是，不要试图把所有事情都做好。想要面面俱到，往往会适得其反，把自己弄得手忙脚乱，最后可能一件事情都做不好。我们要学会把繁杂的事情按照轻重缓急进行排序，永远先做最重要的事，确保自己的时间被高效利用。

管理学家科维提出了时间管理"四象限法"。他把工作按照"重要"和"紧急"两个不同的程度进行了划分，分为四个"象限"：重要且紧急、重要不紧急、紧急不重要、不紧急不重要，然后决定为不同类型的工作花费多少时间，如图7.1所示。

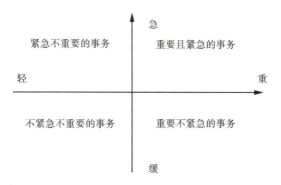

图 7.1 时间管理"四象限法"坐标体系

A类：重要且紧急的事务。有最高优先权，必须马上做，例如今天要背诵的课文、明天要交的作业等。

B类：重要不紧急的事务。这类事务往往和我们的人生目标有关，例如学习

新知识、保持身体健康等，这类事务应在我们的时间表里占据重要位置，每天坚持做。

C类：紧急不重要的事务。如果可以，就交给别人做。如果要自己做，应在短时间内完成。如取快递、打电话等。

D类：不紧急不重要的事务。尽量少做或不做，如玩游戏、漫无目的地浏览网页等。

根据四象限法，我们在处理任务时，通常要从最重要、最紧急的事情入手。但是，最值得长期坚持的应该是重要但不紧急的事务。研究表明，成功人士通常会花费60%~80%的时间来处理重要但不紧急的事务。我们每天都应花一定的时间来处理重要但不紧急的事务，有计划、有规律地为自己的成长和发展做好准备，这是我们未雨绸缪、保持领先的重要方法。

3. 坚持制订日程表，合理利用假期时间

是否制订日程表，决定了我们这一天是主动安排自己的活动，还是被动接受别人的安排。

（1）分析自己的时间利用情况

在制订日程表前，我们应学会分析自己的时间利用情况。我们可以把每天的时间分成若干类别，如上学路上的时间、上课时间、吃饭时间、自主学习时间、娱乐时间、睡觉时间等，连续记录一周后，再综合分析每一项事务花费的时间在全天时间中所占的比例，看看哪些时间被合理利用，哪些时间被浪费了，哪段时间学习最有效果，哪段时间状态最差等。

（2）学会制订日程表

在分析了自己的时间利用情况后，我们可以尝试制订更科学、合理的日程表。对于中小学生来说，周一到周五能够自由支配的时间多半是放学后的这段时间。以下是在学期间日程表样例（表7.1），仅供参考。

（3）高效利用假期时间

周末和节假日，中小学生可利用的时间明显增多，是整天看电视、打游戏，无所事事地度过一天又一天，还是合理规划时间，多做一些有意义的事，完全取决于我们对时间的管理。

表 7.1　在学期间日程表样例

时间	具体活动
放学回家—18:30	复习当天所学功课，写作业
18:30—19:00	吃晚饭
19:00—19:30	预习第二天要学的课程
19:30—20:10	看电视、玩游戏
20:10—21:00	阅读课外书
21:00—21:30	洗漱、收拾书包
21:30	上床睡觉

在设计假期日程表时，学习始终要占据一席之地。教育家魏书生建议，双休日每天应学习 5 小时左右。寒暑假期间也应安排一定的时间进行学习。在假期日程表里，应多安排一些社会实践活动，如家务劳动、兴趣培养、户外运动、公益活动、职业体验、国内外旅游等，充分利用假期时间来开阔眼界、提升综合素质。

假期日程表通常是对一整天的时间进行合理计划，这就要求我们遵循科学的生物钟，把重要的事放在精力最旺盛、效率最高的时段来做。一般来说，上午 9:00—10:30 这段时间是我们头脑最清醒、思路最清晰的时段，可以用来完成重要的、有难度的任务，例如背诵课文、参加社会调查活动等；晚上 7 点，是锻炼身体的最佳时间；晚上 8 点以后，我们的状态一般，可以用来看课外书。这样保持劳逸结合的生活节奏，有利于提高学习和做事的效率。

需要强调的是，我们在日程表上必须给自己留出休息时间，拒绝长时间学习或工作，更拒绝熬夜。以下是双休日日程表样例（表 7.2），仅供参考。

4. 抓住高效学习的 25 分钟

心理学研究表明，人的专注力很难长时间集中，"走神"是正常的心理现象。番茄工作法是一种抓住注意力缰绳的方法，即选择一个待完成的任务，例如语文作业，将一个番茄时间设为 25 分钟，在这 25 分钟内全神贯注地高效工作，25 分钟之后休息 5 分钟，每过 4 个番茄钟就多休息一会儿。注意，在这个 25 分钟内，不能做任何与该任务无关的事情，如打电话、去卫生间、刷朋友圈等，要真正做到专心致志、心无旁骛，直到番茄钟响起，时间到了才可以短暂休息一下。

表7.2　双休日日程表样例

时间	具体活动
7:00—7:20	起床、洗漱
7:20—8:00	吃早饭
8:00—10:30	复习本周所学知识，写作业，查漏补缺（每学习40分钟休息10分钟）
10:30—12:00	阅读课外书
13:50—17:00	参观博物馆
17:00—18:00	看电视、电影
18:00—18:30	吃晚饭
19:00—20:00	运动
20:00—21:00	预习下周学习内容
21:00—21:30	洗漱，整理房间
21:30	上床睡觉

对于自律能力较弱，无法长时间集中注意力的中小学生来说，番茄工作法简单易行。刚开始时，我们可能很难真的做到全身心投入学习，也许会被这样那样的事情打断学习进度。这时候，我们可以请求父母的帮助，例如，请父母督促我们坚持学习25分钟；请父母协助我们排除各种外在干扰，让我们可以沉下心来学习。只要我们坚持一段时间的练习，就会收到意想不到的效果。我们会发现，原来25分钟可以完成很多事情。

5. 交叉学习，根据不同学习内容来安排时间

《圣经·新约》的翻译者詹姆斯·莫法特在他的书房里摆放了3张桌子：第一张桌子上放着他正在翻译的《圣经》译稿；第二张桌子上放着他的一篇论文原稿；第三张桌子上放着他正在写的一篇侦探小说。莫法特的休息方法就是从一张书桌搬到另一张书桌，继续工作。这就是莫法特休息法。

如果我们长时间进行单一的学习，往往会因为单调乏味而产生厌烦情绪，造成身体或精神上的疲劳，严重影响学习效率。如果我们能经常改变学习方式、学习地点，或是几种学科交叉进行，使大脑总处在新鲜信息的刺激下，就可以持续高效地学习。

我们可以安排不同学科交叉学习，例如，先学习40分钟比较薄弱的数学，然后学习40分钟比较擅长的语文，擅长的科目往往能让你感觉学得带劲，乐在其中，

等我们放下语文，就可以把这种意犹未尽的学习劲头带到数学上，数学学习效率就能得到有效提高。

　　另外，我们的左脑擅长记忆、语言、推理等，负责语文、数学等学科；右脑擅长艺术、想象、情感、直觉等，负责音乐、美术等学科。我们在学习时可以轮换左、右脑各自负责的学科，例如，学习 20 分钟数学，再弹奏 20 分钟钢琴，然后朗读 20 分钟英语，既让学习活动丰富有趣，又促使左右脑均衡发展。

请扫描书上二维码
阅读欣赏
▼
时间即生命

【生涯实践】

学做时间小管家

　　1. 监督你的时间

　　请你准备纸、笔、手表或计时器，以每半小时一次的频率，详细记录自己的时间利用情况。记录要求如下：

　　（1）记录每个时间段的主要活动、计划用时、实际用时、时间浪费情况、原因分析等。着重记录你睡觉、吃饭、聊天、玩手机、打游戏、开小差等情况所花费的时间，这将告诉你时间都花哪儿了。

　　（2）如果全天记录有困难，可以分段记录，例如今天记录整个上午的时间利用情况，明天记录整个下午的时间利用情况等。

　　（3）坚持记录一周，然后对本周你的时间利用情况进行综合分析。

每日时间利用情况记录样表

日期：＿＿＿＿年＿＿＿月＿＿＿日

时间	事项	计划用时	实际用时	是否浪费时间	原因
6:00					
6:30					
7:00					
……					
21:30					
22:00					
22:30					

2. 分析你的时间利用情况

根据你记录的一周时间利用情况，请回答以下问题：

（1）你在一天中的什么时段精力最充沛，思维最灵敏？

（2）每天你花多少时间来与人交流？花多少时间来学习、阅读？

（3）你在学习、读书、做事时是否容易受到外界干扰？每次干扰占用了你多长时间？

（4）你是否经常把时间花费在一些无关紧要的事上，例如刷手机、打游戏、发呆等？

（5）你是否经常把当天的学习任务或其他任务推到第二天？

（6）你是否经常利用睡觉时间玩手机、看电视？

3. 制订你的日程表

回答上述问题后，你会对自己的时间模式有一定了解，并发现一些浪费时间的不良习惯。接下来，请你改进自己的时间管理技术，为自己制订一个新的日程表。在制订日程表前，复习一下你的人生目标、年度目标、学期目标、月目标、周目标，这样你会更清楚这一天该做哪些事情，也明白自己每一天所付出的努力，都是为了一步步向人生终极目标靠近。

每日计划样表

我的人生目标：＿＿＿＿＿＿＿＿＿＿＿＿＿＿＿＿＿＿＿＿＿＿

年度目标重点：＿＿＿＿＿＿＿＿，完成时间：＿＿＿＿＿＿＿＿。

学期目标重点：＿＿＿＿＿＿＿＿，完成时间：＿＿＿＿＿＿＿＿。

本月目标重点：＿＿＿＿＿＿＿＿，完成时间：＿＿＿＿＿＿＿＿。

本周目标重点：＿＿＿＿＿＿＿＿，完成时间：＿＿＿＿＿＿＿＿。

时间	计划事项	重要程度（A、B、C、D类）	完成情况	备注
＿：＿—＿：＿				
＿：＿—＿：＿				
＿：＿—＿：＿				
……				

我们成长

第三节 阅读为王，让书香陪伴

【生涯名言】

生活里没有书籍，就好像没有阳光；智慧里没有书籍，就好像鸟儿没有翅膀。

——莎士比亚

【生涯知识】

一、让书香陪伴我们成长

犹太人被公认为智慧者，他们有这样一个传统：在孩子很小的时候，母亲会在《圣经》的书页上滴蜂蜜，让孩子去舔，由此向孩子传递一个观念：书是甜的，读书像蜜糖一样美好。联合国教科文组织经过调查发现，全世界每年阅读书籍量排名第一的是犹太人，平均每人一年 64 本。由于热爱读书、热爱学习，犹太人的人口总数只占世界总人口的 0.2%，却获得过 29% 的诺贝尔奖。

读书，是人文素养的长跑，要像吸入新鲜空气一样吸入人文素养，使我们健康、智慧、卓越。读书，是与大师对话，让顶级的思想、品味和格调引领我们超越浮躁、空虚的生活，让睿智、豁达和优雅充盈我们的心灵。

> 古今中外，凡成功者几乎无一不是爱读书的典范。世界文豪高尔基爱书如命。有一次他房间失火，他首先想到的不是个人安危和贵重物品，而是他的书。为了抢救书籍，他险些被烧死。他说："书籍一面启示着我的智慧和心灵，一面帮助我在一片烂泥塘里站起来，如果不是书籍的话，我就沉没在这片泥塘里，被愚蠢和下流淹死了。"

对于正处于求学求知阶段的中小学生来说，阅读能够丰富知识、拓宽视野、激发兴趣、开发潜能，是让人终身受益的一种生活方式。我国新课程标准对学生课外阅读量也作出了明确要求，《全日制九年义务教育语文课程标准》要求九年课外阅读总量应在 400 万字以上。新高考改革也要求今后高考所有科目都增加阅读量。

二、培养良好的阅读习惯

1. 坚持制订阅读计划

在制订阅读计划前，我们要选择一本待读书籍。我们可以根据自己的年龄、兴趣、学习需要来选择阅读书目，也可以参考教育部推荐的中小学生课外阅读书目，或北大、清华等名校名师推荐的阅读书目来选择适合自己的书籍。

选定阅读书籍后，我们要学会制订阅读计划，确定阅读的内容、时间、地点、方式等，有目标、有计划地开展阅读，提高阅读效率，养成坚持阅读的良好习惯。

此外，我们应该为阅读创造一个安静、舒适的环境，可以和父母商量，在家中单独开辟一个"读书角"，或者专门用于学习和读书的房间。我们也可以到图书馆、公园去阅读，从而避免嘈杂的声音或其他人为干扰，全身心沉浸在书的世界。著名作家林清玄认为，不同的环境有对应适合的书籍，"如果读报纸，我会在早上到公园里看；如果读佛经，我得坐在大树下；而书房、冷气房，就适合看精装的系列丛书，主要是太重了，懒得拿出去。"

以下是一份阅读计划样例，仅供参考。

> 阅读目标：一个月内读完《海底两万里》。
> 阅读计划：每天阅读一章。
> 阅读时间：每天晚上 8:00—9:00。
> 阅读地点：自己的小卧室。
> 阅读方式：默读、精读，画出好词、好句或精彩段落。

2. 坚持纸质阅读，灵活运用多媒体阅读方式

随着人工智能时代的来临，灵活、智能的多媒体阅读方式受到越来越多的读者欢迎，如电子书、听书频道等，多媒体阅读方式大大提高了我们检索和阅读信息的效率。然而相比之下，还是纸质阅读更能让我们开悟人生、升华灵魂。

基于文字的纸质阅读，能够让我们浮躁的心沉静下来，沉心阅读，细品慢悟，在书籍里遇见大师，和世界对话，拉近我们与生活的距离，通过对书籍一页一页地品读，逐字逐句地剖析，深刻体会书籍中包含的思想与情感，充分开发我们的想象能力、思维能力、判断能力，发展我们的责任感和多元价值观。而且，我们随时可以在纸质书籍的空白处落下自己的批注、疑问、见解等，让纸质书籍承载我们的思考与足迹，承载我们与书相伴的岁月。

另外，纸质书籍通常设计精美、印刷工整，阅读时还能隐隐闻到沁人墨香，让我们从感官上获得愉快体验，翻阅图书更让我们有一种庄重的仪式感，仿佛阅读是一件神圣的事情，值得我们珍之重之，从而使阅读成为我们生活中一种难能可贵的体验。

当然，多媒体阅读也是我们进行高效阅读的重要方式。多媒体阅读只是改变了阅读的媒介和方式，其本质还是从文字中汲取精神养料。我们可以根据自己的阅读需要，选择适合自己的专业阅读平台，例如 kindle、ireader 等新阅读载体，以及喜马拉雅 FM、有书 App、樊登读书会等自媒体平台，不断丰富我们的阅读体验，扩充我们的眼界与学识。

3. 养成边阅读边书写的习惯

"不动笔墨不读书"是很多学有成就者的共同经验。毛泽东同志每阅读一本书或一篇文章，都在重点的地方画上圈、杠、点等符号，在书眉和空白的地方写上批语，还纠正原书中的错别字和不恰当的标点符号。

我们应养成勤于动笔的习惯，阅读时把重要内容标注出来，例如，好词好句用"—"画出来，重点词语用"○"标记，难以理解的词句打上"？"，在空白处写下个人的思考与疑问等。阅读结束后，我们可以把书中的好词妙句摘录下来，为写作积累丰富素材，也可以坚持写读书笔记，记录下自己阅读时的所思所想、所感所悟，锻炼我们的思维能力和写作能力。

4. 养成边阅读边思考的习惯

数学家华罗庚的读书过程经历了"由厚到薄""由薄到厚"两个阶段。他边阅读边思考，逐步对书籍的内容有了比较透彻的理解，这时候，书就越读越薄了。同时，他对书籍各章节内容进行深入探索，在每页上加添注解，补充参考资料，那么，书又越读越厚了。

由此可见，真正高效的阅读绝不是走马观花、囫囵吞枣，而是要边阅读边思考，多方质疑，理清思路，积极寻找答案，并准确表达个人观点，在思考与问答中把书读懂、读透，将阅读所得的知识真正转化为自己的本领，为我所用。

一位语文尖子生分享道："不管是阅读小说还是其他方面的书，我从不追求速度，而是注重在阅读的过程中有所收获。例如，刚开始阅读时，我每天只读一篇文章，读完之后，合上书，我就会静静地思考这些问题：这篇文章所讲的主要内容是什么？作者想要表达的思想是什么？它大概分几部分来讲述这些内容？这种文章结构是否新颖……思考的次数多了，这种思考就成了我的一种习惯。现在，我读完一篇文章后不仅要去思考，而且还会带着这些问题去阅读。因此，不管同学们觉得阅读题目有多难，我都能轻松得高分。"这就是阅读与思考相结合的益处。

三、父母是促使孩子"好读书，读好书"的中坚力量

阅读，是美文的阅读，是思想的阅读，是生命的阅读。父母和孩子一起阅读，好比携手走进阳光灿烂、水草丰美的牧场，那是给生命奠基的过程。家庭是最适合孩子的育人场所，父母是对孩子影响最深的成长导师，父母的躬亲示范，家庭书香氛围的耳濡目染，都能有力助推孩子形成终身阅读的理念，养成坚持阅读的良好习惯。

1. 父母坚持阅读，为孩子树立绝佳的阅读典范

著名音乐人高晓松曾回忆自己儿时的阅读经历，他说由于父母爱读书，家里最多的东西就是书了，除了各个房间和角落到处都是书，甚至连过道都摆放了各种书，因为父母常常爱看书，受他们的影响，高晓松在小的时候就爱上了阅读，闲来无事就喜欢到书架上去翻阅。由此可见，孩子爱阅读的背后，是受父母的影响。

一个爱阅读、常阅读的家长，将会是孩子近在咫尺、直观可见的读书榜样。父母身体力行地坚持读书，就是教育孩子"多阅读"最有说服力的表现。试想一下，一个天天刷抖音、追剧的家长，怎么能让孩子相信"阅读是件极好的事情"。"如果阅读真的这么好，你为什么不读书呢？"孩子一句反问，就能让家长哑口无言，毫无反驳余地。因此，千次万次苦口婆心的说教，都不如父母亲自给孩子做个示范、立个榜样。

父母可以每天为自己安排一段雷打不动的读书时间，沉下心来安静学习。看到家长那么认真地读书，孩子也不好意思继续玩耍了，会自觉找一本书坐到父母身边细细阅读。父母也可以经常和孩子一起读书，分享读书心得，探讨读书中遇到的问题，激发孩子对阅读的兴趣。父母还可以经常带孩子去图书馆、书店看书，让孩子在书的海洋里自由选择。

2. 亲子阅读，坚持陪伴孩子阅读与成长

亲子阅读又称亲子共读，就是以书为媒，以阅读为纽带，让孩子和家长共同分享多种形式的阅读过程，是让孩子爱上阅读的最好方式之一。

很多父母认为，亲子阅读只适用于学龄前儿童，上小学后，孩子就可以、也应该自己读书了。事实上，陪伴学龄后的孩子阅读，才是培养其良好阅读习惯的关键。亲子阅读非常符合"先听说，后读写"的语言发展规律，家长把书籍内容

以生动的形式读给孩子听，孩子就会受到吸引，产生想要自己阅读的冲动。因此，进入小学阶段后的亲子共读，不仅发挥着帮助孩子识字、为孩子读书等作用，还特别强调通过共读，为孩子推荐好书，吸引孩子坚持读书。父母不妨参考以下方式对孩子实施"读书诱惑"：

孩子问：妈妈，今天我们要读什么书？

家长说：《鲁滨逊漂流记》。

孩子说：我昨天翻了了，这本书不好看，我想看别的书。

家长说：我们先读一点试试看，好吗？这本书可是我小时候最喜欢的一本书哦。这本书是讲一个医师遭遇船难，流落荒岛的故事。他登上荒岛之后，首要事情是找吃的东西。有一天，他的运气不错，挖到 60 个海鸭蛋……

孩子的眼睛亮了起来，心想：好像挺有趣的。

这时，妈妈忽然把书本一合，话锋一转，说：时间到了，我们明天继续。这个故事真的非常精彩，后来鲁滨逊还会遇到……

这样的"亲子共读"，往往能收到不错的效果。孩子一下子就被跌宕起伏的剧情所吸引，等不及明天，现在就想要自己阅读书籍。由此可见，父母带领孩子共读书籍，往往是吸引孩子打开阅读之门，欣赏书籍背后扑面而来的美景的一把金钥匙。

有学者认为，以识字、帮助阅读为主的亲子阅读，至少要延长到孩子 10 岁左右，而以讨论、分享为主的亲子阅读，可以延长至无限期。也就是说，针对小学中低年级的孩子，父母可以通过朗读书籍、介绍书籍故事内容的形式，吸引孩子阅读各类情节曲折、用词相对简单的书籍，帮助孩子爱上阅读。

针对小学高年级以及初中的孩子，父母可以通过问题讨论、情感共鸣等方式，引导孩子阅读门类比较丰富、立意比较深刻的书籍，让孩子更好地感受阅读为其成长带来的益处，促使孩子养成良好的阅读习惯。

3. 处处皆有书，创造书香弥漫的家庭环境

父母可以定期扩充家里的书籍存量，在书架上分门别类地整齐摆放书籍，为孩子营造良好的读书环境。此外，家长可以在家里随处散放一两本书籍，方便孩子随手翻阅，如果孩子正好看到有趣的内容，说不定就会席地而坐，津津有味地看起书来。

此外，身边随时带着书，也不失为一个培养孩子阅

请扫描书上二维码
阅读欣赏
▼
书香盈满人生路

读习惯的好方法。父母带孩子出门，与其带一堆零食、游戏机、iPad，不如带几本精彩好书。等公交车时、等上菜时、排队时，父母就可以把书拿出来让孩子读一读。久而久之，孩子的阅读习惯自然而然就养成了。

【生涯实践】

阅读与思考

明末清初的爱国主义思想家顾炎武自幼勤学。他6岁启蒙，10岁开始读史书、文学名著。11岁那年，他的祖父蠹源公要求他读完《资治通鉴》，并告诫他说："现在有的人图省事，只浏览一下《纲目》之类的书便以为万事皆了了，我认为这是不足取的。"这番话使顾炎武领悟到，读书做学问是件老老实实的事，必须认真忠实地对待它。

顾炎武勤奋治学，他采取了"自督读书"的措施：首先，他给自己规定每天必须读完的卷数；其次，他限定自己每天读完后把所读的书抄写一遍。他读完《资治通鉴》后，一部书就变成了两部书；再次，要求自己每读一本书都要做笔记，写下心得体会。他的一部分读书笔记，后来汇成了著名的《日知录》一书。最后，他在每年春秋两季，都要温习前半年读过的书籍，边默诵，边请人朗读，发现差异，立刻查对。他规定每天这样温课200页，温习不完，绝不休息。

思考：

1. 顾炎武的祖父对他的读书治学有很深的影响。在你的成长过程中，有没有对你的阅读习惯养成产生过重要影响的人？他/她对你的影响体现在哪里？

2. 说一说顾炎武采用了哪些方法来读书？

3. 在阅读过程中，你通常采用哪些阅读方法来读书？效果如何？

4. 你还知道哪些科学、有效的阅读方法？

第四节　开发创新思维，做一个勤于思考、敢于批判的人

【生涯名言】

　　提出一个问题往往比解决一个问题更重要，因为解决一个问题也许仅是一个科学上的实验技能而已，而提出新的问题，新的可能性，以及从新的角度看旧的问题，却需要有创造性的想象力，而且标志着科学的真正进步。

——爱因斯坦

【生涯知识】

一、创新思维能力是个人成功与社会进步的源泉

　　小说家毛姆未成名之前，他的小说无人问津。在穷得走投无路的情况下，他用自己最后一点钱，在大报上登了一则醒目的征婚启事："本人是个年轻有为的百万富翁，喜好音乐和运动。现征求一位和毛姆小说中女主角完全一样的女性共结连理。"

　　广告一登，书店里的毛姆小说一扫而空，无论是已婚、未婚、男的、女的、老的、少的，大家都想看看毛姆小说中的女主角是什么样的。从此，毛姆的小说名声大噪，销售一路长红。

　　这种出人意表、打破常规的做法反映的就是一种创新思维能力。回顾人类社会发展的历史，我们会发现，一部人类文明史，就是一部人类创造史。人类在适应自然、改造世界的过程中不断创造新事物、新思想、新秩序，继而推动社会一步步走到今天，实现了高度文明与现代化。例如，牛顿对一个落地的苹果感到好奇，创造出著名的"万有引力"定律；莱特兄弟从飞翔的小鸟身上得到启发，发明了飞机等，这些都是创新思维的成果。

　　新中考、新高考改革增设了面试环节，这一举措考验的正是学生的思维能力和表达能力。语言是思维的物质外壳，思维是语言的内核，思维的内容决定语言表达的形式，学生思维水平的差异也直接影响其语言表达水平的高低。可见，面试实质上是考查学生思维能力的深度、广度、创意程度和批判性程度，重视发展学生的思维能力，特别是创造性思维能力。

二、创新思维能力概述

1. 什么是创新思维能力

创新思维能力是指思维活动的创造意识和创新精神，不墨守成规，求异、求变，表现为创造性地提出问题和创造性地解决问题。

创新思维即富有创见的思维，包括发散思维、收敛思维、逆向思维、批判性思维等。创新思维的关键在于突破原有理论、传统观念、思维定式的束缚，提出新意象、新概念、新观点，并加以系统化，形成新理论、新技术、新的艺术作品。

2. 创新思维训练公式

曾有人提出一个简单易学的创新思维训练公式，即："难道只能这样吗？还能做哪些改变？"这个公式看似简单，实则是在一遍遍自我探问中，不断触发我们的思考按钮，促使我们突破思维局限，开拓多维思路，尝试另辟蹊径，直至"柳暗花明又一村"。

这是一个对思维千锤百炼的过程，也是一种如同探访秘境、搜寻宝藏般的新奇刺激、惊喜连连的独特体验。由此可见，多问、多思、多练才能形成一种习惯性的思考行为，产生大量灵感乍现、思绪泉涌的奇妙成果，这是培养创新思维能力、让创意开花结果的不二法门。

三、右脑开发训练

人的右脑具有观察、想象、直觉、创造等功能，是创新的反应区、潜能的刺激区，一个右脑发达的人往往直觉敏锐、想象力丰富，且常常突发灵感、创意无限。爱因斯坦把他的许多重大科学发现归因于他的想象游戏。他曾想象自己骑光束到达遥远的宇宙极端，又"不合逻辑"地回到太阳表面。这个想象游戏使他意识到，空间可能本来就是弯曲的，由此诞生了著名的相对论和近代物理学。因此，我们有必要加强右脑训练，不断激活右脑功能，促使"创新之泉"欢乐涌动。

1. 想象力训练

想象力是人在已有形象的基础上，在头脑中创造出新形象的能力。我们平时可以随心所欲地想。例如，空想旅行，先定好旅行目的地，再借助地图和时刻表，在大脑中制订好旅行路线，选择搭乘的交通工具，然后想象自己顺利到达目的地，在脑海中详细描绘目的地的每一处风景，细细品尝每一道美食，还和当地居民愉快交谈，在空想中尽情享受旅行之趣。

我们也可以进行有预定目的的想象。例如，以现实生活条件为基础，想象事物或社会未来可能出现的情景。2017 年高考北京卷的作文题：2049 年，我们的共和国迎来百年华诞，届时假如请你拍摄一幅或几幅照片来展现中华民族伟大复兴的辉煌成就，你将选择怎样的画面？我们可以想象宏大的场面，如"一带一路"倡议在未来给人们生活带来怎样的变化；我们也可以想象具体的生活细节，如个人的生活场景和事业成就等。

2. 联想力训练

联想是指从一种事物想到另一种事物的心理活动。其本质是发现原来认为没有联系的两个事物（或现象）之间的联系。也就是通常说的"由此及彼""举一反三""触类旁通"。联想包括相关联想、相似联想、对比联想等。

我们可以经常进行联想训练。例如，花和椅子之间怎么产生联想呢？我们可以这样想：花→花色→印有花色图案的椅子。

3. 用听觉刺激促进右脑活性

我们大脑的构造是：声音通过听觉区到达大脑的深层部分，神经回路打开。例如，当我们朗读时，间脑就集中能量变得很宽大，进而打开最深层的间脑记忆回路，提高记忆效率。

因此，我们可以采用听音乐、朗诵、背诵等方式来激活并增强右脑的活动。研究发现，西方古典音乐更适宜刺激右脑。听音乐时，我们最好选择古典音乐或华尔兹、爵士乐等。很多爱好西方古典音乐的人，在倾听音乐时，常常会感到身心放松、头脑清晰、心旷神怡。

需要强调的是，创新思维不是单一的思维模式，它优化和整合了左脑和右脑的功能。因此，我们在关注右脑创造性功能开发的同时，也绝不能忽视左脑的应用与发展，促进左右脑协同发展才是大脑开发、高效学习的最高原则。

四、发散性思维训练

发散性思维是指以一个问题为中心，从各种不同角度或侧面进行深入的思考来解决问题的思维方式。发散性思维要求人们在一定时间内，围绕某一个问题，迅速、大量地提出解决问题的方案，体现了思维的流畅性、灵活性和独创性。

例如，过去人们总是花大量心思去思考如何保证商品经久耐用。后来，人们受到对比联想方式的启发，想到可以制造一次性商品，如一次性饭盒、一次性筷子、一次性纸杯、一次性洗漱用品等。一次性商品问世后，同样受到了消费者的欢迎。当年，中国台湾的一次性雨伞进入美国市场后，销量一举超过了经久耐用的黑色传统雨伞。

我们在思考问题时，应该尝试破除各种思维定式，把思维对象放到更广阔的时空和背景里思考，多角度、多层次、多侧面地挖掘事物的本质，形成与众不同的、独特的见解。

例如，照明方式有哪些？回答：点油灯、打开电灯、点蜡烛、点火把、打开手电筒、用镜子反射光、划一根火柴、捉几只萤火虫、物体摩擦产生的火光……

五、收敛性思维训练

收敛性思维又叫作集中思维，是相对发散性思维而言的。它是以某个思考对象为中心，尽可能运用已有的经验和知识，将各种信息进行重新组织，经过识别和选择，从不同方向和角度将思维集中指向这个中心点，从而达到解决问题的目的。

如果说发散性思维是海阔天空，收敛性思维就是九九归一。我们通过发散性思维提出解决问题的种种设想和方案，然后再通过收敛性思维对各种方案进行分析和比较，最终得出一个可行的、合适的方案。我们在思考问题时，应该将发散性思维和收敛性思维结合起来，经过由发散到收敛，再由收敛到发散，多次循环往复的思维过程，直至解决问题。

六、逆向思维训练

逆向思维是朝着认识事物的一般方式的相反方向去思考问题，从而推出不同凡响的思维方式。逆向思维常常突破常规、标新立异，具有深刻的批判性和积极的创造性。

我们在思考问题时，如果能够学会使用反向思考的方式，往往能够从意想不到的视角发现常识思维所看不到的东西，从而用全新的思路去解决实际的问题。我们可以经常进行逆向思维练习，例如参加辩论赛，正方反方辩论时，反方采用的就是逆向思维。

　　某班组织了以"过程与结果哪个更重要"为辩题的辩论会，正方论点是"过程比结果更重要"。正方一辩在立论时陈述："难道对方辩友从来没有钓过鱼？从来没有做过饭？从来没有爬过山？诚然，抓到鱼、享用美食、到达山的顶峰，这些结果很重要；但是相较于垂钓时的乐趣，做饭时聆听锅碗瓢盆的交响曲，攀登崎岖山路时与优美风景的美妙邂逅，哪儿还有必要计较结果呢？所以，我方认为，结果不如过程重要！"

　　反方一辩运用逆向思维进行思考，可以这样回复："难道对方辩友从来没有赛过跑？从来没有考过试？从来没有弹过琴？诚然，一步步向前奔跑、一丝不苟地分析作答、清晰地弹奏出一个又一个音符，这些过程很重要；但是相较于冲刺之后获得一个好名次，考试之后能有像水壶被灌满一样的充实收获，弹奏完成之后雷鸣般的掌声、热情相拥，哪儿还有必要计较过程呢？所以，我方认为，过程不如结果重要！"

七、批判性思维训练

　　批判性思维是指对他人或自己的观点、做法或思维过程进行评价、质疑、矫正，并通过分析、比较、综合，进而达到对事物本质更为准确和全面认识的一种思维活动。有着批判性思维的人勤于反思，敢于质疑，能够从普遍认同的权威、真理中找出不合理的因素，善于提出问题、分析问题，寻找解答方法，形成自己的意见，做出决定，形成结论。从这个角度看，批判性思维是创新思维的核心。

请扫描书上二维码
阅读欣赏
▼
中国少年科学院
"小院士"李妍彤

　　我们在学习中要学会独立思考，在心里多问几个"为什么"。例如，对于老师讲授的知识和观点，不应想都不想就"照单全收"，要深入思考，敢于质疑权威，和老师进行平等交流，并积极搜集论据，通过分析、推理，批判谬误，发现真理。我们通过这样反思质疑、分析求证、明辨真伪的过程，锻炼思维的灵活性、深刻性、辩证性，为创新思维的发展奠基。

【生涯实践】

创新思维能力训练

　　请你按要求回答以下问题。需要说明的是，以下问题没有标准答案，请你跳出思维定式或其他思维禁锢，充分释放自己的思维活力。

1. 想象力练习

（举例）帅气：长得像蟋蟀又惹人生气。

超人：_____

大方：_____

谦卑：_____

时髦：_____

勇士：_____

负责：_____

2. 联想力练习

雨中赏荷花，别有意境。当雨水滴落在荷叶上，它会怎么样？由此你想到了什么？

_____

_____

3. 发散性思维练习

（1）写出手机的各种用途。

_____

_____

（2）怎样才能把核桃打开？办法越多越好。

_____

_____

（3）我在生活中扮演什么角色？如妈妈的孩子、爷爷的孙子、老师的学生、饭店的顾客等。

_____

_____

4. 批判性思维练习

王俊凯特别反感"疯狂追星"的行为，他曾数次表达对"疯狂追星"的抗拒："许多粉丝追车，特别危险，买跟我同班的机票，劳民伤财。"他表示，不要在不该见面的场合见面，互相尊重，也给彼此一些私人空间。

2017年2月，王俊凯参加北京电影学院艺考。粉丝和拿着"长枪短炮"的媒体在现场徘徊，只等待王俊凯的到来。随着校园内爆发出一阵尖叫，大批人流迅速涌向北电小超市旁，一时间万人空巷。王俊凯一现身就引发轰动，遭团团包围，甚至有粉丝捏王俊凯的脸，试图撕下他的口罩。不过大多数粉丝还是为他加油打气。

为什么会出现这么多狂热的粉丝？究竟是明星的魅力太大，还是媒体的炒作？究竟是利益集体背后的策划，还是社会信仰的集体缺失？

你觉得什么是狂热粉丝背后的推手？

第五节 勤练语言表达，书面语言与口头语言『双语』开发

【生涯名言】

语言，思想的渠道！语言，思想的标准！从思想之矿开采出来的也许是金，也许是渣，但如果用语言将它表达出来，我们便能知道它的真正价值。

——扬格

【生涯知识】

一、社会发展、教育改革重视个人的语言表达能力

当代社会的多元化发展趋势，要求各行各业的人才不仅需要"把话说得漂亮"的口才，也需要"把事写得动人"的书面表达能力。例如，企业家要用雄辩滔滔的口才来凝聚人心，共创辉煌；销售人员要用伶俐的口齿来推销商品、招徕顾客；企业需要用简短、精练的语言文字来呈现企业文化特色，新出的产品需要有创意、有新意的广告词来抓住人们的眼球……可以说，语言表达能力较强的人，在求职、谋发展的过程中占有明显优势。

新中考、新高考改革试图破除"唯分数论"，积极推行多元录取机制，即依据学业水平考试成绩和高考（中考）成绩，参考综合素质评价。而综合素质评价面试是综合素质考查的主要形式，主要围绕"综合素质纪实报告"和"自我陈述"展开，不仅考查学生的思想品德、学业水平、身心健康等综合素质水平，还要考查学生的书面表达和口语表达能力，鼓励学生自由地表达、有个性地表达、有创新地表达。

二、语言表达能力是学生必备的重要素养

第一，优秀的语言表达应该是就事论事，逻辑清晰，条理分明。可以是妙语如珠，让人莞尔一笑又心领神会；也可以是一针见血，让人心头一颤又自觉沉思。无论何种形式，表达出来的语言都能让人看得懂、听得清、理得顺、想得明。没

有含糊不清，不会模棱两可，没有华丽辞藻的简单堆砌，也没有故作高深的晦涩难懂的术语累积。

新冠肺炎疫情期间，复旦大学附属华山医院感染科主任张文宏医生在网络上多次指导民众应对疫情："你家里的孩子不管长得胖、长得瘦，喜欢不喜欢吃东西，这段时间他的饮食结构，你要超级重视。绝不要给他吃垃圾食品，一定要吃高营养、高蛋白的东西，每天早上准备充足的牛奶、充足的鸡蛋，吃了再去上学。""最好的药是什么？我告诉你，最好的是多睡觉，多吃鸡蛋，多喝牛奶，不出去瞎混！最好的药就是免疫力。"张文宏医生的讲话，质朴有力，直抵本质。既专业，又深入浅出，让各个层次的人都能听得懂。

第二，优秀的语言表达应该是直抵人心、抚慰心灵、引人共鸣、发人深省的。这样的语言有时能让人品出交浅言深、如沐春风的趣味，有时能产生振聋发聩、醍醐灌顶的作用，有时能达到击穿假象、揭示本质的效果。

第三，优秀的语言表达还应该是个人与他人、与世界的真诚对话，是展现真实自我的一个窗口。表达者通过语言，向大家徐徐呈现自己看过的风景、读过的书，向大家细细剖白自己的所思所想、所得所失。这样的语言包含真情实感，折射出个人的内在涵养和处世哲学，展现出表达者的个性、思想、品德、价值观、眼界与学识、思维广度与深度等，向人们呈现立体丰满、有血有肉、有思想有灵魂的个人形象。

人代会发言人傅莹在谈到紧张的中日关系时说："中日之间存在的分歧，原因比较清楚，中国希望通过对话、磋商，通过商谈去解决分歧和矛盾。中国人经常讲'一个巴掌拍不响'，需要双方都有这样的意愿。如果对方选择的是强硬的举措，选择的是背弃共识的做法，那么中国还有一句话叫'来而不往非礼也'。我希望今天通过你的报道能够如实地向日本社会传递这个信息。从人大代表的角度，我们非常希望日本社会方方面面能够倾听中国人民的声音，能够客观地看待过去发生了什么，现在发生了什么，这样两国就能够找到对话的基础。"

傅莹的表态，引用了两句熟语：一是"一个巴掌拍不响"，温婉地希望中日双方都要克制；二是"来而不往非礼也"，告诫对方，如果背弃共识，选择强硬，那么中国也会坚定地对等回应。这段话表现了傅莹柔中有刚、刚柔相济的个性。

我们应该有意识地训练自己的语言表达能力。书面表达方面，我们应破除作文定式，自由地、有创意地写作。口语表达方面，我们要敢于开口提出自己的见解，并乐于同他人沟通交流，提高随机应变的能力，具备文明和谐的人际交流能力。

三、坚持阅读，多读好书

"读书破万卷，下笔如有神"，无论是妙语如珠、舌灿莲花的口语表达，还是笔下生花、行云流水的书面表达，都是建立在广博的知识储备和深厚的文化素养的基础上的。我们平时要多读书，如经典诗文、名人传记、自然百科、历史哲学等。读好书，是与大师对话，是人文素养的长跑，就像吸进空气一样，吸入人文素养和科学常识，使我们智慧、健康、卓越。

> 毕业于重庆八中的北大学子赵兰昕是数学奥赛的获奖者，却义无反顾地走上与文学相伴的道路。赵兰昕从小养成了良好的阅读习惯，无论学习多忙，她都会抽空阅读，初一、初二的节奏是一周两本左右，初三的节奏是一个月一本，她喜欢高晓松、余华、邱妙津的小说，简桢的散文，看到喜欢的句子要写下来，她已经积攒了四本摘抄本。

四、学会多角度观察、体验生活

一方面，我们要开放五官，包括听觉、视觉、味觉、嗅觉、触觉等，尝试多角度、全方位地观察现实生活，关注中外文化现象和社会热点，努力突破思维定式，尽可能地扩大对外在事物的感知与体悟，发现事物更多的特点和属性，为事物与事物之间构建更广泛的联系。

> 例如，同样是表现"春"这一季节特点，"春风又绿江南岸"运用的是视觉；"红杏枝头春意闹"运用的是听觉；"踏花归来马蹄香"运用的是嗅觉；"暖风熏得游人醉"运用的是味觉；而"吹面不寒杨柳风"运用的是触觉。

另一方面，我们应积极参加社会实践，如参加社区安全知识宣讲、参加志愿者服务、参加国内外游学等，丰富自己的生活经历和情感体验，积累大量来自生活的口语素材和写作素材，培养探究意识和发现问题的敏感性，对各种社会现象或问题进行积极思考，形成个人独特的感受与观点，坚持自由地写作，有个性地表达。

五、坚持思维训练，优化语言表达的内核

思维科学原理表明，人的思维活动与语言紧密相连。思维是语言的内核，个

人思维水平的差异，直接影响语言水平的高低。我们应将思维训练与语言训练结合起来，为自己创造更广阔的表达空间。

一是坚持思维的发散型训练，多角度、多层次地认识事物特点，提升语言表达的广度。

> 一块小小的"砖"，我们能挖掘出怎样的内涵？
> 其一，由一摊泥土变成一块砖，首先是接受了模子的制约。（成才要有必要的约束）
> 其二，不经过烈火的焚烧，只能是土坯一块。（磨炼锻炼，方能成才）
> 其三，从里到外都是一种颜色。（表里如一）
> 其四，总是把后来者举得高高的。（甘为人梯）
> 其五，一旦放在路上，就成为绊脚石。（须合理使用人才）
> 其六，砌在哪里，就在哪里奋斗一生。（忠于职守）
> 其七，手挽着手筑起了万里长城。（团结就是力量）

二是坚持思维的深刻性训练，提升语言表达的深度。

> 诗人余光中的《乡愁》一诗，运用了四个暗喻，把乡愁比作"小小的邮票""窄窄的船票""矮矮的坟墓""浅浅的海峡"。诗人为见不到新娘"愁"，为怀念母亲"愁"，而愁中之最愁的对象乃是处于分裂中的祖国，这是诗人最深沉的"乡愁"，也是本诗深刻性之所在。

三是坚持思维的逆向训练，提升语言表达的灵活度。

> 罗斯福总统的家中被盗，损失惨重，他倒像没事一般说："感谢上帝！第一，贼没有伤害我的生命；第二，贼偷去的只是部分东西而不是全部；第三，最值得庆幸的是，做贼的是他而不是我。"罗斯福的这番话不是无可奈何的自我安慰，而是从不幸之中找幸的高妙论述，这才是大智慧。

六、坚持练笔与练口

"多读胸中有本，多写笔下生花。"提升书面语言表达能力最有效的办法就是多写、多练。例如，每天坚持写日记，或在朋友圈发长文等，记录生活点滴，积累丰富素材，同时在练笔中梳理写作思路，学习搭建行文框架结构，让自己的思想得到磨炼，变得敏锐、细腻。

　　作家严歌苓每天坚持写作 6 小时，一写便是 30 年。写作时，她会准备高档的稿纸、干爽的衣服和一瓶红酒，在她看来，写作是一种有仪式感的行为，需要用心对待。她还坚持用稿纸写作，保持手指和大脑的灵活性。笔耕不辍下，她创作了 22 部长篇小说，21 部中短篇小说，荣获各大国际奖项。根据她的作品改编的《少女小渔》《金陵十三钗》《芳华》等影片，全都是口碑上佳的票房力作。

我们不仅要练笔，也要练口。只有敢说，才会说。我们可以定期参加演讲会、辩论赛、讨论会、模拟面试等实践活动，在实际演练中提高自己的语言表达能力和思维能力，让自己越说越自信，越说越出彩。

请扫描书上二维码
阅读欣赏
▼
家园落日

　　复旦大学高才生张安琪 19 岁就当上了某大型培训机构的托福老师，她为了锻炼自己在讲台上的气势与激情，每天中午站在教学楼下练习演讲，这种精神和做法让她的口语表达和演讲能力有了实质性的飞跃，不仅让她顺利通过应聘面试考核，更让她在讲台上大放异彩，成为首个在学生评教中获得满分的教师。

【生涯实践】

语言表达训练

　　北京大学考试研究院院长秦春华发表文章《"四大名著"适合孩子阅读吗？》，他认为四大名著及一些国外经典不适合孩子阅读。应该把更多的现当代中文经典名著摆在孩子的书架上，应更加关注白话文学经典的传播和阅读引导。

　　秦春华说，《水浒传》和《三国演义》在中国家喻户晓，他自己也从小听着长大。然而，《水浒传》满是打家劫舍，《三国演义》充斥着阴谋诡计，孩子不辨是非，易受影响。再从教育角度看，《红楼梦》揭示世情人生，又有不少关于性的描写，似乎也不利于儿童阅读。至于《西游记》，各类神仙妖魔形象栩栩如生，情节曲折动人，理应最适合孩子阅读；但《西游记》讲佛法和人生，又远非孩子所能理解。

　　网友有不同的看法，他们认为，名著之于孩子来说，并不一定要全方位理解和深读，可以先进行浅层次的了解，随着年龄的增长、阅历的增加，孩子自会别有心得。略高于当前认知水平的阅读才是有价值的，永远停留在漫画、绘本、童话的程度难以让孩子的心智有所提升。

还有网友认为，"四大名著"是我国文学史上的瑰宝，孩子当然可以读。不过，最好是在教师和家长的指导下阅读。比如，介绍作者，讲述作品写作的时代背景、思想内容和艺术特点等。

你对上述材料中的各类观点怎么看？请从自己阅读"四大名著"的真实体会出发，比较上述几种观点，阐述自己的看法和理由，并将你的观点讲述给你的父母或朋友。

第八章

素质为本，全面育人

　　国家之间的竞争，聚焦于"综合国力"；人才之间的竞争，着重于"综合素质"。在这个科技日新月异的创新时代，全球化、信息化大爆发的智能时代，"又红又专"还不够，"素质全面、德才兼备"才是新时代人才的"标配"。

　　我国教育改革把"综合素质评价"作为人才选拔的重要参考，其根本目的是培养学生的综合素质，全面推进素质教育，凸显"素质为本、全面育人"的教育观，以及"创新驱动、立德树人"的人才观。同时，教育改革以"综合实践"为重要抓手，大力推行"综合实践活动课程"，通过考察探究、社会服务、设计制作、职业体验等活动形式，磨炼和发展中小学生的综合素质，促使中小学生拥有"聪明的脑、灵巧的手、温暖的心和美丽的情怀"，最终成长为德智体美劳全面发展的社会主义建设者和接班人。

第一节 政策解读，综合素质评价的内涵与价值

【生涯名言】

学校的目标始终应当是：青年在离开学校时，是作为一个和谐的人，而不是作为一个专家。

——爱因斯坦

【生涯知识】

一、综合素质评价概述

2014年9月，《国务院关于深化考试招生制度改革的实施意见》发布，提出"探索基于统一高考和高中学业水平考试成绩、参考综合素质评价的多元录取机制"。正式拉开了新一轮考试招生制度改革的序幕。

2014年12月，《教育部关于加强和改进普通高中学生综合素质评价的意见》（以下简称《意见》）对综合素质评价的重要意义、基本原则、评价内容、评价程序、组织管理等方面作出了具体规定，标志着实施高中学生综合素质评价成为我国的一项基本教育政策。

综合素质评价是指以学生成长记录为基础，通过描述和记录学生在校期间的学习行为和结果、日常表现以及参与社会公益活动、综合实践活动情况等，从德、智、体、美、劳等方面对学生素质进行分析和评价，以发现和培育学生良好个性、促进学生全面发展的过程。

根据《意见》精神，综合素质评价反映学生全面发展情况和个性特长，注重考查学生的社会责任感、创新精神和实践能力，主要评价内容如下。

1. 思想品德

思想品德主要考查学生在爱党爱国、理想信念、诚实守信、仁爱友善、责任义务、遵纪守法等方面的表现。重点是学生参与党团活动、社团活动、公益劳动、志愿服务等的次数、持续时间。

2. 学业水平

学业水平主要考查学生各门课程的基础知识、基本技能掌握情况以及运用知识解决问题的能力等。重点是学业水平考试成绩、选修课程内容和学习成绩、研究性学习与创新成果等，特别是具有优势的学科学习情况。

3. 身心健康

身心健康主要考查学生的健康生活方式、体育锻炼习惯、身体机能、运动技能和心理素质等。重点是《国家学生体质健康标准》测试的主要结果、体育运动特长项目、参加体育运动的效果、应对困难和挫折的表现等。

4. 艺术素养

艺术素养主要考查学生对艺术的审美感受、理解、鉴赏和表现的能力。重点是在音乐、美术、舞蹈、戏剧、戏曲、影视、书法等方面表现出来的兴趣特长，参加艺术活动的成果等。

5. 社会实践

社会实践主要考查学生在社会生活中动手操作、体验经历等情况。重点是学生参加实践活动的次数、持续时间，形成的作品、调查报告等。

二、综合素质评价的意义

1. 综合素质评价对国家教育改革的意义

（1）实现高校招生从"选分"到"选人"的转变

我国基础教育对学生的考核，无论是平时普通的学期考试，还是中考、高考等大考，考试成绩都是唯一的评价标准，学生被考试成绩的排名分为三六九等，高校也单一地按照考试成绩来排序和录取生源。似乎除了分数，学校没有其他渠道来甄别学生；似乎除了分数，学生没有其他方式可以证明自己的能力。教育改革将综合素质评价用于高校招生，可以将学生的思想品德、学业水平、身心健康、艺术素养、社会实践等各方面的成长过程，以及学生的优势特长、发展潜质等全方位地呈现出来，有助于建立基于多元评价指标体系的甄别、选拔机制，实现从单一、片面、机械化的"选分"，向丰富、立体、多样化的"选人"转变，真正满足高校对优秀人才选拔与培养的需要。

（2）综合素质评价推动教育改革回归"育人"本质

评价的根本目的是育人。综合素质评价的核心诉求是进一步深化基础教育教学改革，推进育人模式创新，进而打造健康向上、充满活力的教育教学生态，以满足学生的个性化发展需要。因此，从长远来看，综合素质评价有助于启发基础教育改革对于"培养什么样的人""开设什么课程""开展哪些活动"等重要问题的深度思考，"倒逼"中小学校更新人才培养目标，改革人才培养模式，调整教育教学策略，为学生提供丰富的课程与活动，在各类教育教学活动中培养和提升学生的综合素质，从而有力推动中小学教育由"应试教育"向"素质教育"转轨，对于教育回归"育人"本质具有长远导向作用。

2. 综合素质评价对学生成长的意义

（1）综合素质评价有利于培养创新型人才

随着全球化、信息化、智能化时代的到来，我国迫切需要培养有个性、有智慧、有创意的拔尖创新型人才。而拔尖创新人才的培养需要相适宜的教育体制和机制。传统的应试教育显然无法满足当前人才培养的需要。应试教育简单来说就是一种只追求应试的封闭的教育，考什么就教什么，不考的东西就不教。封闭的教育难以造就开放的环境，只能培养出一批又一批的"考试机器"。以综合素质评价作为考核指标的教育改革，力图突破应试教育筑起的围墙，为学生创造多元的、个性的、开放的、包容的教育环境，促使学生自由成长、全面发展，为创新型人才培养开辟一片沃土。

（2）综合素质评价有利于学生全面而有个性地发展

传统的应试教育环境下，学生拘泥于课堂，其成长的源头活水非常少，思路枯竭，思维单一，发展路径也相对狭窄。综合素质评价是为学生的发展而评价，具有"育人"导向，着眼于学生各方面的成长，促使学生从课堂走向社会，从课内延伸至课外，从题海转入书海，大大拓宽了学生的认知和发展领域，就像鱼儿从狭小溪流游入汪洋大海，拥有取之不尽的源头活水，让学生获得比较丰富的成长体验，在不同领域获得不同程度的发展，素质得到全面提升，让学生看到自己更多的可能性，促进学生各方面素质自由和谐地发展。

此外，综合素质评价将有利于学生在素质均衡中寻求突出的个性与潜质，让学生正确认识自我，看到自己的闪光点，肯定自己的优势和能力，努力寻求自己兴趣特长上的突破、发展与创新，实现全面而有个性的发展，为未来打造一片独属于自己的天地。

（3）综合素质评价有利于把学生培养成为一个"完整的人"

综合素质评价体现了我们从"知识本位"到"能力本位"，再到"价值本位"的转变，把学生看作一个独立、完整的人，一个不仅有知识和能力，还有完善的人格、个性、情感、心灵、责任、良知、精神信仰和价值追求的人。

> 北京一所中学每年都有到农村支教的课程，每个学生都要到农村去给当地孩子当一段时间的老师。在一次支教活动接近尾声时，听说当地大部分孩子初中毕业后由于家庭原因不能再继续上学了。于是该中学的支教学生做了一个重大决定，他们要从这所农村学校的学生中选出一名学生，资助他继续上学。而这个挑选资助对象的任务交到了一个女学生手中，她因此经历了生平最艰难的一次选择，看到那些对自己、对未来充满信心的孩子，她实在狠不下心去选择他们中的任何一个。最后，她还是不得不选择了一个孩子。当这个孩子扑到她怀里哭时，她特别想对这个孩子说，你知道你有多幸运吗？我这一生都对不起剩下的那 200 多个和你一样的孩子啊！从那以后，消除贫困成了这个女学生一生的追求。

这个故事让我们看到，生活的体验带给学生精神和价值的启迪，让学生产生了社会责任感、服务意识和远大理想，这是"以分数定乾坤"的应试教育无法教给学生的。而综合素质评价所代表的教育改革将为学生打造一个以社会为基座的舞台，带给学生丰富的社会实践和生活体验，帮助学生成长为以德、智、体、美、劳为基本底色的"完整的人"。

三、体育、美育中考改革，释放强制培养学生综合素质的重要信号

2020年10月，中共中央办公厅、国务院办公厅印发《关于全面加强和改进新时代学校体育工作的意见》和《关于全面加强和改进新时代学校美育工作的意见》，公布了"中考体育要达到和语数外同分值水平""全面实行美育中考"等重磅消息。

教育部体育卫生与艺术教育司司长王登峰表示，学校的体育中考要不断总结经验，逐年增加分值，要达到跟语数外同分值的水平。也就是说，今后学生能否在中考拔得头筹，不仅要看文化课成绩，还要看体育课成绩。另外，全国有 4 个省准备开展美育中考计分，还有 6 个省、12 个地市已经开始了美育中考计分。教育部将加快总结这些地方美育中考的实践经验，力争到 2022 年全面实行美育中考。

中考改革新举措传递着国家高度重视中小学生综合素质培养的强烈信号，要

将体育、美育与其他文化课程的学习同等对待、等量齐观，力图通过考试指挥棒，倒逼学生积极参加体育锻炼、提高美育水平，也倒逼家长、老师真正重视学生的体育、美育发展，有效扭转"重智育轻体育""非文化课程长期被边缘化"等现象，进一步构建德智体美劳全面培养的教育体系，大力推动"立德树人"根本任务的顺利实现。

四、"实践"是提升中小学生综合素质的重要途径

实践是提升综合素质的重要途径，是落实综合素质评价的发力点。为了贯彻落实党的十九大精神，全面推进素质教育，撬动综合素质评价改革，2017 年 10 月，教育部印发《中小学综合实践活动课程指导纲要》（以下简称《纲要》），强化实践育人，把综合实践活动课程列为义务教育和普通高中课程方案规定的必修课，与学科课程并列设置。

综合实践活动课程的活动方式包括考察探究、社会服务、设计制作、职业体验等。其课程目标是以培养学生综合素质为导向，学生能从个体生活、社会生活及与大自然的接触中获得丰富的实践经验，形成并逐步提升对自然、社会和自我之内在联系的整体认识，具有价值体认、责任担当、问题解决、创意物化等方面的意识和能力。《纲要》还在附件部分推荐了 152 个活动主题，为学校开展综合实践活动提供示范引领。

《纲要》强化了课程育人导向，构建了从小学到高中系统化的综合实践活动课程体系，让综合实践活动真正落地，让学生在一系列实践活动中"活"起来、"做"起来，循序渐进、行稳致远地培养和发展学生综合素质，有效推动学生综合素质评价在小学、初中、高中阶段的有序衔接，实现学生综合素质评价的连续性和发展性，力求把着眼于学生潜能开发、完善人格、未来发展的综合素质评价的效能发挥至最大。

请扫描书上二维码
阅读欣赏

奔涌吧，后浪！
八中"小暖男"
代表重庆出席
全国少代会
（节选）

【生涯实践】

社团活动体验

社团活动是中小学校最普遍、最受欢迎的一种实践活动形式，对中小学生特

长培养和素质提升有非常积极的意义。

1. 请根据自己的兴趣和需要，选择参加一个学生社团，写下你参加这个社团的理由。

_____

_____

2. 请你根据自己的实际情况和社团的活动特色，为自己制订一份社团活动计划表。

_____

_____

_____

3. 请你按照自己的社团活动计划，积极参加社团活动，并在活动过后撰写一份社团活动体验报告，写下活动全过程，重点记录在社团活动中自己担任的角色、完成的任务、与其他成员的合作情况等，总结本次活动的效果，阐述自己在活动中内心的感悟、取得的收获、得到的经验教训等。

_____

_____

_____

_____

第二节　考察探究，发展学生的理性思维与探究精神

【生涯名言】

生命的全部意义在于无穷地探索尚未知道的东西。

——左拉

【生涯知识】

一、"考察探究"概述

"考察探究"是中小学综合实践活动课程的一种基本的活动形式，是落实"立德树人"根本任务和推进以发展学生核心素养为目标的基础教育改革的重要途径之一。

《中小学综合实践活动课程指导纲要》（以下简称《纲要》）提出，"考察探究"指的是学生基于自身兴趣，在教师的指导下，从自然、社会和学生自身生活中选择和确定研究主题，开展研究性学习，在观察、记录和思考中，主动获取知识，分析并解决问题的过程，如野外考察、社会调查、研学旅行等，它注重运用实地观察、访谈、实验等方法，获取材料，形成理性思维、批判质疑和勇于探究的精神。

2016 年，教育部等 11 部门联合印发文件，要求中小学将"研学旅行"纳入学校教育教学计划，与综合实践活动课程统筹考虑。为此，《纲要》将"研学旅行"正式纳入"考察探究"，并在推荐主题中专门安排了研学旅行的相关内容，例如，针对 3—6 年级学生，设计了"带着问题去春游（秋游）"活动，针对 7—9 年级学生，设计了"带着课题去旅行"活动，鼓励学生收集目的地的资料，从中寻找自己感兴趣的问题作为研究课题，然后带着课题参加旅行，通过实地考察和调查，完成课题研究和旅行活动。

具体而言，考察探究活动具有以下特性。

1. 生活性

考察探究活动为学生构建了开放的、源于生活的学习环境，其活动主题主要来源于学生所处的环境和日常生活，包括自然环境、社会环境和学生自身的生活情境。考察探究活动促使学生通过亲身实践，获得对自然、社会、生活的直接体验，其最终目的是更好地服务于当下的生活，并为学生未来的生活做好铺垫。

2. 自主性

考察探究活动在实施过程中强调对学生主体地位的尊重，从发现问题、确定活动主题、选择方法，到开展考察与探究、收集整理资料、深入讨论、形成结论，再到最后的成果展示、活动总结与反思等，整个活动过程都由学生主导，学生成为某一个研究课题真正意义上的发起人、设计者、实施者，而学生在活动中要承担的责任在很大程度上调动了他们的主观能动性，也成了学生自主学习与探究的内在驱动力。

3. 探究性

"探究"行为贯穿活动全过程，要求学生通过积极探索来发现问题、提出问题，形成活动主题。而这个主题所指向的问题是未定论的，其结果是未知的、不确定的，需要学生围绕问题展开现场考察和深入探究，收集解决问题的相关数据和资料，并对其进行归类整理、批判质疑和理性分析，继而形成自己的结论和成果，促使学生的思维与能力得到真正开发。

4. 跨学科性

考察探究活动中形成的主题，很少能够通过单一学科的知识来解决，往往是要求学生整合两门或多门学科的知识和技能，才能有效促进问题的探索与解决。学生围绕"问题"展开考察与探究，会根据问题研究的需要，选择和运用多种学科知识，构建一个相互关联、贯通的知识结构，学会用全面、系统的眼光来认识世界，解决问题。

二、考察探究活动的教育价值

1. 激发学生的兴趣，培养学生的科学精神

考察探究活动鼓励学生发现学习、生活中感兴趣的问题，形成有价值的主题，让学生有机会对他们感到好奇、渴望探知真相的问题进行深入了解，有效保护学

生的好奇心和求知欲。同时，培养学生尊重事实、尊重科学的科学精神，客观公正、严谨求实的理性思维能力，以及不畏艰难、坚持不懈的意志品质。

2. 提高学生的问题解决能力和创新思维能力

考察探究活动引导学生发现和提出问题，设计解决问题的方案，采用科学方法开展探究实践活动，并综合运用知识来分析问题，勇于提出解决问题的新思路、新观点，而在活动最后，学生又能以创造性的方式展示自己的研究成果，极大地促进学生的创新实践，培养和发展学生发现问题和解决问题的能力，以及批判性思维能力和创新思维能力。

3. 培养学生勇担责任的责任意识

考察探究活动有助于学生深入了解自然、社会和日常生活中的现实问题，学会关心社会和国家，关注人类与生态环境的和谐发展，主动承担维护社会公平正义、保护生态环境的责任，有效增强学生的公民意识和责任意识，培养学生的社会责任感和使命感。

4. 促使学生学会交流与合作

考察探究活动通常以小组形式展开，为学生创设出有利于人际沟通与合作互助的教育环境，要求学生学会与他人沟通协商，分享研究信息，促进小组成员之间的理解、关爱与尊重，增进友谊，发展社交能力。同时，引导学生明确分工，主动承担团队责任，依靠团队的力量更好地完成考察探究任务，有利于培养学生善于沟通、乐于合作的团队精神。

三、考察探究活动的实施阶段

《纲要》提出，考察探究的关键要素包括：发现并提出问题；提出假设，选择方法，研制工具；获取证据；提出解释或观念；交流、评价探究成果；反思和改进。据此，考察探究活动可分为三个阶段。

1. 阶段一：课题确立与启动阶段

这一阶段包含两个关键要素：发现并提出问题；提出假设，选择方法和工具。要求学生从自身兴趣出发，从自然、社会和生活中主动发现问题，并在教师的指导下，确定合适的课题。要注意的是，课题质量的高低会对后续的研究活动产生根本性的影响，因此，应尽可能选择高质量的课题。高质量课题应该具备以下几个条件：源于现实生活；对学生具有一定的吸引力；学生前期已有一定的相关经验；便于学生展开探究获得一手经验；有助于学生到校外寻找资料来源等。

确定研究主题后，学生形成研究小组，制订研究计划，预先设想实施过程中可能出现的问题，探索可行性解决方案，形成研究计划，并选择多样化、合适的研究工具，例如问卷调查法、访谈法、实地观察法、实验法、案例分析法等，确保探究活动顺利开展。

> 浙江省宁波市北仑区某小学五年级4班的同学在校级主题《我们的校园》引领下，展开"寻找校园十大美景"的调查活动，在分析调查结果时，大家发现在众多"候选名单"中，有一处美景是大家的共同心声：操场上那耸立挺拔的水杉树。于是，班上同学一致决定对水杉进行深入研究，由此形成了班级主题活动——《校树水杉知多少》。每位同学根据自己的特点和兴趣，选择了最喜欢的一到两个小主题，经过自由组合及个别调整，最后分成了6组，各小组带着自己要研究的问题和提出的假设开展一系列关于水杉的调查活动。

2.阶段二：课题实施阶段

这一阶段包含两个关键要素：获取证据；提出解释或观念。要求学生带着研究问题和假设开展一系列研究活动，包括观察、访谈、实验、调查等，搜集各种与研究问题相关的资料和数据。完成现场考察和资料搜集后，学生要对资料进行适度归类、整理，学会判断资料的优劣，进一步筛选出与课题密切相关的有价值的资料，去伪存真、去粗存精，再对资料进行分析和讨论，进而验证之前提出的假设，如果假设成立，则将假设视为研究结论；如果假设不成立，则在分析推理的基础上，提出新的观点，并继续搜集相关证据来佐证新观点。

3.阶段三：课题总结和展示阶段

这一阶段包括两个关键要素：交流、评价探究成果；反思和改进。学生可通过多样化手段来呈现课题研究成果，例如调查报告、观察表、实物标本、绘画、黑板报、照片等，也可以拍摄探究过程中的精彩片段，或把整个探究活动过程录制成纪录片，以动态形式呈现。各小组之间进行相互交流与讨论，互相借鉴，取长补短，倾听他人的意见和建议，从而改进探究方法，修正探究结论。

四、关于考察探究活动实施策略的思考

1. 探究课题的选择应能引起学生的兴趣，引发学生的认知矛盾

俗话说，兴趣是最好的老师。中小学生拥有强烈的好奇心，因此，无论是课题的选择还是课题的引入，都应该围绕学生有兴趣、有探知欲望的问题展开，且这些问题能够与学生建构的知识产生矛盾。教师可以引导学生留心观察生活现象，搜集、记录自己最想了解的问题，并组织学生自由讨论、积极思考，逐步形成一个大家普遍感兴趣、有价值的研究课题。

山东省青岛市崂山区某学校教师在引导学生商讨研学旅行路线时，学生们普遍提到了导航的重要性。一个学生不经意间提道："没有导航我们哪去不了。"另一个学生却说："徐霞客没有导航也是大旅行家。"一石激起千层浪，学生们开始你一言我一语地讨论着导航的话题，"我们的祖先在没有导航的情况下，靠什么辨别方向？"这些问题引发了学生强烈的兴趣，其本身也具有较高的研究价值。经过一番思维碰撞，教师和学生们决定开展《国家宝藏——指南针》考察探究活动。学生们分成了前世组和今生组，对指南针的前世今生进行了深入探索与研究。

2. 考察探究活动应整体设计，综合实施

《纲要》对综合实践活动方式进行了比较细致的分类，分成考察探究、社会服务、设计制作、职业体验几大类。这样的分类是相对的。在实际的活动设计与实施中，有必要将各种活动方式进行交叉和融合，引导学生参与和经历多种方式的活动，促使活动更加丰富、深入和完善，进一步体现综合实践活动的价值。因此，在设计考察探究活动时，应将考察探究活动作为活动的基础与核心，并将其他几种活动方式融合到考察探究活动中，进行整体设计、综合实施，使不同活动方式彼此渗透、融会贯通。

例如，研学旅行是考察探究活动的重要形式之一。老师在设计研学旅行方案时，应设计多元化的目标和内容。一方面，和学生协商确定研学旅行的主题，引导学生在旅途中搜集与主题相关的信息，开展内容丰富的探究活动。另一方面，为学生提供参与设计制作活动、职业体验活动的机会，鼓励学生轮流担任旅途讲解和导游，积极参与旅游目的地的环保服务、文明旅游宣传等社会服务活动，将研学旅行和其他几种活动形式灵活统筹起来，最大限度地实现研学旅行的教育价值。

3. 在考察探究活动中注重不同学科的交叉运用

《纲要》强调，"在设计与实施综合实践活动课程中，要引导学生主动运用各门学科知识分析解决实际问题，使学科知识在综合实践活动中得到延伸、综合、重组与提升。学生在综合实践活动中所发现的问题要在相关学科教学中分析解决，所获得的知识要在相关学科教学中拓展加深。"因此，在考察探究活动实施过程中，要根据探究主题的研究需要，利用不同学科的知识和方法来推动考察探究活动的有效开展，又通过考察探究活动，促进不同学科教育与生活实践的融合，以达到理论与实践相辅相成、相互为用的教育目的。

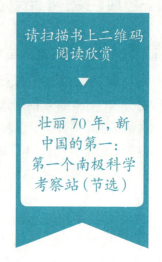

请扫描书上二维码阅读欣赏

▼

壮丽70年，新中国的第一：第一个南极科学考察站（节选）

【生涯实践】

考察探究活动的思考与实践

1. 阅读下面材料，回答问题。

世界上最著名的杂志之一《生活》的办刊核心是"去看生活；去看世界；去见证伟大的事件；去端详穷人的面孔和伟人的手势；去看奇异的事物——机器、军队、人群、丛林和月亮的影子；去看人的杰作——他的画作、高楼和发现；看墙后的，看房内的；看危险的；看男人爱的女人和孩子们；去看并享受快乐；去看并震撼；去看并领悟"。

根据上述材料，谈一谈你对考察探究活动的理解与思考。

2. 请回忆你参加的一次考察探究活动，撰写一篇考察探究活动总结报告。报告内容包括活动时间、地点、流程，以及活动总结、感悟与收获。字数不少于800字。

第三节　社会服务，提升学生的德育素养与责任意识

【生涯名言】

　　学校的目标应当是培养有独立行动和独立思考的个人，不过他们要把为社会服务看作自己人生的最高目标。

——爱因斯坦

【生涯知识】

一、社会服务活动的内涵

1.比较"社会服务"与"社区服务"

　　"社会服务"是教育部印发的《中小学综合实践活动课程指导纲要》（以下简称《纲要》）的主要活动形式之一，集中反映了"责任担当"的课程目标。"社会服务"是指学生在教师的指导下，走出教室，参与社会活动，以自己的劳动满足社会组织或他人的需要，如公益活动、志愿服务、勤工俭学等，它强调学生在满足被服务者需要的过程中，获得自身发展，促进相关知识技能的学习，提升实践能力，成为履职尽责、敢于担当的人。

　　"社会服务"与过去作为综合实践活动课程板块之一的"社区服务与社会实践"相比有较大的改变。从外延指向上看，"社区服务"集中指向"社区"这一相对狭窄的地域概念，在服务范围和服务内容上都有一定的局限性。"社会服务"中的"社会"更强调"人"与"社会"的关系，用"社会服务"侧重表达这种关系及这种关系的道德属性，并将服务对象延展至"人"所对应的"社会"，如有需要的他人、各种社会组织等。

　　从内涵上看，相比"社区服务"，"社会服务"被赋予了更为丰富和深刻的内涵，它集"服务"和"学习"于一体，强调学生在社会服务中将所学知识应用于社会，通过服务开展学习，并强调服务活动本身对他人、社会的贡献和意义，引导学生

在服务中丰富实践经验，塑造优秀品德与服务意识，增强社会责任感，强化对社会主义核心价值观的体认过程。总体而言，"社会服务"的提出，是对基础教育课程改革以来"社区服务"经验的总结与超越，是对如何落实社会主义核心价值观和立德树人根本任务的积极回应。

2. 社会服务活动的特性

（1）社会性

社会服务活动的社会性主要体现在三个方面：一是社会服务领域从家庭、学校延伸至社区，乃至社会，为学生提供了一个广阔的学习和实践空间；二是学生在教师的指导下，积极参与社会服务，为社区和社会公共事务的管理提供宝贵意见，对社区和社会公共政策的制定与落地产生积极影响，发挥自己作为社会一员的作用；三是学生在教师带领下，举办听证会、模拟政府机构的办事程序等，学习政治参与的相关知识，培养学生的政治参与意识和能力。

（2）服务性

"服务"是社会服务活动的核心内容和目标指向，《纲要》强调根据学生的年龄、知识、经验等情况，将社会服务从自我服务、家庭服务、学校服务逐渐延伸到社会服务，积极推进"社会服务"的常态化和可持续发展，促使学生在"服务"中获得丰富体验，强化、活化学科知识；在"服务"中与他人、社会建立深刻联系，形成服务他人、服务社会的情怀；在"服务"中培养学生作为现代公民必备的基本道德与核心素养。

（3）实践性

社会服务活动要求学生亲身参与服务过程，为他人、社会提供力所能及的服务，并在服务中积极地发现问题和解决问题，具有很强的实践性。社会服务活动是一种生机勃勃、实实在在的实践活动，对学生的思想品德和实践能力的养成具有得天独厚的优势，具有帮助他人、完善自己、服务社会、弘扬新风的功能。

二、社会服务活动的教育价值

1. 扩大学生的学习和发展空间，唤醒学习内驱力

社会服务活动将"服务"与"学习"紧密结合起来，带领学生走出封闭的课堂，走向以社会为载体的广阔的学习空间，要求学生直面现实问题，利用自己所学的知识来解决真实社会的问题，做到"在服务中学习，在学习中服务"。同时，激

发学生的社会责任感和成长内驱力，促使学生变被动学习为主动学习，不仅为自身成长和发展而学习，也为服务他人与社会而学习，更为加快社会主义现代化建设，实现"中国梦"而学习。

2. 促进德育渗透，提升学生的德育素养

中小学生正处于品格塑造、道德完善的关键时期，社会服务活动恰恰发挥着"德育第二课堂"的作用，有助于学生在具体的服务过程中得到乐观、进取、善良、正直等正向情感熏陶，积极体认、践行社会主义核心价值观，从而加深对社会公德和国家规范的理解与认同，自然而然地完成由知到信、由信到行的转变，有效提升学生的德育素养，促使学生成长为道德高尚、人格健全、品行端方的合格的社会公民。

3. 增强学生的服务意识，培养学生的社会责任感

《纲要》中直接借由"社会服务"来落实学生的"责任担当"。《纲要》中设计的社会服务推荐主题包含了丰富的社会服务形式，如家庭服务、学校服务，以及关爱他人、绿色环保、文化宣传、社会公益和赛会服务等活动，增强学生服务他人、服务社会的意识，强调学生作为国家公民，应主动承担社会责任，服务社会、奉献祖国，提高学生的社会责任感和使命感。

> 四川省成都列五中学蓝叶志愿者协会是列五中学"社会服务"的一个代表性社团，蓝叶志愿者协会一直本着"爱心献社会，真情暖校园"的初心，致力于志愿服务活动，主要活动有：关爱孤残老人、关爱残疾人和"来自星星的孩子"、关爱流浪猫狗、组织义卖募捐活动、BLUE HOUSE 大凉山支教计划等。2018 年 10—11 月，由列五中学协办，四川省教育厅批准的"四川省第十四届中小学生优秀艺术人才大赛"顺利进行，由校团委、校学生会和蓝叶志愿者协会的 101 名学生志愿服务团队与学校老师们、物管工作人员等一起为成都市上万名参赛选手及家庭提供了全面的服务工作。蓝叶志愿者协会的宗旨是主动服务他人、服务社会，成为履职尽责、敢于担当的人。在 2018 年"教育影响城市"成都基础教育 EPC 年度盛典上，蓝叶志愿者协会获得 2018"志愿服务公益奖"。

三、社会服务活动的实施框架

《纲要》提出"社会服务"的关键要素包括：明确服务对象与需要；制订服务活动计划；开展服务行动；反思服务经历，分享活动经验。这也构成了"社会服务"的基本实施框架。

1. 明确服务对象与需要

在活动开始之前，首先要明确服务的对象，从地域来看，服务对象可以来自家庭、学校、社区、国家和国际社会。从安全性、便利性角度来说，服务对象主要来自学生所处的学校及周边的社区或街道、家庭所在社区及周边街道等学生日常生活空间。

其次，要充分了解服务对象的需求。教师可以引导学生展开调查，全面、准确地了解服务对象的需求，例如校园某个角落需要增加绿化，社区某位孤寡老人需要照顾和陪伴等。此外，还要关注学生的兴趣，考虑学生的经验和能力是否满足服务对象的需要，活动的时间和空间是否具备可操作性等。

2. 制订服务活动计划

一般来说，服务活动计划包括服务对象及其需要、活动目标、活动内容、活动时间和地点、要运用的资源和前期准备、团队分工和各成员的具体任务、活动中可能出现的困难及应对方案、活动评价方式、活动成果展示方式等。教师要给予学生主动创造的空间，但也要进行必要的指导，可以为学生提供一份成功的计划作参考，让学生经历"感知—模仿—创新"的过程，提高学生的规划能力。

3. 开展服务行动

在开展活动之前，教师要引导学生做好准备工作。一是准备好相关物资，二是做好培训工作，包括相关知识与技能的培训、使用工具的培训、安全注意事项的培训等。

在开展服务行动的过程中，学生应做好行动纪录，主要记录活动过程的重要片段和具体细节，以及遇到的问题和应对方法等。它能够帮助学生留心行动中出现的问题，进一步完善行动设想，确保服务行动顺利开展。

此外，教师应在行动全程发挥其引导和激励作用。行动前，教师指导学生搜集与本次活动相关的背景资料，为活动开展打好基础；行动期间，教师适时对学生进行点拨与督促，协助学生严格按计划推进服务流程，冷静应对行动中遇到的困难；特别是当学生出现兴趣降低、注意力转移等情况，或在困难面前出现消极情绪时，教师要及时激励学生，协助学生调整情绪，使其重新以饱满积极的状态投入服务行动。

4. 反思服务经历

对于综合实践活动课程的任一活动形式而言，反思都是其中最重要、最必不可少的环节。反思是对活动全程与结果的批判性思考与螺旋式推进，是对学生能力和素质的内化与升华。对于社会服务活动来说，反思能够带领学生重温活动过程中感受到的积极情绪和心灵洗涤，从而获得情感和道德的转变与成长；帮助学生重新审视自己的服务学习过程，发现服务学习中的思维盲区、认知不足、行动迷思等，进而改进服务学习策略，提高服务学习效率；帮助学生总结活动的成败得失，为改进服务方案，以及今后开展其他社会服务活动提供重要参考。

5. 分享活动经验

分享活动经验为学生搭建了一个展示自己成就的舞台，也是对学生的社会服务活动成果的认可与尊重，激励学生以更大的热情投入新的社会服务。学生的活动成果的表现形式有很多，如撰写体验日记、小报告、小论文等文字展示；拍摄照片、制作视频、绘制黑板报等实物展示；进行节目表演、演讲、辩论等动态展示。

四、社会服务活动的实施策略

1. 建立促进学生持之以恒开展社会服务活动的长效机制

学校在选择和实践社会服务活动时，应立足于实践育人的目标，着重选择易于常态化、可持续发展的活动主题，对于同一主题的活动进行有梯度、分层次的设计，引导学生脚踏实地、持之以恒地参与社会服务活动，循序渐进地培养学生的综合素质与思想品德，真正推动价值体认、责任担当等育人目标的实现。

四川省绵竹市某学校积极开展以班级为单位的班级劳动实践活动，以环境卫生、班务管理、物品摆放以及设施设备管理为主要内容，一、二年级学生主要负责教室、楼道的劳动体验任务；三至六年级主要负责教室、楼道、公共区域的劳动体验任务。每个班级每天都要进行"晨扫、午净、暮评"三个常态任务，每个任务10分钟。"晨扫"是学生每天对教室和公共区域进行常规清洁；"午净"是每班的清洁护卫之星小队进行公共区域环境巡查，对出现的问题进行整改；"暮评"是每个班推荐一名学生组成学校美丽校园值周小队，对每个班级的卫生情况进行总结评比，并在第二天"晨扫"时间公布评比结果，并督促问题较多的班级进行整改。各年级、各班级学生每天坚持参加常态化、规范化的班级劳动实践活动，激发学生为同学、为集体服务的热情，增强学生的集体荣誉感和责任感。

2. 加强社会服务活动与其他活动方式的统筹设计和整合实施

学校在设计社会服务活动时，应有意识地把社会服务方式与其他方式结合起来，将学生在考察探究、设计制作等活动中的研究成果通过社区宣传、劳动技能培训等多种服务形式进行拓展和延伸，学校还可以将社会服务活动与学校德育教育主题活动、班团队活动、专题教育活动等进行综合设计，以达到综合育人的效果。

广东省广州市荔湾区某学校学生开展《利用环保物料创意制作粤剧服装、道具》的设计制作活动。学生通过上网、到图书馆查阅书籍、走进粤剧博物馆考察等方式了解粤剧及粤剧服装的相关知识，在此过程中，学生发现学校附近荔湾文化馆内粤剧展馆日渐衰落的情况，于是进一步开展了小小讲解员的志愿服务，把之前调查活动习得的粤剧知识运用到讲解服务中，将活动从研究、制作，延伸至服务他人，在培养学生的探究能力、实践能力、创新能力等综合能力的同时，也提升了学生的服务意识和社会责任感。

3. 打造学校、家庭、社会联合推进社会服务活动的新格局

社会服务活动立足于"社会"大环境。学校应在活动设计和实施过程中糅合学校、家庭、社区、社会等力量，打造联合育人的新格局，推动社会服务活动成功地由校内延伸至校外，由社区辐射至社会，充分实现社会服务的育人功能。

一方面，学校应发挥家校共育的作用，邀请家长共同参与社会服务活动的设计与实施，加强教师和家长之间的沟通与协作，鼓励家长为学生提供家庭劳动的机会，让家庭成为生动的服务课堂，并在活动中增进亲子沟通，促进亲子和谐。

四川省绵竹市某学校要求家长给孩子提供家庭劳动的机会，督促孩子完成家庭劳动体验任务，老师每月进行两次家访，与家长交流孩子完成家庭劳动任务的情况。此外，学校还邀请老师担任课程指导教师，为校园基地劳动、社区公益劳动等课程实施提供智力支持；定期召开家长会，请家长对孩子参加公益劳动提供必要的支持和帮助，鼓励家长参与对学生劳动情况的评价。

另一方面，学校应把社区居委会、街道办事处、企事业单位等社会机构，以及专业人员、知名专家等作为重要的课程资源进行深度开发，为学生开展社会服务活动创造便捷渠道和有利条件，让学生得以走出课堂的局限，见识更广阔的天地。

深圳市某小学与社区联合在学生所居住的小区建立"红领巾小区"，作为少先队校外活动基地，由学生组建10人一组的"红领巾小队"，利用节假日时间在基地开展社会服

务主题活动。"红领巾小区"得到了街道办和居委会的大力支持，学校周围的 4 个居委会都建立了"红领巾小区"，每月都安排"红领巾小队"的学生参与社区管理体验等活动。

请扫描书上二维码
阅读欣赏

▼

特蕾莎修女：
活着就是为
了爱！

【生涯实践】

我的社会服务经历

《中小学综合实践活动课程指导纲要》为不同年龄、学段的中小学生推荐了 21 项社会服务活动主题，其中适合小学生和初中生的社会服务活动主题包括以下 15 项：

学段	活动主题
1—2 年级	1. 生活自理我能行
	2. 争当集体劳动小能手
3—6 年级	1. 家务劳动我能行
	2. 我是校园志愿者
	3. 学习身边的小雷锋
	4. 红领巾爱心义卖行动
	5. 社区公益服务我参与
	6. 我做环保宣传员
	7. 我是尊老敬老好少年
7—9 年级	1. 走进敬老院、福利院
	2. 我为社区做贡献
	3. 做个养绿护绿小能手
	4. 农事季节我帮忙
	5. 参与禁毒宣传活动
	6. 交通秩序我维护

你是否参加过上述的社会服务主题活动？请回忆你参加的一次社会服务活动，撰写一篇社会服务活动总结报告。报告内容包括活动时间、地点、流程，以及活动感悟与收获等。字数不少于 800 字。

【生涯名言】

　　想象力比知识更重要，因为知识是有限的，而想象力概括着世界上的一切，推动着进步，并且是知识进步的源泉。

——爱因斯坦

【生涯知识】

一、设计制作活动概述

1. 解读"创意物化"与"设计制作"

　　《中小学综合实践活动课程指导纲要》（以下简称《纲要》）首次提出将"创意物化"作为综合实践活动的课程目标之一，也是首次提出将"设计制作"作为综合实践活动的主要活动方式之一。"创意物化"目标和"设计制作"活动方式的提出，体现了从单纯注重活动形式向既注重活动形式又注重物化成果的转变。

　　根据《纲要》的解读，"创意物化"是指积极参与动手操作实践，熟练掌握多种操作技能，综合运用技能解决生活中的复杂问题。增强创意设计、动手操作、技术应用和物化能力。形成在实践操作中学习的意识，提高综合解决问题的能力。

　　"设计制作"是指学生运用各种工具、工艺（包括信息技术）进行设计，并动手操作，将自己的创意、方案付诸实践，转化为物品或作品的过程，如动漫制作、编程、陶艺创作等，它注重提高学生的技术意识、工程思维、动手操作能力等。在活动过程中，鼓励学生手脑并用，灵活掌握、融会贯通各类知识和技巧，提高学生的技术操作水平、知识迁移水平，并让学生在实践中体验工匠精神。

　　从广义上说，"设计"是一种关于视觉、空间、造型的以及问题解决方案构思等方面的建构。综合实践活动课程中的"设计"正是通过为现实世界中的问题建构创造性解决方案而进行学习的过程。

　　"制作"则是学生的一种本能，强调在现实世界中开展实践性操作和体验性学习，体现"做中学""学中做"的教育观。可见，设计制作活动强调尊重学生的制作本能，为学生提供手工制作、劳动实践和创造性学习的机会，是原综合实践活动课程方案中劳动与技术教育、信息技术教育的整合，也是我国教育对 21 世纪科学技术迅猛发展所做出的回应。

2. 设计制作活动的特性

（1）创造性

设计制作活动的主要目标是"创意物化"，要求学生将有个性、有创意的想法付诸实践，形成物化成果，发展和展现学生的想象力和创造力。一千个读者眼中有一千个哈姆雷特，一千个学生心中有一千个方案或作品。设计制作没有标准的答案或模板，要求学生在已有经验和所学知识的基础上，充分发挥想象力和创造力，设计出独一无二的方案或作品。学生的创意就是整个活动的灵魂。

（2）操作性

设计制作活动既要求学生"设计作品"，也要求学生"制作作品"，将作品以物化形式呈现出来，注重学生的动手能力和操作技巧的培养，是一项操作性极强的活动。在设计制作过程中，学生须操作各种工具、器械，将自己的创意转化为物化成果，学生须手脑并用，全身心参与制作过程，从而在实践操作中不断加深对知识的理解，促进知识迁移与应用。设计制作活动实际上是对传统的手、脑分离的教育模式的一种颠覆。

（3）跨学科性

设计制作活动的内容涉及信息技术与劳动技术两大方面，其内容具有极强的跨学科性，须综合运用数学、科学、美术、工程等学科知识，促进不同学科之间的融合、学科知识与生活实际的联结，才能有效达成"创意物化"的目标，并且有助于学生对各门学科知识融会贯通、学以致用，促进学生的智能开发与全面发展。例如，"动漫制作"活动要求学生在掌握计算机网络基本技能的同时，还要具备绘画等多方面的知识和技能。

（4）迭代性

"迭代"是对某一产品经过多次测试，最终达到目标的一种方法。设计制作过程的最大特点在于，它并不会因为一个作品的完成而终结，而是通过测试、反思、交流、质疑、建议等方式，对产品进行二次甚至多次修正与完善。由于不断的反思与改进，设计制作过程可能会进入二次或多次循环，可以是全过程的循环，也可以是部分环节的循环，学生的创意设计和物化成果将在"循环"中形成螺旋式上升与发展，最终实现创意方案或作品的代际更迭。

二、"设计制作"的教育价值

1. 提高学生的信息意识和数字化生存能力

《中国学生发展核心素养》强调信息意识是"学会学习"素质的基本要点之一，要求学生能"自觉、有效地获取、评估、鉴别、使用信息；具有数字化生存能力，主动适应'互联网+'等社会信息化发展趋势；具有网络伦理道德与信息安全意识等"。设计制作活动契合学生核心素养的培养目标，在活动中糅合信息技术基本理念与知识，加强信息道德与安全教育的渗透，融合科学、数学、技术、工程、艺术、人文等学科知识，引导学生体验真实的信息时代工作模式，积极探索依托信息技术解决实际生活问题的方案，构建由小学到中学的系统的信息技术综合化学习平台，有利于从小培养学生的信息意识，培养学生必要的数字化生存能力，为学生成长为素质全面的信息社会公民提供重要支点。

2. 促进学生深度学习与创新能力培养

在设计制作活动中，单一的课堂授课转向了理论知识与现实世界的纵深联结，学生对理论知识的认知不再停留在表面，而是在真实任务的带动下，展开综合性知识探究与应用，学习本身超越了浅层次意义上的"知识获得"，走向深层次意义上的"知识内化与迁移"，有利于学生实现深度学习和自主学习。同时，设计制作活动要求学生充分调动眼、耳、手、脑等多重感官，全情投入、深度思维，在解决现实问题的过程中系统培养学生的观察能力、想象能力、实践能力和创造能力，让学生感受创意涌动的喜悦，收获创新创造的成果。

3. 发展学生的劳动素质和技术素养

设计制作活动包含了劳动与技术方面的内容，引导学生参与丰富多样的劳动体验，体验工匠精神，形成较强的劳动意识，以及热爱劳动、尊重他人劳动等正确的劳动价值观，掌握烹饪、缝纫等必要的劳动技能，以及运用工具和机械的技术能力，提高创造性劳动能力，形成良好的劳动习惯，提升劳动素质和技术素养。

例如，《纲要》在7—9年级的推荐主题中设置了"现代简单金木电工具和设备的认识与使用"活动主题，要求学生"学习几种现代简单的金、木、电加工工具和设备的使用方法，并能安全、规范地使用工具和设备，运用不同材质来设计制作创意作品和建筑、桥梁等模型。学习掌握应用技术，培养精益求精的技术意识以及安全使用工具、设备的意识，弘扬做事情认真、敬业、执着的态度以及勇于创新的精神"。

三、"设计制作"的关键要素

根据《纲要》的精神，设计制作的关键要素包括：创意设计；选择活动材料或工具；动手制作；交流展示物品或作品，反思与改进。

1. 创意设计

创意设计是学生进行设计制作活动的第一步，也是决定活动能否顺利开展的关键一步。首先，学生在教师的引导下明确要解决的实际问题，确定合适的活动主题。教师可以适当为学生补充与主题相关的背景知识、科学概念等，使学生对活动主题有全面认知，以便选出更符合学生兴趣的活动主题。在明确活动主题后，老师引导学生进行集体讨论，提出大量独创性设计理念，形成多种问题解决方案，并从中选出一个设计理念、一套解决方案。

2. 选择活动材料或工具

本阶段要求学生根据确定好的设计方案，选择合适的活动材料、工具。设计制作的材料包括纸、木、皮、布、纱线、泥沙、金属制作材料等；工具包括使用锯、钳、锥、钻、锉、针、仪器、饮具、笔、电加工等传统工具，编程工具、数据库、可视化工具、概念图、超媒体等思维工具以及激光切割机、3D 打印机、摄影摄像机、机器人等数字化、智能化工具。这一阶段，教师应为学生提供独立判断和选择材料的机会，并针对学生可能出现的错选、漏选等问题，给予适当指导，让学生在错误中学习和成长，培养学生的材料认知技能。

3. 动手制作

动手制作是整个活动中最重要的任务，要求学生将设计方案付诸实践，形成创意物化成果。根据材料、活动主题、内容表现等方面的不同，动手制作的程序可能包括折、叠、裁剪、切割、激光雕刻等手工制作，以及建模、编程、3D 打印等数字化制作。教师应在学生动手制作前说明制作要领，进行必要的示范，并提醒学生注意工具使用的规范性和安全性。此外，根据学生动手制作过程中出现的问题，给予学生适当的指导和帮助。

4. 交流展示物品或作品

本阶段鼓励学生以多样化的形式进行交流展示，例如用戏剧表演、绘画、数字故事、展板、橱窗等手段来展示作品，向他人解释作品原理、介绍创意理念、分享制作经验等，实现成果辐射，并鼓励学生在交流展示过程中互相欣赏和学习，虚心倾听他人的质疑或建议，让学生在交流互动中取长补短、共同成长。

5. 反思与改进

本阶段要求学生对整个活动过程及结果进行梳理和总结，思考设计方案是否可行、材料和工具选择是否合理、制作方法是否科学等，并对作品进行反复测试，分析作品的局限与不足，寻求创意设计的更优方案，以便对作品进行改进和优化。

四、设计制作活动的实施策略

1. 注重设计制作活动主题的灵活选择

在选择设计制作活动主题时，教师应引导学生从校本化、生活化的日常生活情境出发，立足于信息发展、人工智能应用的时代背景，关注学生自身的兴趣点，结合学科学习需要，统筹地方特色资源，选择有特色、有价值的活动主题，为设计制作活动开好头、起好步。

例如，在选择设计制作活动主题时，应打破学科界限，鼓励学生跨学科、跨领域学习，可以应用 STEAM 理念，对不同学科的综合性学习内容进行整合开发，提升学生综合运用学科知识分析和解决问题的能力。如根据数学学科"时分秒"的学习要求，设计一个"Scratch 语言设计时钟"的活动主题，让学生应用程序设计循环等指令编程，理解时分秒之间的关系，还可以将作品作为数学课的教具，发挥创意物化的价值。

2. 注重设计制作活动过程中的反思与评价

在评价过程中，一方面给予学生独立思考的空间，让学生学会自我评价，并虚心接受他人的建议，肯定自己的优势特长，承认自己的劣势与不足，努力完善和发展自我。另一方面，通过多元评价，客观分析学生的设计方案和作品的优劣，激发学生进一步学习与实践的热情，推动设计方案和作品的循环更迭，延长设计制作活动可持续发展的生命力，赋予设计制作和创意物化更深远的意义，有力推动学生的知识建构、认知升华和潜能开发。

江苏省南京市秦淮区某学校 4 年级学生开展了一次以"蚕之家"为主题的活动，教师引导学生为蚕宝宝建造一个最适合它们生长的家。在活动过程中，教师多次组织学生进行讨论和反思，包括各小组思考养蚕中遇到的主要困难和解决方案；在小组成员分别阐述自己制作的饲养盒的优缺点后，小组讨论交流，选出本小组中设计最好的 1 个饲养盒；各小组进行班级汇报与评价，再次思考饲养盒的改进措施等。

3. 拓宽设计制作活动的实施路径

受经济发展不均衡等因素的影响，部分学校可能因为资源限制，导致部分设计制作活动难以顺利实施。为了拓宽设计制作活动的实施路径，学校可以利用校外资源，寻求多方合作。例如，与素质教育基地合作；与企业单位合作；学校之间帮扶合作：基础学校依托高校平台等。教师也可以借助互联网技术进行交流学习，例如，不同学校的教师可以在网络平台共享课程资源，进行学术交流；教师可以定期上传课程资料到网络平台供学生参考学习等。

请扫描书上二维码
阅读欣赏
▼
日本工匠精神：
永不松动的螺母

【生涯实践】

测测你的创新能力

你了解自己的创新能力水平吗？不妨来做做下面的小测试，对自己的创新潜质一探究竟。请你根据自己的实际情况和真实想法，对每一道题进行选择，选项包括以下几项：

A：很同意；B：同意；C：介于同意和不同意之间或者没有观点或者不知道；D：不同意；E：很不同意。

测试开始：

1. 当我按照常规步骤去解决一个特殊问题时，我总是很自信。

2. 如果我不希望得到答案，提出问题对我来说就是浪费时间。

3. 我认为按部就班地解决问题是最好不过的方式。

4. 我只要有机会也会发表一些人们不大感兴趣的观点。

5. 我花了大量的时间思考别人是怎么看待我的。

6. 我深信天生我才必有用。

7. 赢得别人的支持对我来说很重要。

8. 对事情没有把握并不能确定的人，不能引起我的尊重。

9. 我能够在非工作时间继续思考工作中的难题。

10. 偶尔，我也会对事情产生过度的热情。

11. 我常常在独自一人消遣时产生奇妙的想法。

12. 我依靠预感来判断解决问题的正确与否。

13. 在解决问题的过程中，我对收集到的信息不大感兴趣；但当我分析问题时，我工作得很卖劲。

14. 我喜欢解决比较集中的问题。

15. 我的许多成功设计都是幻想提供了重要线索。

16. 如果我必须从两种职业中选择一种，那我喜欢做医生，而不喜欢探险家。

17. 我自信能轻易得到一群和我具有相当社会地位和专业经验的人的精诚合作。

18. 我认为我有高度的审美观。

19. 在解决问题的过程中，预感是不可靠的指南。

20. 我对新观点特别感兴趣，并不断试图向别人推荐。

21. 去尽力回避我感觉不妙的情况。

22. 在评估情报时，对我来说，情报的来源比它的内容更重要。

23. 我喜欢按既定方针办事的人。

24. 自我尊重比他人尊重更重要。

25. 我认为，努力追求完善的人是不明智的人。

26. 我喜欢我的工作能对别人施加影响。

27. 对我来说重要的是，每一份文件都要放在合适的地方，或者说每一个地方都应安排合适的事情。

28. 袒护具有怪癖想法的人是不现实的。

29. 即使没有报酬，我也乐意研究新观点。

30. 当对问题的研究出现僵局时，我的思路能够很快地得到恢复。

31. 我不喜欢问那些表明自己无知的问题。

32. 为了从事一项职业或专业，我能够很容易地改变我的兴趣，或者为了兴趣能够很容易地改变职业。

33. 解决问题能力差的人常常是不能很有效地提出问题的人。

34. 我随时都在预测我解决问题的答案。

35. 分析别人的失败是对自己时间的浪费。

36. 只有思想深度不够的人，才借助隐喻和类推。

37. 我常崇拜骗子的闯劲，而总是希望他们能免于处罚。

38. 我常对问题仅有一个概貌，但还没有完全了解它时就开始工作。

39. 我常忘记像人名、街道名、城镇名这样的事情。

40. 我认为努力工作是成功的基本要素。

41. 对我来说，其他小组成员有声望是重要的。

42. 我懂得如何在戛然而止时缓冲。

43. 我是一个完全靠得住的跟随者。

44. 我讨厌不确定和不能预测的事情。

45. 我喜欢跟大家一起工作而不是搞个人奋斗。

46. 好多人之所以困难重重，那是因为他们办事太认真。

47. 我常常抓住问题而不让它溜掉。

48. 我能比较容易地获取中等报酬，并能够不费力气地达到我设置的目标。

49. 如果我是一个学院的教授，我喜欢事情发生的过程，不太喜欢教授解决问题的理论。

50. 生命的神秘性使我产生了极大的兴趣。

完成上面 50 道题目后，请根据下列计分表统计你所得的分数：80~100 分，创新潜质突出，创新能力优秀；60~79 分，创新能力良好；40~59 分，创新能力处于一般水平；20~39 分，创新能力在平均水平以下；-100~19 分，不具备创新能力。

创新能力计分表

题号	A	B	C	D	E
1	−2	−1	0	+1	+2
2	−2	−1	0	+1	+2
3	−2	−1	0	+1	+2
4	+2	+1	0	−1	−2
5	−2	−1	0	+1	+2
6	+2	+1	0	−1	−2
7	+2	+1	0	−1	−2
8	−2	−1	0	+1	+2
9	+2	+1	0	−1	−2
10	+2	+1	0	−1	−2

续表

题号	A	B	C	D	E
11	+2	+1	0	−1	−2
12	+2	+1	0	−1	−2
13	−2	−1	0	+1	+2
14	−2	−1	0	+1	+2
15	+2	+1	0	−1	−2
16	−2	−1	0	+1	+2
17	−2	−1	0	+1	+2
18	+2	+1	0	−1	−2
19	−2	−1	0	+1	+2
20	+2	+1	0	−1	−2
21	−2	−1	0	+1	+2
22	−2	−1	0	+1	+2
23	−2	−1	0	+1	+2
24	+2	+1	0	−1	−2
25	−2	−1	0	+1	+2
26	−2	−1	0	+1	+2
27	−2	−1	0	+1	+2
28	−2	−1	0	+1	+2
29	+2	+1	0	−1	−2
30	+2	+1	0	−1	−2
31	−2	−1	0	+1	+2
32	−2	−1	0	+1	+2
33	+2	+1	0	−1	−2
34	+2	+1	0	−1	−2
35	−2	−1	0	+1	+2
36	−2	−1	0	+1	+2
37	+2	+1	0	−1	−2

续表

题号	A	B	C	D	E
38	+2	+1	0	−1	−2
39	+2	+1	0	−1	−2
40	+2	+1	0	−1	−2
41	−2	−1	0	+1	+2
42	−2	−1	0	+1	+2
43	−2	−1	0	+1	+2
44	−2	−1	0	+1	+2
45	−2	−1	0	+1	+2
46	+2	+1	0	−1	−2
47	+2	+1	0	−1	−2
48	+2	+1	0	−1	−2
49	−2	−1	0	+1	+2
50	+2	+1	0	−1	−2

第五节 职业体验，培养学生的远大志向与劳动能力

【生涯名言】

无论哪一行，都需要职业的技能。天才总应该伴随着那种导向一个有目标的、有头脑的、不间断的练习，没有这一点，甚至连最幸运的才能，也会无影无踪地消失。

——德拉克罗瓦

【生涯知识】

一、"职业体验"活动概述

1."职业体验"的定义

《中小学综合实践活动课程指导纲要》（以下简称《纲要》）明确界定了"职业体验"：职业体验指学生在实际工作岗位上或模拟情境中见习、实习，体认职业角色的过程，如军训、学工、学农等，它注重让学生获得对职业生活的真切理解，发现自己的专长，培养职业兴趣，形成正确的劳动观念和人生志向，提升生涯规划能力。

"职业体验"作为综合实践活动课程的四种主要活动方式之一，是培养学生的职业兴趣、发展学生的职业技能、启发学生的职业理想的重要途径，是对新时期党和国家对中小学生成长新要求的有力回应，也是践行"教育必须与生产劳动相结合"办学原则的新举措。

2.职业体验是一种"体验式学习"

职业体验以"体验式学习"为基本形式，让学生融入各种职业情境，获得对各种职业的真切认识，从而加深对自我世界、职业世界和社会发展的理解。

体验式学习是一种强调先行后知的学习方式。学者大卫·库伯对体验式学习进行了总结归纳，以"体验式学习循环圈"理论描述了体验式学习的完整过程，即"具体体验—反思性观察—抽象概念化—主动尝试"的不断循环往复、螺旋上升的过程。库伯的理论凸显体验式学习的关键特征："体验＋思考"，强调学习者主动与世

界产生交互活动，并将思考带入体验，对外部环境、自我发展等方面进行深刻认知。此外，库伯还强调了"情境"在体验式学习中的重要地位，"情境"是"体验"和"思考"的前提条件。

职业体验活动将体验式学习与职业生活情境相联系，让学生亲身经历各种职业实践活动，加深对自我世界、生活世界和职业世界的理解，并将这样的理解与自己的未来发展结合起来，积极探索未来职业方向，学会在选择中平衡家庭与社会的需要，兼顾个人价值与社会价值的统一，过有意义的人生。

3. 职业体验是一种"连接式学习"

连接式学习注重学习知行合一，通过提供创作机会让学习者以主动式的内容创建、制作、生产、实验、混音、解码、设计活动，得到专业技能提升以适应外界变化的就业环境。

职业体验也是一种连接式学习系统，强调在具体活动中帮助学生建立学习生活与职业生活之间的连接，丰富课程内容，拓展教学情境，实现理论知识与实践知识相连接、学校生活与实际生活相连接、科学生活与真实世界相连接。此外，职业体验促使学术性学习与职业性学习有效连接，让学生的学习建立在正确的职业信念和远大的职业理想基础上，有效斩断普通教育与职业教育的隔阂，促使普通教育与职业教育走向融合。

二、职业体验活动的教育意义

1. 帮助学生正确认识自我

职业体验活动强调真实的职业情境、岗位的实际操作和全面的自我反思，学生可以在经历各种职业的过程中对自己的性格、能力、品德等进行反复评估，发现自己的兴趣和专长，探知自己的个性和情商水平，端正自己的价值取向，进而从自身的人格、兴趣、优势和价值观等方面发现自己的职业意向，培养职业兴趣，形成正确的劳动观念和人生志向。

2. 促进学生的职业认识与职业规划

职业体验活动能够为学生创造大量认识职业的机会，带领学生走进职场，丰富职业认知，了解从事不同职业必须具备的常识和技能，了解各类职业的属性和价值，探索自己的职业兴趣和职业发展方向。此外，职业体验有利于触发学生的职业情感，让学生体验到各种工作的快乐和辛苦，进一步领悟职业道德和职业精神，懂得职业没有高低贵贱之分，每一种职业都有其不可取代的作用和价值，形成正确的职业价值观。

3. 培养学生的劳动意识与劳动能力

职业体验活动让学生亲身体验不同职业的劳苦艰辛，学会尊重劳动人民，尊重他们的劳动成果，积极思考不同职业是如何为社会发展作出贡献的，深刻认识到劳动没有高低贵贱之分，任何一种职业都很光荣，只有劳动才能促进社会进步，只有通过诚实合法的劳动才能创造成功的人生和幸福的生活。促使学生形成正确的劳动观念，养成爱劳动、常劳动的良好习惯，提高劳动能力、创新能力等综合素质，为今后的职业生涯奠定坚实基础。

三、职业体验活动的实施阶段

《纲要》指出，职业体验的关键要素包括：选择或设计职业情境；实际岗位演练；总结、反思和交流经历过程；概括提炼经验，行动应用。这四个要素构成了职业体验活动实施的主体流程，其中"选择或设计职业情境"是职业体验活动的前提；"实际岗位演练"是职业体验活动的主体；"总结、反思和交流经历过程"是职业体验活动的关键；"概括提炼经验"是职业体验活动的结晶。

根据四要素，职业体验活动的实施大致分为三个阶段：选择或设计职业情境、实际岗位演练、总结反思与经验交流。

1. 阶段一：选择或设计职业情境

根据活动对象的年龄、经验等特点进行职业情境的选择或模拟，切忌选择不符合学生年龄特点的职业领域和岗位，这样会影响职业体验的整体实施效果。

对于小学3—6年级的学生来说，他们年龄小，各方面能力还处在形成和发展阶段，对职业充满好奇和幻想，可以从技能要求较低的职业中选择体验岗位，让学生初步体验职业，了解从事某一职业的基本环节和流程。

对于初中学生来说，他们的独立意识开始形成，各方面能力显著增强，初步懂得社会生产与生活经验，可以适度扩大职业领域的选择范围，为学生提供更多职业体验机会，促使学生发现自己的兴趣、优势，初步具备职业规划意识与能力。

2. 阶段二：实际岗位演练

这一阶段，学生摇身变成了职业人，扮演着真实的社会性角色，通过观摩、访谈、实习、见习等方式，体验着真实的工作场景，执行着真实的工作任务，继而形成对该职业、该岗位更加持久的兴趣和热情。教师要充分发挥引导、启迪和激励作用，适时给予学生专业指导，确保岗位演练的顺利开展。

3. 阶段三：总结反思与经验交流

"职业体验"包含过程性评价和结果性评价、自评和他评等多维评价模式。教师引导学生回顾、分析自己的职业体验经历，学会正确地自我评价，反思自己在职业体验中的收获，发掘自己的职业兴趣，帮助学生找到继续努力的方向。

江苏省镇江市某小学开展"抗疫逆行者"主题活动，在学生体验了"心肺复苏"职业技能后，教师让学生观看了武汉疫情暴发后，医护人员写下的一封封请战书，然后引导学生反思：医务工作者明知道去疫情区会有很多不可预知的风险，为什么他们还要主动请战？学生在自我反思的基础上进行相互交流，不断加深对医务工作者的理解，领悟到医务工作者不仅要拥有过硬的专业技能，更要有强烈的责任感和使命感，有乐于奉献、敢于牺牲的精神。

四、职业体验活动的实施策略

1. 提升职业体验的育人功能

学校在设计职业体验活动时，不仅要保证学生能够充分体验职业的工作内容，而且要做好学生的价值引导，促使学生以身体之、以心悟之，获得有积极意义的价值体验，消除学生对职业的偏见，以健康积极的心态面对职业选择，提升学生的价值体认。

某校开展"我是科技讲解员"主题活动，学生们通过观察、调查、采访等方式，了解科技讲解员的工作职责与意义，以及讲解员职业必备的礼仪与素养。在对科技讲解员有了一定认知后，学生进行"模拟科技讲解员"的职业体验活动。从撰写讲解词、背诵讲解稿，再到现场讲解，学生在一系列的实践中，进一步认识到成为一名合格的讲解员，不是"动动嘴皮子"那么简单，讲解员更不是一种可有可无的工作，讲解员职业是架设在人们与科技世界之间的桥梁，在帮助人们探索科技奥秘、提高科学素养方面发挥着重要作用，由此激发学生对科技讲解员的感激与崇敬之情。

2. 促进职业体验与其他综合实践活动形式的统筹设计

学校在设计职业体验活动时，应综合考虑其他活动方式的适切性和可行性，适当融合其他活动方式中的关键要素和职业教育素材，设计出能够覆盖多种活动方式的大主题，实现职业体验活动与其他活动方式的渗透融合，使学生在更多元、更系统、更深刻的体验活动中加深对职业价值的领悟。

3.拓宽职业体验的资源渠道

"职业体验"是以"职场"为基点的实践活动，需要拥有广阔的实践空间和丰富的资源支撑，才能更好地满足学生成长和发展需要。

首先，学校应从自身的资源开发入手，合理利用学校现有的职业岗位或活动区域，为学生提供岗位体验，或运用校园内的各种多媒体交互设备，为学生提供各种模拟的职业情境。条件允许的话，学校也可以在校园内专门开辟一处小规模的职业体验基地。

> 江苏省仪征市某小学经常安排高年级学生到学校食堂实习，从早晨择菜、洗菜开始，到中午为同学分餐、收拾餐具、打扫食堂卫生。一天下来，学生累得腰都直不起来，深深体会到食堂工作人员日复一日的辛劳。从此以后，学生倍加珍惜食物，以自己的实际行动尊重食堂工作人员的劳动。

其次，家长的职业背景、生活阅历和家庭环境都是丰富的资源。学校应充分调动家长的参与积极性，可以与家长所在单位联系，获取职业体验资源；也可以培养家长志愿者，让家长参与指导学生的职业体验，让家长成为落实学生职业体验活动的一大助力。

> 重庆市两江新区某学校在开发校本课程"厨房小当家"时，非常重视家长资源的开发利用。从课程设计之初就对家长发出调查问卷，了解家长对课程设计与实施的意见和建议。课程实施期间，学校经常邀请有烹饪特长的家长到学校担任"厨艺大讲堂"活动的主讲师，请家长直接参与每个年级具体学习模块的开发和讲授。同时，鼓励家长支持和帮助学生在家中实践厨艺，让家庭成为学习真正发生的地方，引导学生掌握合理采购、科学烹饪、平衡膳食等基本知识与技能。

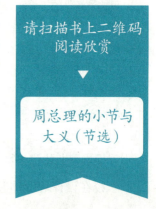

请扫描书上二维码
阅读欣赏
▼
周总理的小节与
大义（节选）

最后，学校应与所在地区的社区、企事业单位、职业院校等建立长期合作关系，共同设计适合学生的职业体验活动，为学生提供便利的职业体验和教育实践基地。

同时，聘请有丰富经验的能工巧匠，以及企业的专业技术人员，参与职业体验活动的设计与实施，激发学生的崇拜之情，在学生心中播撒职业理想的种子。

【生涯实践】

我的"第一份工作"

请回忆你的第一次职业体验经历，作为学生时期的第一份工作，你在职业体验活动中经历了哪些难忘的事情？你是如何完成自己的工作的？这次经历给你留下了怎样的记忆和影响？请你认真回忆和思考，并完成下面的《职业体验报告》。

职业体验报告	
职业体验的日期	
职业体验的地点	
被访单位简介	（包括单位名称、性质、主营业务等）
职业体验的基本流程	
我的工作任务	
我在工作中遇到的问题和应对措施	
我的工作任务完成情况	
印象深刻的场面或事件	
印象深刻的职业人士，以及他／她给我的启发	
职业体验后的感受和收获	
其他同学的感受或经验	
本次活动对我的启发	

第九章

生涯启程，未来可期

中小学生涯规划专家贺永立老师说："没有规划的人生叫拼图，有规划的人生叫蓝图。"生涯规划不仅为学生提供一张找方位、定坐标的人生地图，更为学生搭建了一个满足其个性追求、适合其施展才华的大舞台，这张地图越清晰，学生越不容易迷失自我；这个舞台越广大，学生越能够激发潜能，成就未来。

学生应从小学开始，在专家、教师、父母的帮助下，积极探索生涯，树立生涯规划意识，用稚嫩的笔触勾勒自己的成长路径，让这张生涯蓝图从无到有，从幼稚到成熟，从零星几项到全面发展，从探索、质疑到明确、坚定，一步一步将生涯蓝图铺设完备，将小学、初中，乃至高中、大学、就业等人生的重要节点串联起来，有序衔接、层层递进，形成一条通往成功彼岸的康庄大道。

第一节　案例分析，如何设计我的生涯蓝图

> 人生不可无梦，世界上做大事业的人，都是先由梦想来；无梦就无望，无望则无成，生活也就没兴趣。
>
> ——佚名

【生涯知识】

一、九年一贯制的生涯规划书

学生生涯规划书是指运用生涯规划的相关理论，在全面认识学生能力素质和发展志向，对学生所处的生涯环境进行综合分析的基础上，结合学校、教师、家长的意见，制定出学生生涯发展的具体规划。

九年一贯制的生涯规划强调将生涯探索提前至小学阶段，对小学、初中九年的学生成长过程进行系统设计和统筹安排。它以目标为导向，明确小学、初中各阶段的主要目标，打通九年义务教育阶段学生的成长路径，促使小学的生涯认知和初中的生涯探索有机衔接起来。小学目标规划以生涯启蒙为主，为学生的整个成长历程打基础、定基调；初中目标规划以生涯探索为主，深入开发学生的志趣和潜能，为其未来学业和职业发展筑牢基石。

二、生涯规划流程

亚里士多德说过："人是一种寻找目标的动物，他生活的意义仅仅在于是否在寻找和追求自己的目标。"没有目标的人生是随波逐流的人生，这样的人生注定要失败。

我们要想在未来的人生发展中获得成功，首先应该确定一个切合实际的职业定位和发展目标，并且把目标进行分解，然后设计出合理的生涯规划图，并且付

诸行动，经过不断努力和调整，直到最后实现我们的发展目标，获得人生的最大成功。生涯规划过程其实也就是一个自我发现、自我探索的过程，即是一个"知己、知彼"的阶段。

1. 知己

"知己"就是认识自我，是对自我的认知，是明确"我是谁""我是一个什么样的人""我要成为一个什么样的人"的过程。

在这个过程中，要通过科学认知的方法和手段，如借助于生涯兴趣测验和性格测验以及周围人对自己的评价等，去认识自己的个性特征，探索自己的兴趣、优势，了解自己的思维方式、道德水准等。

"知己"的过程是个体在进行生涯规划时最重要的一个阶段，也是一个具有渐进性的阶段。人的发展具有渐进性，个体对自我的了解也是一个渐进的过程。因此，要真正做好"知己"这一步是需要一定的时间和付出一定精力的。

2. 知彼

"知彼"就是认识社会，了解国际和国内的教育改革背景和有关教育政策。了解教育环境，评估环境因素对自己职业生涯发展的影响，分析环境条件的特点、发展变化情况，把握环境因素的优势与限制，了解感兴趣的专业或行业的地位、形势以及发展趋势。

3. 确立目标

确立目标是制定生涯规划的关键，通常目标有短期目标、中期目标、长期目标和人生目标之分。长期目标需要个人经过长期的艰苦努力、不懈奋斗才有可能实现，确立长期目标时要立足现实、慎重选择、全面考虑，使之既有现实性又有前瞻性。短期目标更具体，对人的影响也更直接，也是长期目标的组成部分。

4. 实施策略

制定实现生涯目标的行动方案，要有具体的行为措施来保证。没有行动，职业目标只能是一种梦想。要制定周详的行动方案，更要注意去落实这一行动方案。

5. 评估与反馈

生涯规划要在实施中去检验，看效果如何，要及时诊断生涯规划各个环节出现的问题，找出相应的对策，对规划进行调整与完善。

三、生涯规划案例分析

1. 康俊博，未来的艺术新星

（1）规划前：学诸多才艺，但未来发展方向不清晰

康俊博，从小爱好广泛，在声乐、跳舞、主持、朗诵、钢琴、书法方面均有出色表现，是班上的文艺骨干和全校知名的"小明星"。

然而，用康妈妈的话来说，康俊博并不是天赋型选手。康俊博6岁才开始学习弹唱说跳，比其他孩子起步要晚，而且在肢体协调能力、音准乐感方面都较弱。康妈妈同时为孩子报了书法、钢琴、绘画、声乐、跳舞、走秀、语言表演等兴趣班，想通过广泛培养，让孩子在才艺方面有所突破。但在康俊博学习才艺的前四年，他的才艺表现平平，能力提升缓慢，文化课学习成绩也一般，这让孩子痛苦，大人也焦虑。

转机出现在康俊博小学四年级的时候，他登台表演的机会增多，自信心增强，他开始意识到要做一个让同学、老师由衷钦佩的人，应该才艺出色、学习优秀。于是，康俊博自觉地把专注力投入到学习上，学习成绩从班上后几名冲到了前三名。

他也更努力地加强课外才艺的练习，2017—2020年，康俊博在全国诸多赛事上闪光发亮，获得过20余项重量级奖项，例如，2017年6月"多彩童年第九届嘉年华总决赛""魅力四射"特别金奖；2018年6月香港国际钢琴公开赛一等奖；2019年12月NEW FAD儿童模特最佳风采奖；2020年1月第10届"花开未来"语言类"祖国啊，我亲爱的祖国"全国一等奖；2020年2月"央音全国"青少年艺术展演钢琴一等奖；2020年8月真人秀"火星少年"活动中获最佳台风奖等。

尽管有诸多奖项傍身，学习成绩也稳步向前，但是康妈妈依然为孩子的未来陷入焦虑：到底能考入哪所初中？哪所学校更能发挥孩子的才艺特长？这么多课外兴趣班要如何取舍？如何更有效地规划时间让孩子获得更多成长？

（2）规划进行时：向艺术特长生方向发展，目标是北京电影学院

康俊博及其父母寻求了专业的生涯规划专家的帮助，生涯规划专家采用科学测评、深度访谈等多种方式，对康俊博的成长现状、个性特点、外部环境等进行全面评价，并结合老师、父母的意见和康俊博的个人意愿，为康俊博制定了系统的生涯规划方案，帮助康俊博进一步明确了自己未来的发展方向。

1）自我认识（知己）：

①兴趣、特长方面：康俊博多才多艺、灵气十足，擅长唱歌、跳舞、朗诵、主持、

走秀等，小小年纪就获得过很多国内才艺大奖。

②个性方面：康俊博热情开朗、活泼自信，做事有韧性，努力兼顾艺术学习和文化课学习，不畏困难，力争上游。

③学习方面：康俊博学习刻苦，成绩优秀，语文、数学、英语等学科均衡发展，曾被评为学校优秀三好学生、优秀学生干部、学习小标兵、语文小能手等。

④社会实践方面：康俊博在努力学习之余，到过许多地方游学：富丽堂皇的故宫、蜿蜒起伏的万里长城、如诗如画的颐和园、古色古香的丽江、沃野千里的张北大草原、椰风海韵的三亚……他在游学中感受了祖国美好山河的壮丽多姿，了解了各地的风土人情，增长了见识，开阔了视野，也和家人一起解决了旅行中的各种突发问题，锻炼了自己的意志和能力。

⑤价值观方面：康俊博热爱祖国、热爱生活，他对未来充满憧憬和期待，希望通过自己的努力成为一个才艺出众、受人尊敬的人。

2）环境分析（知彼）：

①家庭环境方面：康俊博成长在一个温馨、民主的小康家庭，父母是知识分子，教育理念比较先进，不仅在物质上为孩子提供足够保障，更在孩子的能力培养和精神成长方面给予他循循教诲，成为孩子坚强的后盾。

②学校环境方面：康俊博小学阶段就读于重庆融侨人民小学，是一所既有光荣历史，又有辉煌成绩的优质名校，曾获全国教育系统先进单位、全国艺术教育先进集体、重庆市首批示范学校等荣誉称号。学校的明星社团大放异彩，在合唱、舞蹈、田径、围棋等艺体领域培养了许多优秀人才，为康俊博的兴趣培养、特长展示营造了良好的校园文化氛围。

康俊博及其父母在进行小升初学校选择时，生涯规划专家建议他们重点考查重庆市第八中学校（重庆八中）。重庆八中是重庆市重点中学，多年来，学校一直将艺术教育作为本校实施美育的重要途径，是全国艺术教育先进单位，也是全市艺术教育的样板学校。学校艺术氛围浓厚，艺术课程体系完善，非常重视学生的艺术特长培养，能够为康俊博的艺术发展提供一片成长的沃土。

③社会环境方面：新高考改革把综合素质评价作为高校选拔人才的重要依据，"艺术素养"是综合素质评价的重要组成部分，重点评价学生在音乐、舞蹈、美术等方面的才艺成果。在新高考改革背景下，国家陆续出台政策，要求将学生的艺术素质教育作为促进学校美育教学的核心，把艺术课程纳入必修课范畴。2020年，教育部出台新政策，要求将艺术类科目纳入中考改革，艺术教育成为"刚需"。国家政策对艺术教育的重视，将为康俊博的艺术特长学习提供更广阔的空间，以

及更丰富的教育和社会资源。

3）生涯目标规划：

在"知己知彼"的前提下，生涯规划专家与康俊博及其父母进行了多次交流、分析，为康俊博制定了比较明晰的生涯规划。

①思想品德规划：培养自尊自信、孝顺有爱心、独立自主等品德，形成正确的价值观，做一个有责任感、对社会有贡献的人。

②学业水平规划：学会自主安排学习时间，提高自主学习能力；培养良好的学习习惯和思维习惯，提升创新思维能力与语言表达能力，促进各门学科均衡发展，学习成绩保持在全班前十名，全年级前五十名的行列。

③身心健康规划：坚持体育锻炼、饮食均衡、作息规律等健康生活习惯，培养1~2项运动爱好，保持良好的身体素质；掌握科学的情绪调控方法和人际交往原则，提升意志力和抗挫力，保持积极乐观、坚强自信的心理素质。

④艺术素养规划：坚持唱歌、舞蹈、主持等艺术专业训练，积极参加艺术社团、艺术表演、艺术竞赛等活动，通过丰富的舞台实践磨炼和展示自己的艺术才华，进一步提升艺术特长的专业水平，提高自己的艺术鉴赏力和表现力。

⑤社会实践规划：丰富爱心公益、研学旅行、考察探究、职业体验等实践体验，培养自己的社会责任感和团队合作精神，提高动手操作能力、组织协调能力、人际沟通能力、问题解决能力、创新创造能力等综合能力。

⑥升学目标规划：小升初目标是考取重庆八中初中部，中考目标是考取重庆八中高中部，高考目标是考取北京电影学院，学习专业表演，让自己所学的才艺在更大的舞台上释放更多的能量。

（3）规划后：自我认同感增强，朝着清晰的目标前进

当康俊博明确了自己未来的发展方向后，他的自我认同感增强，对学习的兴趣也大大增强，学习内驱力被激发，以前被妈妈安排着学习，也变成了"我要学"，能够更自觉地规划自己的时间。

小升初时，康俊博顺利考取重庆八中，现在已经是一名初一新生，他的艺术特长备受学校重视，他已经参加了学校宣传片的拍摄，提前进入学校合唱团参加集训，收获颇丰，他表示将来要在重庆八中展示自己更多的才艺。

2.左婧，追求卓越的优等生

（1）规划前：成绩优异，但未来方向不清晰

左婧，从小深受家庭浓厚书香氛围的影响，喜欢读唐诗宋词、《红楼梦》等，

爱好舞蹈，才艺突出，是老师眼中品学兼优、才思敏捷的优等生。在她读中学的时候，经济全球化迅猛发展，越来越多的西方文化传入中国，通过电影、电视剧，她发现外面的世界精彩广阔，想要跳出圈子看一看的愿望非常强烈。但是，什么样的工作拥有国际视野？拥有这样的工作前需要读什么专业？读哪所大学的专业？这是摆在左婧面前需要思考的问题。未来对于当时的她来说，前进的方向不清晰，目标不明确。

（2）规划进行时：锁定北京大学，为梦想奋斗

正当左婧迷茫、犹豫时，她遇到了两位恩师，一位是班主任唐宏宇，现任重庆一中校长，一位是语文老师贺永立。唐老师给了她很大的包容和支持，贺老师给了她很多生涯规划方面的建议和帮助，让她拨云见日，找到了清晰的生涯发展道路。

1998年，美国《财富》杂志在上海举行"财富论坛"，贺老师出了一个作文题目："《财富》带给我们什么财富？" 左婧在作文中立下了志向：20年后，她要成为一个学者型的传播中国优秀传统文化的CEO。当时，很多同学笑话她狂妄自大、好高骛远，但贺老师却看到了她不甘平凡的心，不仅鼓励她坚持梦想，更是多次与她沟通，帮助她认真梳理自己的成长现状，分析影响她成长的各种内外部因素，协助她制定切实可行的生涯规划方案。

1）自我认识（知己）：

①兴趣、特长方面：左婧从小学习舞蹈，是舞蹈尖子，曾拿过重庆市中学生舞蹈大赛金奖。

②性格方面：左婧举止大方、秀外慧中，是一个内敛含蓄而又富有激情的女孩。

③学业方面：左婧有较深厚的文学素养，才思敏捷，学习成绩优秀。

④价值观方面：左婧从小志存高远，渴望做一份拥有国际视野的工作，实现自我价值。

2）环境分析（知彼）：

①家庭环境方面：左婧的父母是高校教师，家庭文化氛围浓厚，左婧从小在父母的影响下喜欢读唐诗宋词、经典文学。父母在治学、为人处世等方面也对左婧产生了潜移默化的影响，爸爸常常教导她："做一件事，花费60%、90%、100%的精力取得的效果是不一样的，追求卓越且最终成功的人往往在于坚持努力最后那么一点。"这成为左婧求学和工作中的人生信条，激励她认真学习、努力工作，凡事尽善尽美。

②学校环境方面：左婧就读于重庆市第八中学校（重庆八中），是重庆市重

点中学，书香涵养、科技创新、艺体特长是重庆八中的三大特色，初中享有"金牌初中"的美誉，高中连续三年荣获"重庆市高中教学质量特别优秀奖"，文理科重点大学升学率稳居全市最前列。

③社会环境方面：经济全球化的大趋势为左婧走向国际打开了方便之门。当时，北京大学等知名高校有艺术特长生考试，这对于从小学习舞蹈，有着优秀的专业舞蹈素养的左婧来说，无疑是一次机遇。

3）生涯规划：

左婧在贺老师的建议、父母的支持下，通过倒推法逐渐明确了自己的生涯发展道路。

成为学者型的传播中国优秀传统文化的 CEO →拥有北大的博士学位＋文化企业的管理经验→拥有北大的硕士学位→考上中国人文科学的最高学府北京大学。

以北京大学为目标，左婧学习更加刻苦努力，并坚持苦练舞蹈基本功，反复练习她编排的《算盘舞》的下跪动作，膝盖都磨破了。天道酬勤，《算盘舞》获得重庆市中学生舞蹈大赛第一名。

谁知，报考北京大学舞蹈专业时，左婧身高却不够，她着急地哭了。贺老师请她到办公室，对她说"什么事情都有例外，奇迹是创造出来的"。

听了贺老师的建议，左婧坚持报了名。在北京大学参加舞蹈考试时，主考官看着左婧说："有的同学明显身高不够，我看就不用考了，以免浪费我们和你自己的时间。"左婧的眼泪"唰"地一下流了下来。但是当她出场时，她擦干眼泪，面带笑容，尽情地展示自己对舞蹈的理解。当她走下舞台，主考官上前去说："左婧，你已经被录取了，尽管你身高不高，但你的舞蹈感染力的确太强了！"

在当年的高考中，获得艺术加分的左婧从容备战，终于圆梦北京大学，就读北京大学的法学专业。

（3）升学后：坚持以生涯规划铺路，一步一个脚印走向卓越

进入北京大学后，她并没有因此松了一口气，反而深刻意识到，如果要在优等生云集的北京大学脱颖而出，必须更早、更好地进行生涯规划，坚持以目标为导向，稳扎稳打地向前迈进。

在特长提升方面，她凭借深厚的舞蹈功底和出色的领导力，担任北京大学学生舞蹈团副团长，率团随校领导访问美国、俄罗斯、日本等国家；作为领舞，她参加 CCTV 电视舞蹈大赛获银奖、全国大学生艺术展演获一等奖。

在学习方面，左婧依然保持勤奋刻苦的习惯，以优秀的成绩获得保送研究生资格；研究生毕业后，她留校担任北大校办产业办公室法律顾问、北大资产经营

有限公司董事；任职期间她继续追求进步，攻读博士学位。2015 年，左婧调任北京大学燕京学堂院长助理，参与了燕京学堂的筹建工作，也为自己的人生添加了浓墨重彩的一笔。

上述两个案例向我们展现了生涯规划强大的导向力和助推力。中小学生应从小树立生涯规划意识，掌握生涯规划的基本思路、方法和步骤，在专家、老师、父母的帮助下，找到最适合自己的成长之路，不断制订清晰的、可达到的阶段性目标，包括小学目标、初中目标，乃至高中目标、大学目标、就业目标等，认准目标，坚定信念，并积极依托身边的有利环境和资源，不断向着梦想靠近。当学生怀揣远大目标时，他的动力会被激发，潜能和优势也会被逐渐放大，突破瓶颈和难关后的进步也会十分惊人，这将彻底改变他的学习态度和习惯，也将彻底改变他的命运，促使他真正成为自己人生的主角，演绎自己最精彩的人生。

第二节　梦想起飞，制作我的生涯规划书

【生涯名言】

人生难得是青春，要学汤铭日日新。但嘱加鞭须趁早，莫抛岁月负双亲。

——袁玉冰

【生涯知识】

生涯规划书为我们实现目标理想提供了明确的路线图和时间表，它既是一份生涯发展的可行性报告，也是我们奔赴成功彼岸的行动指南。以下是生涯规划书模板，仅供学生参考。

我的九年一贯制生涯规划书

一、个人简历

1. 基本情况

姓名		性别		出生日期	
受教育经历					
兴趣爱好					

2. 学业水平

第一学年			第二学年			第三学年		
第一学期	第二学期	学年总评	第一学期	第二学期	学年总评	第一学期	第二学期	学年总评
……								

3. 个人成长简历

活动经历	时间	摘要	心得感悟	备注
成绩荣誉				
游学经历				
特长学习				
社会实践				
……				

4. 成长评价

科学测评	
自我评价	
老师评价	
父母评价	
亲友评价	
同学评价	

二、自我分析

结合个人简历、科学测评、自评和他评等内容，对自己进行全方位、多角度分析。主要内容如下。

兴趣爱好	
气质性格	
优势潜能	
价值取向	
专业方向	
职业方向	

三、外部环境分析

对影响自己生涯目标选择的相关外部环境进行系统分析，主要内容如下。

家庭环境 （家长职业、家庭经济状况、家长期盼、家族文化的影响等）	
学校环境 （学校特色、老师、同学、班级等）	
社会环境 （国际国内教育背景和教育改革对人才素质的要求等）	

四、SWOT 分析

1. 内部环境因素

优势和劣势（SW）：_____

_____

_____

_____

2. 外部环境因素

机遇和威胁（OT）：_____

_____

_____

_____

五、九年一贯制生涯规划

小学目标规划						
目标	目标摘要	大目标	小目标	行动计划	行动策略	评估
短期规划 （如小学 一年级）	思想品德					
	学业水平					
	身心健康					
	艺术素养					
	社会实践					
	……					

续表

小学目标规划						
目标	目标摘要	大目标	小目标	行动计划	行动策略	评估
中期规划（小学一至六年级）	学业水平					
	身心健康					
	艺术素养					
	社会实践					
	小升初目标学校					
	……					
初中目标规划						
目标	目标摘要	大目标	小目标	行动计划	行动策略	评估
短期目标（如七年级）	思想品德					
	学业水平					
	身心健康					
	艺术素养					
	社会实践					
	……					
中期规划（七至九年级）	学业水平					
	身心健康					
	艺术素养					
	社会实践					
	中考目标学校					
长远规划						

主要参考文献

[1] 贺永立．大语文与创新思维 [M]．重庆：西南师范大学出版社，2004.

[2] 李放，万复洲．中学生全脑学习训练 [M]．北京：民主与建设出版社，2006.

[3] 金树人．生涯咨询与辅导 [M]．北京：高等教育出版社，2007.

[4] 程夏辉．杰出小学生的 5 个自我管理习惯 [M]．北京：海潮出版社，2009.

[5] 方舟．初中 3 年，从初一到初三全知道 [M]．北京：朝华出版社，2010.

[6] 余闲．你在为谁读书 2：青少年人生规划 [M]．武汉：湖北少年儿童出版社，2013.

[7] 卢勤．告诉孩子你真棒 [M]．南京：译林出版社，2013.

[8] 余闲．你在为谁读书 3：自控力成就杰出青少年 [M]．武汉：湖北少年儿童出版社，2014.

[9] 王燕来，常瑞芳．筑梦——高中生生涯规划 [M]．郑州：河南人民出版社，2014.

[10] 中学生心理课综合篇教研组．中学生心理课综合篇 [M]．北京：中国轻工业出版社，2015.

[11] 魏书生，陶继新．做一个优秀的家长——魏书生与陶继新的家教智慧 [M]．福州：福建教育出版社，2015.

[12] 谭建伟．全程化大学生职业生涯规划——大学生涯 DIY[M]．重庆：重庆大学出版社，2016.

[13] 卢勤.让每个孩子都精彩 [M].武汉：长江文艺出版社，2017.

[14] 李明一.学生生涯发展手册（学生版）[M].北京：北京师范大学出版社，2017.

[15] 朱永新，孙云晓，刘秀英.这样爱你刚刚好，我的五年级孩子 [M].长沙：湖南教育出版社，2017.

[16] 朱永新，孙云晓，孙宏艳.这样爱你刚刚好，我的七年级孩子 [M].长沙：湖南教育出版社，2017.

[17] 钟敏.青少年生涯教育的 33 个关键词 [M].重庆：重庆大学出版社，2018.

[18] 罗跃龙.2018年高校自主招生通关手册[M].北京：北京大学出版社，2018.

[19] 柴一冰，朱妙祺.陪孩子走过人生的三个关键期[M].北京：北京工业大学出版社，2018.

[20] 沈之菲.开启未来之路：中小学生涯教育实施指南 [M].上海：华东师范大学出版社，2019.

[21] 贺永立，杨华，曾洁.创新思维与语言表达·中学版 [M].重庆：重庆大学出版社，2020.

[22] 潘蓓蕾.为了一生的美好——中学生生涯发展教育研究与实践 [M].上海：上海教育出版社，2020.

[23] 张珏.为未来插上翅膀：中小学生涯教育案例集[M].上海：华东师范大学出版社，2020.

[24] 吕鹏飞.领导力培养的是责任感与坚守力——我的中学生领导力培养追求和实践 [J].基础教育课程，2017（9）：14-17.

[25] 林众.全面提升学生信息素养——《中小学综合实践活动课程指导纲要》"设计制作（信息技术）"主题解读 [J].人民教育，2018（3-4）：59-63.

[26] 刘玲.中小学如何开展社会服务活动——《中小学综合实践活动课程指导纲要》"社会服务"主题解读 [J].人民教育，2018（3-4）：64-68.